史上最強の投資家

ウォーレン・バフェット

資産1260億ドル
への軌跡

WARREN BUFFETT

Investor and Entrepreneur

トッド・A・フィンクル
Todd A. Finkle
鈴木立哉 訳

実務教育出版

本書の執筆にあたり、私を温かく励まし続けてくれた妻、
パティ・リヴィングストンに心から感謝の意を表したい。
彼女がいなければ、本書の完成はなかった。
そして、私の人生に関わりのあったすべての方々へ。
皆様との出会いや経験が、今の私を作り上げた。とりわけ、
ウォーレン・バフェットに、本書を謹んで捧げる。

WARREN BUFFETT
Investor and Entrepreneur

by
Todd A. Finkle

はじめに

ウォーレン・バフェットと初めて会ったとき、こう尋ねた人がいた。

「バークシャー・ハサウェイの会長兼CEOになっていなかったら、今頃何をしていましたか？」

バフェットは、こう答えた。

「教師です」

即答だった。理由を尋ねられると、こう言った。

「私の人生は、これまでとても多くの教師から大きな影響を受けてきたのです」

30年以上の大学教授としての経験を活かし、史上最も成功した起業家兼投資家について獲得した知識を世界中の人々と共有したい――これが本書執筆の動機である。

私はネブラスカ州オマハに育ち、バフェットの子どもたち、最初の妻スージー、そして彼の父ハワードと同じオマハ・セントラル・ハイスクールで学んだ。しかもバフェットの息子ピーターと同時期に同じ高校に通っていた。ピーターは私より2学年上だったが、共通の友人が何人もいたし、私たちはよく一緒にランチを食べたものである。幸運なことに、私はその後ウォーレン・バレットと個人的な関係を築くことができた。本書ではこの点について触れるつもりだ。２００８年、大恐慌以来で最悪の金融危機に見舞われて、私はこの、J・P・モルガン以来最も賢明なビジネスパーソンと断言できる人物についてできるだけ多くのことを学ぼうと決意した。

本書は、ウォーレン・バフェットがどうしてあれほどの成功を収めたのかを解明するために、彼の行動と実績を時系列的にたどっている。執筆にあたっては、バフェットに加え、チャーリー・マンガーを筆頭とするバフェットに大きな影響を与えた人々、オマハ、金融、投資、起業家精神その他の要素に関する自分の知識を駆使した。加えて、読者の生活や金融活動に役立つと思われるさまざまな話題を取り上げ、起業家精神がバフェットの人生にどのような変革をもたらしたかを詳述する。

また、バフェットの人生と彼の投資哲学に関する（一次資料と二次資料をどちらも利用した）豊富な情報を編集しており、さまざまな人々へのインタビュー、個人的な声明、株主宛書簡、書籍、および私自身の解釈なども記載している。

私は私の学生を引率してバフェットを6回訪問し、キャンパスに戻ると、バフェットから学んだ中で最も重要な教訓は何であったかを学生たちに尋ねた。驚いたことに、彼らは常にバフェットの実績や投資ではなく、むしろ彼の価値観に注目していた。

バフェットは大恐慌の中で育ち、その後世界で最も裕福になった。彼を史上最も成功した投資家と呼ぶ人も多い。本書は、バフェットがどのようにしてこの称号を獲得したのか、そして読者の皆さんはどうすれば彼の成功への鍵をご自身の人生を高めるために組み入れられるかを探っている。

本書は、まず幼少期から書き起こし、彼が家族とベンジャミン・グレアムやフィリップ・フィッシャーという二人の師からどのような影響を受けたかへと筆を進めていく。小学校から高校までを通じて彼が取り組んだ起業家的なビジネスも紹介する。さらに大学時代と、自らの投資パートナーシップの設立を含む起業家としての経験についても触れる。

第3章は、バフェットのビジネスパートナー、チャーリー・マンガーを詳しく紹介する。マンガーの卓越した知性とウイットは「オマハの賢人」と見事に一致しており、その投資に対する新鮮な視点と知識への飽くなき探求心は、バフェットがバークシャーのビジネス哲学を見直すきっかけとなった。第4章から第6章までは、バフェットの投資手法（安全余裕度、バフェットとマンガーが重視する要素、バリュエーション、投資家への推奨）を取り上げる。

第7章は行動バイアスで、どんな投資家もこれを把握しておかないと成功がおぼつかないとバフェットは指摘する。いくつかのバイアスを定義した上で2、3の事例を取り上げて、それらをどう克服するかを指南する。

第8章と第9章はバークシャー・ハサウェイの歴史を検証する。第10章はバフェットが犯した投資上の失敗を紹介する。第11章はバフェットの成功への鍵、価値観、幸福と慈善事業への見解、そして第12章は一人の人間としてのバフェットを探求する。バフェットと同じ部屋にいるとどう感じるか、について私の経験をお伝えしたい。これは、私が学生をオマハに連れて行ったときの経験談だ。バフェットとの質疑応答も取り上げる。

最後に、第13章は金融サービステクノロジー（フィンテック）、暗号資産、ビットコイン、その他のデジタル通貨など今日の投資業界の状況をご紹介する。バークシャー・ハサウェイの将来像にまで触れる。

私が本書を書くのに費やした長い年月を振り返ると、これまでバフェットについて書いた著者の中で、彼が投資を評価する方法と、戦略をステップ・バイ・ステップで実践していく過程を具体例を交えて語った人が（いるとしても）ごくわずかであることに気がついた。本書の目標は、一般の人にバフェットのように企業を評価する能力を身につけてもらうことだ。そうなれば、皆さんがご自身の投資判断をするときに、本書に紹介するプロセスを利用できる。

また、バフェットに関して書かれた書物の中で、行動バイアスについて触れたものはほとんどない。本書では、行動バイアスとは何か、そしてバフェットが下した投資判断、とりわけ彼の犯した投資の失敗に、行動バイアスが彼の判断にどのような影響を及ぼしたかを検討する。バフェットの失敗をよく研究することで、誰もが多くを学ぶことができる。

本書の究極的な目標は、バフェットの人生および彼が成功するまでに達成してきたさまざまなことを読者に知ってもらうことだ。皆さんが本書を楽しく読み、本書から何かを得てくだされば本望である。

◆
◆
◆

情報開示

私はバークシャー・ハサウェイの株式を直接保有している。さらに私が保有するインデックス・ファンドのいくつかにも同社株が組み込まれている。本書は、私の投資見解を一切紹介していない。また読者に対していかなる投資助言をも直接提供するものではない。

目次

第II部 バフェットの成功の秘密

第III部 バークシャー・ハサウェイの歴史

装幀　重原隆
本文デザイン　吉村朋子
組版　株式会社キャップス

＊本文中の〔　〕で囲まれた部分は訳注です。

第Ⅰ部

バフェットの生い立ち

第1章

ウォーレン・E・バフェットの経歴

名声を築くには20年かかるが、壊すのは5分で済む。それを思えば、物事のやり方も変わってくるはずだ。[1]

——ウォーレン・バフェット

投資家である前に起業家

起業家養成コースの初日、私はいつもホワイトボードに扉の開いた冷蔵庫を描き学生たちに尋ねる。「これは何を示唆していると思う?」

正しく答えられる学生はまずいないのだが、それは私の絵心の無さゆえかもしれない。そう断ったうえで、冷蔵庫について気づいたことがないかと訊く。たいていの場合、これも正しく答える者はいない。私は指摘する。

「空っぽだ《イッツ・エンプティ》」

起業家は腹を空《す》かしている。彼らの冷蔵庫は空っぽで、何かを強く求めている。学生たちにどうしたら〝飢餓感〟を抱けるかを教えることはできない。資質をすでに持っているか、持っていないかのいずれかなのだ。そして、最初の講義の終了後、私を尋ねてくる学生が必ず一握りいる。彼らは情熱に満ちあふれ、他人《ひと》に話したい豊富なアイデアを持っている。すでに起業家になっている者さえいる。そうした人たちを動機づける必要はない。しかし、空腹だからといって成功するとは限らない。

前期が終わる頃までには、さらに何人かの学生が自分も起業家になろうと決意している。だが、学生たちのなかで、私を最も驚かせ、元気づけてくれるのは、私が起業家と決して見抜けなかった学生たちなのだ。卒業して5～10年たって連絡してきたときに初めて、私は彼らの成長を知ることになる。私が授業中に話した何かに触発されたと言ってくれることが多く、そのたびに私は教師冥利に尽きると実感する。ウォーレン・バフェット自身も教えることがことのほか好きなのだが、これは偶然ではない。「もし自分が金融と投資の世界に入らなければ、教師になっていたのではないか」とバフェットはよく言う。

その言葉が、数十億ドルの資産を持つ金持ちから発せられるというのは信じられないかもしれない。だがウォーレン・E・バフェットは、人々の期待と固定観念をしばしば裏切る。彼の神がかり的な成功とその質素な生活ぶりは、数十年にわたって世界中の人々を唖然とさせてきた。バークシャー・ハサウェイの会長兼CEOであるバフェットは、20世紀後半から21世紀初頭におけるJ・

P・モルガンに匹敵する人物であり、生涯で1000億ドル以上の寄付をすることになるはずだ。それほどの資産と知性を持つ人物が、いったいどうしてあれほど謙虚で、親切で、寛容なのかは、バフェットの持つ神秘的な魅力の一つである。

世界的な危機が勃発している最中にも、バフェットは幾度となく勇気と、知性と、忍耐を示してきた。2007年の世界金融危機の時も、落ち着いて、冷静で、誠実な話しぶりは揺るがなかった。もちろん、1987年のブラックマンデー、湾岸戦争、2000年のドットコム・バブルの崩壊、そして2001年の同時多発テロといった、それ以前に起きた大災難の最中にも、バフェットは理性の声を発し続けた。私がバフェットを知ったのは、教育者の心を持ったこの投資家が、大学生と教授を彼の生まれ故郷でありバークシャー・ハサウェイの本社があるネブラスカ州オマハに招待し、日常生活をどう過ごし、経済的にはどのような生活を送るべきかを1日がかりで教えるセミナーを開くと知った時である。私はさっそく申し込んだが、すぐに参加を断られた。だがあきらめずにその後もコンタクトを試み続け、ついに知遇を得ることができた。私がバフェットに興味を抱いた理由の一つは、私自身の個人的な経験にある。私はオマハに育ち、バフェットの子どもたち、最初の妻スージー、そして父親の母校でもあるオマハ・セントラル・ハイスクールで学んだ。バフェットの息子ピーターとは学校のカフェテリアでよくランチを一緒に食べた。当時は、ピーターの父親がそれほど裕福だという感じは全くしなかった。

2007年に世界金融危機が起きなければ、そうした過去も私にとっては興味深い思い出として残っていたはずである。1930年代の大恐慌以来で最悪の金融危機に見舞われたことで、私は

Ｊ・Ｐ・モルガン以来最も賢明なビジネスパーソンと自分が目した人物についてできるだけ多くのことを学ぼうと決意した。その時になって、起業家精神を教える大学教授としての私の情熱と、バフェット家の魅力との間に関係があることに気がついた。バフェットは、他にどのような姿で人々の記憶に残っていようとも、その本質は、けた外れに優れた起業家である。

起業家とは、利益を求めて自分自身のビジネスを作り出す人、というのが標準的な定義だ。しかし、起業家というこの特定の職種とビジネスへのアプローチを理解するには、多くの微妙な違いやさまざまな視点を考慮する必要がある。バフェットは、典型的な起業家として、投資パートナーシップを設立し、その起業家的なスキルを駆使して世界で最も尊敬される企業の一つに育て上げた。彼の投資歴とバークシャー・ハサウェイのリーダーシップは、起業家精神そのものと言っても過言ではなく、早い時期から起業活動に携わってきた彼の精神の産物である。

バフェットの人生で非常に興味深いのは、子どもの頃から独立心旺盛だったことだ。バフェットは、６歳の時からさまざまな事業を通じ自力で金を稼いでいた。26歳になる頃には（現在の貨幣価値で）百万長者《ミリオネア》になっていた。ビジネス世界以外ではまだ無名であったが、すでに大変な成功を収めており、１９６４年にバークシャー・ハサウェイを購入した。創業者の多くは燃え尽きるものだが、バフェットは違った。自社の１株当たり市場価値を３６４万１６１３％成長させた。これは、（配当込みで）３万２０９％伸びたＳ＆Ｐ５００指数のパフォーマンスをはるかにしのぐ。[2] １９６４年から２０２１年までの間に、バークシャー・ハサウェイはＳ＆Ｐ５００指数を平均で年率10・４％上回った。

バフェットの財務実績はこれまでもさまざまな文書で詳細に描かれ、その投資哲学と投資スタイルは多くの人々に模倣されてきた。そこで本書は起業家精神という視点からバフェットを捉え、彼の経歴と師となった人々がどのようにその驚くべき軌跡を形成するのに貢献したかに焦点を当てる。

バフェットの〝飢餓感〟

バフェットの若い頃のエピソードが、彼特有の謙虚さと忍耐強さを物語る。1951年にコロンビア大学で修士号を取得すると、師であるベンジャミン・グレアムが自動車保険会社ガイコの株式を50％取得し、会長に就任したことを知った。ガイコについて深く知ろうと思った彼は、1月のある土曜日にニューヨークからワシントンDCに向かった。本社のドアをたたき続け、ついに管理人に中に入れてもらうことができた。6階に上がり、そこでロリマー〝デイビー〟デビッドソンという役員に出会った。デビッドソンは当時、社長補佐を務めていた。今日、会社役員がすぐに警備員を呼ばず、バフェットを会社の敷地から追い出さないという事態を想像するのは難しいかもしれない。だが、バフェットは自分がグレアムの学生であると自己紹介した。グレアムが同社においてデビッドソンの実質的な上司になることを考えると、デビッドソンが自分の前に立つ野心的な若者からの質問に耳を傾けたことは、それほど驚くべきことではないだろう。どちらにしても、この物語はバフェットの積極性と推進力を示す典型的な事例である。彼は5時間もデビッドソンと話すことができた。

「保険業界で利益を生むには2つの方法がある」とデビッドソンは説明した。一つは、保険料収入だ。もう一つは、保険料を運用して得られる投資収益だ（これは「フロート」という概念で、第6章で詳しく説明する）。デビッドソンはまた、ガイコが採用しているダイレクト・マーケティングという販売方法も紹介した。ガイコはこの手法により、競合保険会社に10～25％のコスト優位性を得ていた。一方、他の保険会社は代理店を通じた販売方法を取っており、その方法が各社の保険ビジネスに深く根付いていたため、容易に変えることができなかった。デビッドソンとの面談を通じて、バフェットは、ガイコについてそれまでどの株式にも感じなかったほどの興奮を覚えた。[3] 後になって、「私はデビッドソン（後にガイコのCEOに昇進した）との5時間で、大学時代に学んだことよりも多くのことを学びました」と述懐している。

このエピソードを取り上げるのは、バフェットの起業家としての「飢餓感」を示すためだ。一人のビジネスパーソンの成功を、その最初のレモネードスタンド（屋台）までさかのぼるのは、もはや陳腐な手法だろう。しかしバフェットの場合、これは語る意味がある。まだ6歳の時に、独立を志すエネルギー、動機づけ、強い意思をすでに発揮していた。これこそが起業家に求められる資質である。もちろん、社会的風潮も一定の役割を果たしている。バフェットは大恐慌時代に育った。当時は子どもが売れるものなら何でも売ろうと家から家を訪ねるのが一般的だった。バフェットの場合、それはチューインガムだった。

私が持っていたこの緑のトレイは、まず間違いなく叔母のディーがこしらえてくれたものでしたが、5つの区分にわかれており、それぞれのエリアには、ジューシー・フルーツ、スペアミント、ダブルミント……といったように5つのガムのブランドが入っていました。私は祖父からガムの詰まった箱を買い、近所の家を訪ねまわっては売り歩いたのです。私はだいたい夕方ごろにガムの売り歩きをしていました。あるご婦人から「ジューシーフルーツ・ガムを一枚ちょうだい」と言われたことを覚えています。私はこう答えたものです。「バラ売りはしていません。そういう方針なんです」とね。[4]

バフェットによると、ガム1箱当たり2セントの利益を得られたとのこと。バラ売りも魅力的だったが、そうはしなかった。1枚バラ売りしてしまうと、残りの4枚もバラ売りしなければならなかったからで、そうなると誰も買ってくれない可能性があった。子どもながらに、そう考えたのだ。[5]6歳でそこまで計算できる子どもはそう多くないだろう。だがバフェットは特異な才能を持っていた。チューインガム・ビジネスを経験した後、次の事業としてコカ・コーラの販売に乗り出した。そのアイデアを思いついたのは、ガソリンスタンドで彼が集めていたビンのふたがきっかけである。8000個のふたの大半がコカ・コーラだったのだ。こうしてコカ・コーラ6本1パックを祖父から25セントで購入し、1本5セントで戸別訪問販売を始めた。1パック当たりの付加利益率（マークアップ率）は20%である。[6]彼はまた、競合する2つの新聞社の3つの配達ルートをこなしていた。

「私は独立して仕事をするのが好きなんです。そうすれば、自分の時間を使って考えたいと思うことについて考えることができますから……部屋でじっと考えているだけでも、自転車で新聞を投げながら考えることもできますし」[7]

バフェットの家系

バフェットの子ども時代の家庭環境や体験は、彼の価値観、謙虚な態度や物腰の土台となった。起業家精神は彼の遺伝子に刻まれていたとも言える。バフェット家のアメリカでの歴史は7世代前、最初の先祖がフランスから移住し、ニューヨーク州ロング・アイランドに農民として生活を始めた時にさかのぼる。200年後、バフェットの曽祖父であるシドニー・ホーマン・バフェットは、農家の厳しい生活とわずかな収入から脱却するために西に進んでネブラスカ州に移住し、苦労の末オマハの商業地区に自分の食料品店を開店した。バフェット家は、1860年代からビジネス上のアドバイスを提供していた。シドニーは父親から次のような忠告の手紙を受け取っていた。「すべての取引で時間を守るよう心がけなさい。なかには付き合いづらい相手もいるかもしれない。そういった人々とはなるべく関わらないようにしなさい。信用は金よりも重要なので、大切にしなさい……。ビジネスを続けるのであれば、そこそこの利益で満足しなさい。あまり急いで金持ちになろうとしてはいけないよ……。お前には、死ぬときに悔いの残らないような充実した生活をしてほしい[8]」

シドニーは1870年にエヴリン・ケチャムと結婚し、6人の子どもをもうけた。二人の息子、アーネストとフランクは父親の食料品店を手伝った。アーネストは1877年生まれで、1898年にヘンリエッタ・デュヴァルと結婚した。二人には息子4人（クラレンス、ジョージ、フレッド、ハワード）と娘一人（アリス）が生まれた。アーネストは、その後世界一の富豪となる男の祖父であるが、働き者で、自分の従業員に多くのことを要求することで知られていた。金融に関する格言をよく口にし、将来の「オマハの神託」と称されたウォーレンの言葉としてよく引用されるが、「収入以上の出費をしないこと」「借金をしないこと」[9]といった助言は、彼が祖父から何度も聞かされた助言だったのである。

バフェット家は皆倹約家で、教育の価値を重んじていた。特にアーネストは教育を重視した。彼自身は１８９３年恐慌（アメリカ合衆国を襲った深刻な経済不況で、１８９３年から１８９７年まで続いた）が起きると中学2年で学校を辞め食料品店で働き始めたが、[10]娘のアリスを含む子どもたち全員が大学卒の学歴を身につけるべきだと主張した。４人は父の教えに従って大学を卒業した。当時、特に女性が大学を卒業することは、まさに偉業と言えるほど珍しかった。

祖父にこき使われる

アーネスト・バフェットは、家族に対しても他の従業員と同じくらい厳しい態度で接した。ウォーレンは祖父であるアーネストの指示のもとで働き、トラックの荷物の積み降ろしや棚の補充作業、そして過酷なネブラスカの冬の間もバフェット・アンド・サンズ社の前の歩道の雪かきをやらされた。１日12時間の労働の対価として2ドルの給料を受け取った。これは時給にしておよそ17セント、今の貨幣価値で時給2ドル65セントということになる。この経験を経て、ウォーレンは肉体労働に関わる人生は避けたいと決意した。そして、最終的にどんな職業につくことになっても、他人に雇われるのではなく独立したい――若きバフェットがそう決めたのはちょうどその頃のことだ。[11] チャーリー・マンガーが後に回想したように、「当時、土曜日には最低賃金などというものはなかった」[12] し、児童労働法もなかった。社会保障は当時新しい考え方だったが、アーネストは気に入らなかった。自立心をくじくと考えていたのである。ウォーレン、彼の友人のジョン・パスカル、そして後にはウォーレンの右腕となるチャーリー・マンガーを働き詰めにした後、アーネストは彼ら3人に対し、1日当たり2ドルの報酬から、社会保障への積立金として2セントずつを支払うよう要求した。

今日、バフェットは当時のことを思い出し、祖父が伝えてくれた重要な教訓を次のように振り返る。

最悪の仕事は、祖父が私と友人のジョン・パスカルに雪かきをさせたことでした。あの時の吹雪はとてつもなく大きく、非常に湿った雪が膝まで積もっていました。私たちは店の前のお客様用駐車場、店の裏の路地、荷物搬入口、そして6台のトラックがあるガレージまでの全ての雪をシャベルで除雪しなきゃなりませんでした。雪かき作業を必死に5時間ぐらい繰り返したんです。ついには、腕も指も曲げることさえできなくなりました。作業を終えて祖父のところに行くとこう言われました。「さて、君たちにいくら払えばよいかね？　10セントじゃ少なすぎるが、1ドルじゃ多すぎるだろ！」。ジョンと私は顔を見合わせましたよ。このことは一生忘れないでしょうねえ。[13]

二人は血の気が引いた。アーネストが言っていたのは、二人で分けるべき報酬の総額だったからだ。バフェットはこの時を、人生で重要な格言を学んだ瞬間として覚えている。すなわち、「取引の条件は常に事前に知っておけ[14]」。

20世紀初頭、オマハを取り仕切っていたのは少数の名門一族で、もちろんバフェット家はその中に含まれていなかった。アーネストの息子ハワードは、地元の公立学校に通って誰かのお下がりを着ており、自分はよそ者であるとの意識を強烈に感じていた。条件が整うや否や、ハワードは地元から脱出してリンカーンのネブラスカ大学に入学し、ジャーナリズムを専攻した。大学新聞「デイリー・ネブラスカン」紙の編集者として、ハワードは若い聡明な女性レイラ・スタールを採用した。二人は1925年に結婚する。結婚後2年もたたないうちに、二人はオマハに戻り、3人の子どもを授かった。ドリス（1928年生まれ）、ウォーレン（1930年生まれ）、ロバータ（1934年生まれ。後に「バーティ」として知られるようになった）。ハワードは最初、保険の販売を手がけていた。その後、1929年の株価大暴落の2年前に、ユニオン・ステート銀行で株のブローカーになろうと決心した。ハワードは60歳という若さで亡くなったが、その前に政治家に転身し、共和党の下院議員として4期務めた。バフェット家は出世していたのである。

大恐慌下の生まれ

ウォーレン・バフェットの初期の人生に最も大きな影響を及ぼした事件として、大恐慌が挙げられる。1929年9月3日に、ダウ・ジョーンズ工業株平均は381・17ドルでピークに達した。その後は11月までに220・39ドルまで42％暴落した。しかし、これで終わりではなかった。株価は1930年の初めから徐々に回復し、4月17日には294・07ドルまで上昇したが、最終的には1932年7月8日に41・22ドルで底をつけた。結局、時価総額の89％が失われ、数百万人の人々が貧困に追いやられ、世界中に深刻な不況を引き起こし、今日まで語られる歴史となった。この金融の混乱の渦中、1930年8月30日にウォーレン・バフェットは生まれた。

翌年、ウォーレンが最初の誕生日を迎えた2日後に、父ハワードが解雇された。ハワードは、株のブローカーとしての仕事を失ったばかりか、家族の貯金もすべて失った（株価暴落後のこの時期には、4000以上の銀行がつぶれた）。「父さんの食料品店で働けないか？」。ハワードは父親に尋ねた。しかし、アーネストは息子を雇うだけの金を持っていなかった。その代わりに、息子と孫たちに食料品を提供した。ただし代金後払いで。

ハワードはそのような苦境にもめげず株式仲介業を開業し、地方債や公益事業株など安全とみなされる有価証券を販売した。商売は軌道に乗り、事業はゆっくりと利益を出し始めた。しかし、そのことはすべてが順調ということを意味しなかった。バフェット家の経済的困窮はウォーレンの母親レイラに現れ、彼女は3人の子どもに暴言を吐くようになった（ウォーレンの姉であるドリス・バフェットは、正式な診断は下されていなかったものの母親が躁うつ病にかかっていたのではないかと考えるようになった）[15]。同じ頃、ハワードはかなり深刻な心臓疾患との診断を受けた。ウォーレンと兄弟たちは、母親の朝の声のトーンからその日がどんな日になりそうかがわかるようになったと後に語っている。[16] レイラの祖母と母親にはどちらも精神疾患の病歴があった。[17] 母親であるステラは神経衰弱で、うつ病にもかかったために、子どもたちは家事をしなければならなかった。レイラの叔母にあたるステラの妹は自殺し、[18] しかもレイラの祖母は精神病院で亡くなった。

若い頃のこうした苦労がどのように実を結んだかは、もはや誰も驚かないだろう。ウォーレンは二度と貧困に陥るまいと決意していた。他人に決して頼らず、自分が自分のボスになると考え、30歳までに百万長者《ミリオネア》になると誓い、実際4年も早くそれを実現した。

後年には、ウォーレン・バフェットは自分の両親について好意的に語るようになっていた。二人は知的な夫婦でいつも興味深い話を聞かせてくれ、しかも彼を素晴らしい学校にやってくれた、と。もちろん、幸運に恵まれたこともわかっていた。「私は、いい時に、いい場所に生まれました。いわば『出生宝くじ』に当たったようなものです[19]」と語っている。「この世界で本当に楽しく時を過ごしてきたんだ。1930年にアメリカ合衆国に生まれたなんて僥倖でした（1930年にアメリカ合衆国に生まれる確率はとてもとても低かったのです）。この国で母親の胎内から誕生した日に宝くじに当たったんだ。もしどこか他の国に生まれていたら私の運命はもっと違っていたはずでしょう[20]」

少年時代の冒険

10歳の誕生日に、父親はウォーレンをニューヨークに連れて行った。アメリカ合衆国の金融の中心地、ニューヨークはウォーレンにとって3つの特定の理由で興味深い場所だった。スコット・スタンプ・アンド・コイン・カンパニー、ライオネル・トレイン・カンパニー（鉄道模型会社）、そしてニューヨーク証券取引所である。証券取引所の食堂の光景、実際に目の当たりにした富の力はウォーレンの心に深く刻まれた。その日から数十年たった後でも、バフェットはその光景を覚えていた。

私たちは、アット・モルというオランダ人と昼食を取った。証券取引所の会員でとてもかっこよかった。食後に、いろいろな種類のタバコの葉を載せたトレイを持った男がやってきた。アト・モウが葉を選び、男がそれで葉巻をこしらえた。これだ！ と思った。これ以上のことはない。（お金さえあれば）自分は独立できる。そうすれば、私は自由に自分の人生を生きることができる。それこそが、独立して仕事をしたいと思った瞬間だった。[21]

読書好きなバフェットは、書名に「投資」や「金融」といった用語が含まれていたり、それを匂わせていたりする本があれば何にでも飛びついた。特にお気に入りだったのは、*A Thousand Way to Make $1,000*（1000ドルをつくる1000の方法）だ。[22] 10歳にして、彼は金を儲けるためにできることを何でもしていた。オマハにある今のネブラスカ大学のフットボール競技場で「ピーナッツやポップコーンが1セント玉5枚、5セント玉1枚、10セント玉の半分で、25セント玉の5分の1でもオーケー！ ピーナッツとポップコーンはいかがですか！」と、得意げに数字を巧みに使いこなしながら、楽しそうに叫んでいた。[23]

売り子よりも儲かったのがゴルフ場でのビジネスだ。バフェットは近所のゴルフ場を歩き回って、草むらに隠れているロストボールを拾い集め、きれいに洗って1ダース当たり6ドルで転売した。だが、結局は警察に目をつけられて追い出された。しかし、警察から報告を受けても、父ハワードと母レイラは全く気にしなかった。これもまた息子の早熟さと野心の表れだと感じていた。ただ、2人の姉妹はやや違った見方をしていた。ウォーレンには「幸運の後光がさしていて」何をやってもまんまと逃れられると感じていた。[24]

ゴルフ場ビジネスをめぐる騒動は若いウォーレンをほとんどひるませなかった。まだ賭けをするには若過ぎたものの、この未来の「オマハの神託」は地元の複合施設「アクサーベン」(Nebraskaを後ろから読んだもの)の競馬場や競技場をしばしば訪ねては、金になるかもしれない捨てられた馬券を探し歩いた。バフェットはこの時のことを心からうれしそうに振り返っている。

あの行為は「しゃがみ歩き《ストゥーピング》」と言っていたね。競馬シーズンのはじめには、映画でしか競馬を見たことのない連中がわんさかやってきたもんです。そういう連中は、賭けた馬が2着か3着になると払い戻しがないと考えるんだね。優勝した馬ばかりがもてはやされるからね。それで、2着や3着の馬券を捨ててしまうんだ。着順に問題があったレースの当たり馬券を見つけることもある。「審議中」になると観客はもう馬券を投げ捨てて返ってしまっている。

私たちはそういう馬券をひたすら漁るんだ。[25]

そういう時でも、バフェットは自分の知識や他人の無知を大いに利用して金儲けをした。数学が得意なことと情報収集が大好きだという特技を活かして、勝馬を予想する競馬新聞も売った。彼は「厩務員特選馬《ステーブル・ボーイ・セレクション》」紙を１部25セントで販売した。これは競馬場公認の「ブルー・シート」紙よりも少し安かった。[26]

こうした事業のどれに取り組むにもその場で迅速に計算できる能力、要するに暗算力が必要だった。今日に至るまで、バフェットは損得を計算するのにコンピュータも計算機も使ったことがないと言う。

初めての投資

１９４２年、11歳のバフェットは、最初の株式としてシティーズ・サービスを１株38ドル25セントで３株購入した。総投資額１１４・75ドルは競馬場ビジネスで儲けた金を充てた。株価は27ドルで底打ちした後に反発し、40ドルまで上昇したところで売却したものの、株価はその後２００ドルまで上昇してしまう。バフェットは黙って見ているしかなかった。[27] これは、投資には忍耐が重要だということを学んだ初期の重要な教訓だった。その後77年間の株式市場のパフォーマンスは、アメリカ市場への投資に対するバフェットの強気の見方がいかに正しかったかを見事に示している。少年バフェットがこの株を持ち続けていたら、現在の価値は60万ドルを超えているだろう。[28]

常に政治と公共活動に関心を抱いていた父親のハワード・バフェットは、ウォーレンが12歳の時に下院議員に当選し、一家はワシントンＤＣに引っ越した。オマハの友人たちと離れ離れになったのはつらかったものの、将来の大投資家はワシントンDCに移ってからも起業家精神を発揮し続けた。ワシントンポスト紙の配達で1カ月当たり175ドルを稼ぎ、1944年に内国歳入局（IRS）に最初の確定申告を行った際には、自転車代35ドルを事業経費として控除した。[29] 15歳の時には、[30] ネブラスカの農場40エーカー（約16ヘクタール）を1200ドルで購入し、[31] 賃貸した。9年生（中学3年生）になるまでには、（現在の貨幣価値で見ると）1万4275ドルの資産を保有していた。

16歳ですでに一財産

金を稼ぐことからウォーレン・バフェットが得た安心感は大きかったが、それ以上に、若い頃の事業運営から感じる興奮や活力はさらに大きかった。成功するたびに次の成功への野心が彼をかきたてた。ワシントンDCにあるウッドロウ・ウィルソン高校に通っている時には、友人のドン・ダンリーといっしょに中古のピンボールマシンを25ドルで買い（元の値段は300ドル）、それを理髪店に置いた。[32] 彼らはゲームのプレイ料金を5セントに設定し、その収入を理髪店の店主と折半した。「ウィルソン式のコイン式マシン社」と称したその小さな会社はすぐに複数の店に7台を置くまでに成長し、週に50ドルの利益をもたらした。1947年、2人はこの事業を1200ドルで某退役軍人に売却した。[33] ダンリーとバフェットは1928年型のロールスロイスも貸し出した。これはダンリーが屑鉄置き場から350ドルで買って自分で修理したものだが、1日当たり35ドル稼いでくれた。[34]

16歳までにバフェットは高校を卒業していた。席次は350人の同級生中16位だったが、[35] さまざまな起業家的な事業を通じてすでに6000ドル（2022年の貨幣価値で7万6366ドル）を蓄えていた。卒業アルバムの紹介欄には「数学好きで、将来は株のブローカー」と書かれている。[36] アルバムの編集者たちの見方はおおむね正しかったことになる。しかし彼らでさえ、自分たちの予想がこれほど大きく的中するとは想像すらできなかったろう。2022年3月時点でのバフェット個人の純資産は1260億ドルだ（次ページの表1-1は2022年3月時点で同社が所有する企業のリストで、巻末付録1～3は、2016～2021年のバークシャー・ハサウェイの財務諸表）。

オマハという土地柄

私がウォーレン・バフェットの初期のこうした出来事を取り上げるのは、バフェットが、人生の進路における場所と家族の重要性を強調しているからだ。さらには、彼の物語に対する著者である私の個人的見解を示したいという意味合いもある。すでに述べたように、私もオマハ育ちでオマハ・セントラル・ハイスクールに通った。この高校はウォーレンの父ハワード、最初の妻スーザン・トンプソン・バフェット、3人の子（スージー、ハワード、ピーター）の母校でもある。バフェットの伝説的な右腕チャーリー・マンガーも1941年に同校を卒業した（彼のウォーレン・バフェットへの影響については第3章で取り上げる）。

オマハはネブラスカ州最大の都市で、文化や価値観がアメリカ中西部を代表している。この都市に住む130万人の人々は勤勉と謙遜に価値を置く。セントラル高の生徒数は現在およそ2500

表1-1

バークシャー・ハサウェイが所有する企業リスト（2022年3月現在）

No.	企業名	No.	企業名
1	アクメ・ブリック	32	ホームサービシーズ・オブ・アメリカ
2	ベン・ブリッジ・ジュエラー	33	IMC インターナショナル・メタルワーキング
3	ベンジャミンムーア	34	インターナショナル・デイリークイーン
4	バークシャー・ハサウェイ・オートモーティブ	35	ジョンズ・マンビル
5	バークシャー・ハサウェイ・ダイレクト・インシュアランス（THREE）	36	ジョーダンズ・ファニチャー
6	バークシャー・ハサウェイ・エナジー	37	ジャスティン・ブランズ
7	バークシャー・ハサウェイ・ガード・インシュランス	38	クラフト・ハインツ
8	バークシャー・ハサウェイ・ホームステート	39	ラーソン・ジュール
9	バークシャー・ハサウェイ・スペシャルティ・インシュアランス	40	リキッドパワー・スペシャルティ・プロダクツ（LSPI）
10	バイバーク・ビジネス・インシュランス	41	ルイス・モーターサイクル・アンド・レジャー
11	ビーエヌエスエフ レールウェイ	42	ルーブリゾール
12	ボート US	43	マーモン・ホールディングス
13	ボルシェイムス・ファイン・ジュエリー	44	マクレーン
14	ブルックス	45	メドプロ・グループ
15	ビジネス・ワイヤー	46	マイテック
16	セントラル・ステーツ・インデムニティ	47	MLMIC インシュランス
17	チャーター・ブローカレッジ	48	ナショナル・インデムニティ
18	クレイトン・ホームズ	49	ネブラスカ・ファニチャー・マート
19	コート・ビジネス・サービス	50	ネットジェッツ
20	CTBインク	51	オリエンタル・トレーディング
21	デュラセル	52	パンパード・シェフ
22	フェッハイマー・ブラザーズ	53	プレシジョン・キャストパーツ
23	フライトセーフティ	54	RC ウィリー・ホーム・ファニシングス
24	フォレスト・リバー	55	リッチライン・グループ
25	フルーツ・オブ・ザ・ルーム	56	スコット・フェッツァー
26	ガラン・インコーポレーテッド	57	シーズ・キャンディーズ
27	ゲートウェイ・アンダーライターズ・エージェンシー	58	ショー・インダストリーズ
28	ガイコ・オート・インシュランス	59	スター・ファーニチャー
29	ジェネラル・リー	60	TTIインク.
30	ヘルツバーグ・ダイヤモンド	61	ユナイテッド・ステーツ・ライアビリティ・インシュランス・グループ（USLI）
31	H. H.ブラウン・シューグループ	62	エクストラ・コーポレーション

出所：Berkshire Hathaway, Inc. Subsidiaries: Retrieved from https://www.berkshirehathaway.com/subs/sublinks.html

名だ。私が通った1970年代には、市内に住んでいれば誰もが入学できた。そのため、黒人やヒスパニック、ユダヤ人、アジア系アメリカ人、アメリカ先住民など、文化的にも人種的にもさまざまな生徒が通っていた。今日では、生徒の6割が少数民族出身である。

私が通っていた頃のセントラル高の校舎は、床がきしんで鳴るような古い建物だった。中庭からのドアはもはや閉まらず、冬になると寒い草原の空気が教室に吹き込んできたものである。校舎は4階建てで、女子生徒と男子生徒とは別々の階段を使っていた。トイレは小さく、外からは丸見えで、タバコの煙が充満していることも頻繁にあった。

ピーター・バフェット

私がセントラル高に通っていた時、バフェットの次男、ピーター・バフェットが3年生にいた。私たちはよく一緒にランチを食べた。この仲間はその後市内で最も著名な知識人になる友人グループだった。セントラル高の数学チームのメンバーに選ばれた者もいて、チームは常に全米トップ3の常連となった。卒業後はハーバード大、MIT、シカゴ大に進む者もいた。一人は、シリコンバレーの上場企業2社を経営するまでに出世した。セントラル高の文化では、数学が得意であることが重要だった。だが私はピーターの家庭環境や彼の父親の資産のことを全く知らなかった。私たちの周囲の誰も同じだった。ウォーレン・バフェットはオマハでも、金融市場でも地味な存在だった。いや実は彼の子どもたちも父親の驚くべき投資の成功に気づいていなかった。ウォーレンは毎晩帰宅すると家族と夕食を共にした。子どもたちにとって、彼はただの父親だった。

今日、ピーターはミュージシャン、作家、慈善家、作曲家、そしてエミー賞（アメリカ合衆国で放送される優れたテレビドラマ、番組、テレビ業界の功績に与えられる賞）の受賞者である。その著書*Life Is What You Make It*（人生を切り開く）がニューヨーク・タイムズ紙のベストセラーになって以来、育った環境についてよく尋ねられるようになった。世界で最も裕福な男の息子として、オマハで育った彼にはどのような影響があったのか。２０１１年のインタビューで、ピーターは自分が育った地域社会について次のように語っている。

私にとって幸運だったのは、オマハが騒々しい土地柄ではなかったことです――若者の気が散るようなものがそれほど多くなかったので。かっこいいとか、何かになるためにはこうしなければいけないと思う人があまりいなかったなあ。私が自分のショーで話すのは、私の育ちがシンプルで誠実だったことであって、父親が金持ちだったことではありませんでした。なぜって、私たちが子どもだった頃、父が大富豪だなんて知らなかったからです。すぐ近くに住んでいる祖父母についてはよく話しました。あるいは、私たちがみんな同じ学校に通っていたこと。そこでの私の英語の先生は、母がかつて教えてもらっていた英語の先生だった、といったことです。安全な環境を作り出してくれたのは、こうしたすべてのことでした。もちろん、音楽家とか芸術家は苦労しなければならない、とかみじめな思いをしなければならないとよく言われることはわかっています。けれども、私はそれを真実だと思いません。もちろん歌を書いたり、物を作ったりするにはそうした経験はよい材料になるでしょうが。私は、気を紛らわすもののない環境があれば（芸術を生み出すには）十分だと思います。だからこそ父はオマハにとどまったのです。そこにいれば彼なりの芸術《アート》に集中できたからです。「何だって！ 退屈極まりない土地じゃないか」と考える人がいるかもしれませんが、私はあの環境が本当に偉大なアイデアを生み出すための素晴らしいインキュベーター（孵化器《ふかき》）になり得るとまじめに考えています。[37]

オマハは1955年から1971年まで、世界最大の家畜市場だった。1884年に7000頭の牛とともに開設され、1940年代後半は770万頭まで拡大した。1999年に閉鎖したが、家畜取引所だった建物は現存している。現在、オマハは全米最大の児童福祉団体ボーイズ・タウンの本拠地で、カレッジ・ワールドシリーズ（大学野球の全米選手権）の開催地となっている。バークシャー・ハサウェイ以外にも、アトラック（保険および金融）、ユニオン・パシフィック（アメリカ合衆国最大の鉄道会社）、ピーター・キーウィット・サンズ（建設）、オマハ生命（保険および金融）、TDアメリトレード（金融）、グリーンプレインズ・リニューアブルエナジー（エネルギー）、ワーナーエンタープライズ（輸送および物流）、ヴァルモント・インダストリーズ（製造業）など、フォーチュン500社やフォーチュン1000社に含まれる企業がいくつかオマハに本社を置いている。

オマハについて特筆すべきなのは、保健医療と慈善事業との関連性だ。2009年、2011年、2018年の3回、私は学生グループと4名の教授とともにオマハを訪ね、バフェットに面会した。私は学生たちをオマハ・セントラル・ハイスクール、バフェットの自宅、そしてバークシャー・ハウェイの本社に連れて行った。しかし、彼らが最も感動したのは、ミッドタウンにある市の医療施設群だった。クライトン大学とネブラスカ大学医療センター（通常は「医療センター」と呼ばれている）には、どちらも医学部と薬学部の大学院がある。２０１８年、クライトン大学は新たに歯学部の大学院も開校した。さらに、この地には看護学校も6校ある。これらの機関が集まることで、オマハは全米トップクラスの医療関連のコミュニティーとなっている。

しかし、何よりも目立つのは新しく立派な建物、「フレッド・アンド・パメラ・バフェットがんセンター」だ。ウォーレンのいとこであるフレッド・バフェットは、バークシャー・ハサウェイの極めて初期の投資家で、25年前に腎臓がんで亡くなった。彼の死後、未亡人となったパメラが新しいがんセンターを建てるために3億７０００万ドルの資金調達を主導した。

地元の著名なビジネスパーソン、ディック・ホランドは、バフェットの初期の投資家として大きな富を築いた。彼は、バークシャー関連の資金で少なくとも10億ドルがオマハのために寄付されたか投資されたと述べている。ホランド自身も主な寄付者となり、オマハのホランド・パフォーミング・アーツ・センターに９０００万ドルを拠出した。バークシャーへの初期の投資家で、利益をネブラスカ州のさまざまな機関に還元した人々にはカールとジョイス・マメル夫妻、ビルとルース・スコット夫妻、リーとウイラ・シーマン夫妻、ダン・モーネン、ジョンとジャニス・クリーティー夫妻、リーランドとドロシー・オルソン夫妻、スタンリーとドロシー・トラルセン夫妻、ドナルドとミルドレッド・オスマー夫妻などが挙げられる。彼らが推進したプロジェクトには、ビジネスカレッジ、リンカーンの教室棟、オマハの医療研究や教育施設、オマハ・セントラル・ハイスクールのフットボール競技場などがある。[38]

起業家バフェット

ここまで、私はウォーレン・バフェットが史上最も成功した起業家の一人になるまでに影響を与えた基本的な要素をかいつまんで説明してきた。バフェットの個性と価値観が、彼自身の家族内での起業家的な伝統、特に母方の祖父母が所有していた印刷所と父親のアーネスト・バフェットが設立した食料品店によって形成されたことは間違いない。一般の人々にとっては、バフェットからよく連想される「謙遜」と「倹約」が彼のダイナミズムを覆い隠しているかもしれない。だが、誤解は禁物である。ウォーレン・バフェットには、生涯にわたって断固として追い続けたビジョンがある。彼はすべての起業家が共通して持つ特徴も備えている。

起業家は、達成したいという意欲が強く、失敗しても他人を責めるのではなく自分の責任と積極的に捉える傾向が強い。リスクを取るが、曖昧さに対しても寛容で、どのプロジェクトでも成功の確率に対しては現実的な視点を持つ。つまり、無鉄砲ではない。起業家のほとんどは独立心が旺盛で、確固たる自信を持ち、驚くほどの楽天家だ。初期の失敗に直面しても決してあきらめず、何事にも創造的な問題解決を図ろうとする。いつも非常に精力的で、自分は機転が利くと自負している。ほとんど常に、チームを自ら構築しようとする。

何よりも、起業家は人真似をしない。大衆と逆方向に行くことを恐れない。起業家はそこに革新を見つけるのだ。この方向性は、バフェットと彼の片腕であるチャーリー・マンガーが常に強調しているものだ。起業家が成功するには、他の人々に示された方向や手がかりに単に従うのではなく、自分自身で考えなければならない、ということだ。

起業家の条件

私は、学者としてのキャリアの大部分をウォーレン・バフェットの観察に費やしてきた。それはもちろん、起業家精神を教える仕事を通じてのことではあった。しかし、彼の子どもたちとオマハで育ったという個人的な経験も、私の知見に大いに寄与したのである。ここに挙げた起業家としての個性の特徴に加え、私が見てきたすべての起業家に共通しているのは、強烈な意欲だ。簡単に言えば、起業家は常に飢えている！　彼らは金を稼ぎたがり、成功を追いかけ、独立を求める。表現の仕方はともかく、こうしたことのすべては、自分の目標を何としてもやり遂げるという圧倒的な意欲からくるものだ。

起業家の中には、起業家精神の伝統を受け継ぐ家庭の出身者が多い。バフェットの場合、祖父アーネストの食料品店での厳しい労働経験を通じて、自身が肉体労働から逃れられる生活を求めるようになり、同時に、独立心の強いアーネストの存在が手本となって、起業家としての道を切り開くきっかけとなった。

バフェットの長年のパートナー、チャーリー・マンガーも、非常に若い頃にいくつかの事業を自ら始めた。こうした強烈な、非常にモチベーションの高い個人を意味する用語がある。どんなに成功しても、かれらはいつまでも新しいアイデアを求め、新たな事業を貪欲に追い求める。私たちは彼らを「連続起業家《シリアル・アントレプレナー》」と呼ぶ。どのような組織（たとえば、法人、中小企業、ファミリービジネス、フランチャイズ、ソーシャルベンチャー、成長企業）も起業家的な運営ができるし、すべての組織は創造性豊かな起業家的な精神を必要とする。しかし、バフェットの少年時代を例にして示したように、大半の起業家は、他の組織のためではなく、自分自身のために働くことを好む。男性と女性の起業への動機は似ているが、同じではない。男性にとっての主な動機は独立心と金であることが多い。一方、長く組織の中での出世を阻まれてきた女性の場合、主な動機は仕事からの高い満足感を得ることで、金銭的な目標は4番目にくることが多い。どちらにしても、底知れない意欲と一見尽きることのない情熱からしても、起業家は必然的に若者と思われがちだ。とはいえ、いつもそうだというわけではない。

年齢

自分自身のビジネスを始めるのに年齢制限も理想的な瞬間もないが、若い人のほうがリスクを取ることに寛容で、不確定な要素にも柔軟に対処できる傾向がある。次に示す起業家たちは、さまざまな年齢で自分の会社を創業した。

失敗に対する忍耐と寛容に関する限り、アリババのジャック・マーほどふさわしい例はいないだろう。彼は誰もが知る世界的な大富豪になるまでに数々の障害を乗り越えなければならなかった。

表1-2
起業家と創業時年齢

企業名	創業者	創業時年齢
フェイスブック	マーク・ザッカーバーグ（共同創業者）	20歳
アップル	スティーブ・ジョブズ（共同創業者）	21歳
テスラ、ペイパル、ニューラリンク、オープンAI、Zip2	イーロン・マスク（創業者、共同創業者）	24歳〜
ナイキ	フィル・ナイト（共同創業者）	26歳
グーグル	セルゲイ・ブリン、ラリー・ペイジ（共同創業者）	27歳
スパンクス	サラ・ブレイクリー（創業者）	27歳
ロビンフッド	ウラジミール・テネフ、バイジュ・バット（共同創業者）	27歳、28歳
メリル・リンチ	チャールズ・メリル（共同創業者）	28歳
アリババ	ジャック・マー（共同創業者）	31歳
アマゾン	ジェフ・ベゾス（創業者）	31歳
ツイッター	ジャック・ドーシー（創業者）	32歳
アーバン・ワン	キャシー・ヒューズ（創業者）	33歳
チャールズ・シュワブ	チャールズ・シュワブ（創業者）	34歳
アパルーサ・マネジメント	デビッド・テッパー（創業者）	35歳
IBM	トーマス・ワトソン、チャールズ・フリント（共同創業者）	36歳、60歳
フォード・モーター	ヘンリー・フォード（創業者）	40歳
ウォルマート	サム・ウォルトン（創業者）	40歳
ホーム・デポ	バーニー・マーカス（共同創業者）	50歳
イートレード	ウイリアム・ポーター（共同創業者）	54歳
KFC	カーネル・サンダース（創業者）	62歳

まず、英語を学ぶために、地元の中国・杭州で外国人向けの観光案内に9年間を費やした。その仕事を始めたのは12歳か13歳の時で、雨の日も、みぞれの日も、雪の日も仕事場までの17マイル（約28キロ）を自転車で通った。小学校の大事な試験に2度落ち、中学入試にも3度落ちた。杭州に初めてできたKFCの仕事に応募した時には、24人のうち落ちたのは彼だけだった。それは、何十回も落ち続けたうちの一つにすぎなかった。マーは、最終的には入学できたものの、大学の入学試験にも何度か落ちた。それでも、彼は頑張った。ハーバード・ビジネス・スクールに10回応募したが結局受からなかった。そして、今や大富豪になった。[39]

最も成功した起業家たちがしたこと

・新規事業への参加
・スタートアップの経験を積む
・助言を求めるべき場所（ソーシャル・ネットワークなど）を知っている
・特定の事業分野でスキルを習得する
・ビジネスに取り組み利益を出すことに専心する
・読書と学びを怠らない
・創造的で、才能に満ちあふれ、知的な人々に囲まれ、彼らの邪魔をしない
・従業員を大切にする（例：利益を公平に分配する）
・自分の弱点を知っている（たとえば、バフェットは、自分が理解できる産業にしか投資しないことで

知られている。つまり自分がすべてを理解できるわけではないことを認めているわけだ）

起業家として成功するために

・多様なスキルを持った人々とのネットワークを構築する
・少数でも何人かの師《メンター》を持つ
・学びを追求する――経験を積んでも教育を受けていないと多くの失敗を招く。経営学修士（MBA）を取る必要はないが、いくつかのコースを履修して、マーケティングの交渉術や会計、ファイナンスを身につけるべきだ
・マーケティングやファイナンス、その他の日常業務の経験を積む
・新規事業に取り組み、失敗から学ぶ

モチベーション

起業家になりたいという欲望は自分の内部から、つまり自分自身の野心が出発点となることもあれば、離婚、失業、パンデミックといった思いもかけない事件がきっかけとなる場合もある。あるいは、単に機会にめぐり合い、リスクを計算に入れてやってみようという気になる場合もあるかもしれない。

私はよく自分の学生に次のようなアドバイスをする。「皆さんが本当に起業家になりたいのなら、自分が関心のある業界で働いてみよう。そこからできるだけ多くのことを学ぼう。わからないこと

はどんどん質問し、ニッチな分野を見つけよう。お金を節約して本当に必要なときに備えよう」と。

心の奥を探ると自分は起業家ではないと感じたとしても、人生には、起業家になる以外に道がないという局面があるかもしれない。たとえば、新型コロナウイルスのパンデミックの時には、失業率が1929年からの世界大恐慌以来で最も勢いよく跳ね上がった。数百万人の人々が自分の選択肢と自分の価値を見直して、思い切って独立するか、ギグエコノミー〔短期契約や臨時の仕事を中心とする新しい経済形態〕に飛び込んで事実上の起業家になった。ウーバーのドライバーをしたり、ブログを書いたり、独立コンサルタントになったり、オンラインの家庭教師をしたり、インターネット通販に乗り出したり、オンラインビジネスを構築したり、オーディオブックを録音したり、ペットの面倒をみたり、ハウシッティング（長期間家を空ける人のために家の管理を行う）に取り組んだり、といったことだ。だが、自信をもって副業から本格的な起業活動に乗り出すには、一歩踏み出そうという自立心が必要だ。あなたが起業家でないとしても、21世紀のアメリカでは、起業家のように考え行動することが必要だ、ということをあらゆる環境が示唆している。

第2章

初期に影響を与えた人々、大学時代、パートナーシップの日々

人の行動には何よりも重要な法則がある。その法則に従えば、問題に巻き込まれることはない。実際、そうすれば無数の友人を獲得し、常に幸福を得られる。ところが、その法則を破った瞬間に、終わることのない問題に突入する。その法則とはこれだ。常に相手に自分が重要だと感じてもらうことだ。ジョン・デューイは「人間の本性の中で最も深い衝動は、重要でいたいということだ」と言った。そして、ウィリアム・ジェームズは、「人間の本性の中で最も深い原則は、感謝されたいという渇望だ」と述べた。[1]

――デール・カーネギー

デール・カーネギー

若い頃のウォーレン・バフェットは人づき合いが苦手だった。この問題に対処しようと、成功し

た人々からなるべく多くのことを学ぼうとした。彼に最も影響を与えた人の一人が、デール・カーネギーだ。今や伝説的なベストセラー『人を動かす』の著者である。

カーネギーは販売と演説の専門家であり、これらのスキルを他の人々に教える起業家としての地位を確立した。バフェットは高校時代を通じてカーネギーの原則を実践した。バフェットの親友であるアリス・シュローダーはこう報告する。「高校では友人が何人か増え、学校のゴルフチームに入り、人気者というほどではなかったが、さほど嫌われない人間になった。デール・カーネギーのシステムは、ウォーレンの持前の機知を研ぎ澄ませてくれた。なによりも説得力が強まり、生まれながらのセールスマンの才能が磨かれた」[2]。バフェットはそのキャリアを通じてこの資質に大いに助けられることになる。

バフェットはよく、自分が行ったあらゆる決断の中で最高のものは100ドルを払ってデール・カーネギーのパブリック・スピーキングの講義に参加したことだと冗談半分に語る。当時バフェットは21歳、大学院を出たばかりで、父親の投資会社で株式ブローカーとして働いていた。ネブラスカ大学オマハ校で投資の授業も受け持っていた。バフェットの学生たちは、平均すると彼の倍の年齢だった。

今日に至るまで、バフェットの大学やビジネススクールの卒業証書がオフィスの壁に飾られたことはないが、カーネギーのクラスの修了証書は見つけることができる。バフェットが非常に有益だと感じたカーネギーの原則をここに引用する。いずれもカーネギーの書籍からの引用である[3]。

さらに、カーネギーの著書から、バフェットが自分の人生と仕事に組み入れた指針をいくつか紹

バフェットは、デール・カーネギーに学んだ

親しみやすい人になる

- 批判せず、非難せず、苦情を言わない
- 正直かつ誠実にほめる
- 他人が何かを切望するような気持ちを引き出す
- 他人に純粋に関心を抱く
- にっこり微笑む
- どんな人の名前も本人にとっては、いかなる言語でも、最も素敵で最も重要な響きであると心掛ける
- 聞き上手になる。自分について語るよう他の人たちを促すようにする
- 相手が興味あることを話題にする
- 相手に自分が重要だと感じてもらう。しかもそれを誠実に行う

人々があなたの考え方に賛同するように仕向ける

- 議論から最大のものを得る唯一の方法は、それを避けることだ
- 相手の意見に尊敬の念を示すこと。「あなたは間違っている」と決して言わない
- 自分が間違ったときには、すぐにいさぎよくそれを認める
- 友好的に会話を始める
- 相手が同意しやすい意見から述べる
- 会話の大部分を相手に話させる
- 相手が思いついたアイデアだと思わせる
- 正直に、相手の身になって物事を見るようにする
- 相手の考えや欲求に共感する
- 崇高な動機に訴える
- 自分の考えが伝わるように演出を工夫する
- 相手の挑戦心を刺激する

リーダーになる

- 賞賛と正直な感謝から会話を始める
- 人々の間違いを間接的に指摘する
- 相手を非難する前に自分の誤りについて話す
- 命令を出す代わりに問いかける
- 相手の面子を守る
- どんなに小さな改善でも、すべての改善を賞賛する。「相手を心から称賛し、大いにほめたたえる」ようにする
- 相手に高い評価を与えて期待を抱き、その期待に応えるよう励ます
- 激励して、過ちも簡単に修正できると感じさせる
- 自分が提案したことをすることに相手が喜びを感じるようにする

介しよう。

・ベンジャミン・フランクリンは、若い頃は無作法だったが、その後社交術を身につけ、人々との付き合いにも長けるようになったため、アメリカのフランス大使に任命された。成功の秘訣は何だったか。「私は誰に対しても悪口を一切言いません。……そして、私が知っているどの人についても良いことしか言わないのです」と彼は言う。[4]

・誰でも批判し、非難し、文句を言うことができる。そして実際に多くの愚か者はそうする。しかし、他人を理解し許すには、高い人間性と自己抑制が求められるのだ。[5]

・ある人が偉大な人物かどうかは、権力や地位をもたない人々を彼がどう扱うかで判断される（カーネギーはこの言葉をトーマス・カーライルが言っていたと述べている）。[6]

・私が持つ最大の長所は、周囲の人々の熱意を呼び起こさせる能力だと思う。……人から最大の力を引き出す方法は、感謝と激励だ。上司からの批判ほど人の熱意を潰すものはない。私は決して、誰をも批判しない。私は、人には働く意欲を与えることが正しいと信じている。だから、私はほめることには積極的だが他人のあら探しは嫌いだ。気に入ったことは心から評価し、惜しみなく称賛する（カーネギーはこの言葉をチャールズ・シュワブが言っていたと述べている）。[7]

・他人に影響を与えるこの世で唯一の方法とは、相手の欲しいものについて話し、それを手に入れる方法を話すことだ。[8]

・ウィーンの有名な心理学者、アルフレッド・アドラーは、『人生の意味の心理学』の中で、次のように書いた。周囲の人に関心を持たない人こそ、人生で最大の困難を抱え、他者に最大の損害を与える。人間の失敗はすべてそのような人間から生じている。[9]

・チャールズ・シュワブは、自分の笑顔には100万ドルの価値があると話してくれた。おそらくそれは控えめな数字だ。というのも、彼の並外れた成功のほぼすべてが、彼の個性、魅力、人に好かれる能力によるもので、中でも特に彼の魅力的な笑顔が大きな要因だった。行動は言葉よりもはるかに効果的だ。そして笑顔は「私はあなたが好きです。あなたがいるからこそ私は幸せなのです。お会いできてうれしい」と語るのだ。[10]

バフェットと高等教育

バフェットは大学に行くことに乗り気ではなかった。[11] 独学で書物を読んでも大学に行くのと同じだけの教育になると考えていたし、教室に座って授業を受けるよりもビジネスでの実地経験のほうが常に価値があるだろうと確信していた。バフェットは他人にもこの考え方を当てはめた。たとえば、バークシャー・ハサウェイがオマハにあるボルシェイムス・ファイン・ジュエリーを買収した時には、大学の学位を持たないCEOを留任させた。私が学生26人を伴ってバフェットを訪ねたとき、彼はその信念を繰り返した。「タイトルは覚えていないのですが、IQと大学の成績、通った学校とビジネスでの成功との相関に関する論文がありました。そこでの結論の一つは、ビジネスの成功と最も相関が高かったのは、その人がいつビジネスを始めたか、だったのです。経験が成功における最も重要な決定要因でした」

アイビーリーグを中退し、ネブラスカ大学へ

父親からの圧力に屈し、バフェットはアイビーリーグのペンシルベニア大学ウォートン校に入学した。当時はまだ17歳だったが、入学するや否や教授たちよりも自分のほうが物をよく知っていると不満を抱いた。これは青年期の強がりではない。バフェットがわずか15分の勉強でいくつもの試験でAを取ったことに驚愕した、とルームメイトの一人が述懐している。

しかし、若きバフェットの最大の不満は、大学があまりに理論偏重だという点だった。当時のクラスメイトたちは、バフェットが初期の起業家としての経験を恐れずに用いて、クラス全員の前で教授たちの誤りを正したことを覚えている。自分の実践的な知識を活かしたいとの思いが強まり、ウォートンで1年を過ごした後、彼は学校を辞めて自分でビジネスを始めたいと父親に申し出た。しかし父親に再び説得され、しぶしぶもう1年をウォートンで過ごすことになった。その後、リンカーンのネブラスカ大学に転校し、3年目の終わりに経営学の学士号の必要単位をすべて取得して卒業した。彼は19歳だった。バフェットの名高い地味な嗜好は、教育という、人間形成に重要な要素に対しても明らかだった。

ネブラスカに戻ると、バフェットは人生経験という価値を実践に活かし始めた。大学の授業をすべて取った上で、リンカーン・ジャーナル紙の配布マネジャーとなり、50人以上の労働者と新聞配達ルートを管理した。

ベンジャミン・グレアム

バフェットは、学問に対する反発はあったものの、学士号を取得すると、大学院で勉強しようとハーバード大学に出願した。ところが結果は不合格。ハーバードの面接官からは、ビジネス経験をもっと積んだほうがよいと言われた。

バフェットは大いに落胆して独学を始めた。常に熱心な読書家であった彼は、投資手法の本にのめりこんだ。ベンジャミン・グレアムの著書『賢明なる投資家』にかなり感銘を受け、グレアムの下で学ぶ必要があると決意した。当時グレアムは、ニューヨークにあるコロンビア大学ビジネススクールで教鞭を執っていた。バフェットは後に、『賢明なる投資家』を投資について書かれたものの中で史上最も重要な本だと評し、私が学生たちと訪問するたびにそう言っていた。しかし、ハーバードに落ちた夏には、グレアムがコロンビア大学の同僚デビッド・ドッドと執筆した『証券分析』という書物に強く引き付けられた。

ちょうどコロンビア・ビジネス・スクールの入学案内を取り寄せたところで、二人の名前を見つけるとすぐに手紙をしたためた。文面は、今日の基準からするとかなり無遠慮で、無礼にさえ響くかもしれない。「拝啓　ドッド先生。お二人は亡くなったとばかり思っておりましたが、実はまだ生きていてコロンビアで教えていることを知りましたので、是非入学いたしたく存じます」。何年もたってからこのエピソードを語ったバフェットは、いくぶん自嘲的に話していた。[12] しかし、何を書いたかはともかく、コロンビアＭＢＡへの入学を許された。

１９５０年の秋に、バフェットはニューヨークの格安の部屋に移り住んだ（残念なことに、入学申込が遅かったために大学寮には入れなかった）。１日当たり10セントの会費でＹＭＣＡに入会し、ペンシルベニア駅に近い西34丁目のスローン・ハウスというＹＭＣＡの施設を１日１ドルで借りた[13]。グレアムの下で１年間学び、１９５１年に卒業した。

グレアムの経歴

グレアムは、ベンジャミン・グロースバウムとしてロンドンに生まれ、生後間もない１８９５年にニューヨークに引っ越した。20歳になるまでには、反ユダヤ主義を避けるために、明らかにユダヤ人とわかる名前を変えていた。父親は１９０３年、グレアムがまだ8歳の時に亡くなった。母親は１９０７年の金融恐慌で一家のほとんどの資産を失くしてしまった。

グレアムは、この子どもの頃のトラウマの影響を生涯受けることになる。他に選択肢がほとんどないと感じ、すべての情熱を勉強に注ぎ込んだ。熱心な努力の末にコロンビア大学への奨学金を獲得し、20歳の時に学年2位の成績で卒業した。卒業前に、数学、哲学、英語の3学部から教職に招かれたが、どれも辞退してウォール街での仕事を選んだ。

ウォール街でのスタートは地味だった。ニューバーガー・ヘンダーソン・ロープという証券会社のメッセンジャーとして、週当たりわずか12ドルの賃金で債券や株式の価格を掲示していた。だが昇進は早かった。26歳で調査レポートを書くように勧められ、その後すぐにパートナーシップに昇進した。年間報酬は60万ドル、2022年現在の貨幣価値で960万ドルに相当する。[14]

グレアム、起業家になる

7年後、32歳の時に、ジェローム・ニューマンと自分の投資パートナーシップを共同設立した。この初期の起業活動であるグレアム－ニューマン・コーポレーションは彼に大きな利益をもたらした。会社の資産価値は年平均で17・4％ずつ成長し、株式市場のパフォーマンスを5・5ポイント上回ったのである。グレアムは会社経営を続けながら、コロンビア大学でも講義を担当し（大学からの給料はそっくり大学に寄付した）、同僚のアシスタント、デビッド・ドッドと本も執筆した。その成果が『証券分析』（1934年）で、同書は今でも間違いなく投資関連で最も影響力のある本の一つに数えられる。

グレアム－ニューマン社は2度の世界大戦を生き延びたものの、世界大恐慌の時には価値の70％を失った。これにより、グレアムは人生で2度目の経済的な困窮を経験した結果、投資には比較的慎重な姿勢で臨むようになった。彼は二つの原則に従った。①純資産価値の3分の2未満の企業を買うこと、②株価収益率（PER）の低い銘柄を買うこと。[15] 今日、我々はこれを、「安全余裕度」を確保しながら運営すると呼ぶ。要するに、グレアムは企業のどんな質的な側面よりも数値を重視した。

コロンビア大学でのバフェットとグレアム

1950年、バフェットはグレアムとドッドの下で学ぶ20人の学生の一人に選ばれた。クラスの中では最も若かったがグレアムの優等生の一人となった。実際、この敬愛されていた教授からA+の評価を得たのはバフェットだけだった。これはほとんど驚くべきことではない。二人とも独立心と起業家精神が旺盛だったからだ。バフェットは師を持つことの価値をわかっていたし、グレアムは優秀な学生を歓迎したからだ。グレアムは非常に深い影響を与えたので、バフェットは後に、学生たちに対する自分の指導者像としてグレアムを手本にした。

グレアムの指導の下、バフェットは『証券分析』と『賢明なる投資家』を徹底的に読み込んだ。彼はよく、『賢明なる投資家』の第8章と第20章を投資に関して書かれた最も優れた著述だと評している。本書ではどちらの章についても後ほど詳しく解説する。

1951年に、バフェットは経済学修士号を取得した上でコロンビアを卒業した。

ウォール街でのバフェット

バフェットは卒業するとすぐ、この新たな師に設立された会社、グレアム–ニューマン・コーポレーションに応募し、無償で働きたいと申し出た。ところが、グレアムは彼の申し出を断った。ウォール街の金融会社で排除されていたユダヤ人のみを自分の会社では雇用したいと考えていたからだ。その結果、バフェットはオマハに帰り、1951年から1954年まで父親の投資会社で株式ブローカーとして働きながら、パブリック・スピーキングに関するデール・カーネギーの講座を受講し、ネブラスカ大学オマハ校で投資のクラスを受け持った。だが、グレアムとの連絡は絶やさず、抜け目なく投資銘柄を推奨しては人間関係を深めていった（成功した投資家としてのキャリアを通じて、バフェットは教えることへの愛を決して忘れなかった。ニューヨークに住んでいる時には、バフェットはある郊外の公立学校の成人向けクラスで投資の授業を受け持ち、さらに1970年代までクレイトン大学の無料の講座で教えていた）[16]。

グレアム－ニューマン・コーポレーション

1954年、バフェットは24歳の時についにグレアムに年俸1万2000ドル（今日の貨幣価値で12万6500ドル）で採用された。それ以上に重要なのは、彼が学び続けていたことだ。グレアムはバフェットにアービトラージについて教えた。これは、資産の購入と売却を同時に行い、価格の微妙な差異から利益を得る投資手法である。ウェブサイトのインベストペディアで投資家ジェーソン・フェルナンドの説明を引用しよう。

アービトラージとは、異なる市場で同一資産の購入と売却を同時に行うことで、資産の表示価格のわずかな差から利益を得ることだ。これは、異なる市場、あるいは異なる形式で取引される同一または類似の金融商品の短期的な価格差を利用した取引である。アービトラージの単純な例として、次のケースを考えてみよう。X社の株式がニューヨーク証券取引所（NYSE）では20ドルで取引されているちょうどその時に、ロンドン証券取引所（LSE）での価格が

20・05ドルだったとする。トレーダーはそのX社株をニューヨーク証券取引所で購入すると同時に、ロンドン証券取引所で売却すれば、1株当たり5セントの利益を得ることができる。トレーダーはニューヨーク証券取引所のスペシャリスト（取引所の指定する銘柄について売買が成立しない時に自己の勘定で取引したり、ブローカーの注文を橋渡ししたりして、売買の円滑化を図る役割を担う）がX社株の在庫使い果たすか、ニューヨーク取引所かロンドン取引所のスペシャリストが価格を調整してアービトラージの機会がなくなるまで、アービトラージの機会を利用し続けることができる。[17]

グレアム－ニューマン社での仕事は結局短期間で終わった。バフェットが25歳の時にグレアムは引退すると宣言し、自分の長年の弟子に、ジュニア・パートナーとして後を継がないかと提案した（ジェローム・ニューマンの息子、ミッキーはシニア・パートナーとして父親の後を継いだ）。会社の資産は、およそ700万ドル（今日の貨幣価値では7500万ドル）と比較的少額だったが、それでも同社は高く評価されていた。ウォーレン・バフェットは、まだ30歳にもなっていなかったが、重大な人生の選択に直面したのだった。「これは非常につらい決断でした」とバフェットは2012年に回想した。「グレアム氏は私にとってのヒーローであり、私は自分の長男をハワード・グレアム・バフェットと名付けたほどでした（ハワードは父の名前です）。つまりこれは私にとってまたとないチャンスだったのです。しかし、オマハに帰りたいという思いもありました。おそらく1カ月ぐらい、『辞めて故郷に帰ります』の一言をグレアム氏に言わなきゃならないなあと毎朝考えながらオフィスに通ったと思います。その一言がなかなか言い出せませんでした」[18]

1956年にグレアムはパートナーシップを解散し、61歳で引退した。バフェットは12万7000ドルの資産を保有してオマハに帰った。現在の貨幣価値でおよそ130万ドルであり、彼は引退しても十分に暮らせる金額だとみていた。そう考える根拠は、バフェットが「世界で8番目の不思議」と呼ぶ複利の考え方だ。複利とは、元本とそれまで累積した利息の双方に対して発生する利息や配当により、資産価値の増加する現象のことである。後年、バフェットはフォーブス誌に次のように語っている。「オマハに帰って、大学の授業をいくつか受講して本をたくさん読もう。要するに引退するんだ！　と思いました。私は、自分が毎年1万2000ドルで生活できると思っていましたので、当時の資産12万7000ドルを基に考えれば、簡単にそれは実行できると考えました。妻に言ったものです。複利利息で私は間違いなく金持ちになれる、とね[19]」

フィリップ・A・フィッシャー

ベンジャミン・グレアムがバフェットに最初に大きな影響を与えたとするならば、次に影響を与えたのはフィリップ・アーサー・フィッシャーだった。フィッシャーは投資家であり、著書『株式投資で普通でない利益を得る』は、ニューヨーク・タイムズ紙のベストセラー・リストを飾った最初の投資関連本である。フィッシャーの基本的な手法は、優良銘柄を割安な価格で購入していつまでも持ち続ける、というもので、業界平均を上回る利益成長と売上高の伸びを実現できる企業を見つけ出すための調査に力を入れていた。[20]

長期間で見ると、株式市場は常に投資家に有利に働くというのがフィッシャーの持論だった。投資に対するこの保守的なアプローチはまさにグレアムとちょうど噛み合うもので、バフェットが彼の意見の影響を受けたのも当然と言える。しかし、グレアムが数字を重視していたのに対し、フィッシャーは「スカトルバット手法」を採用して質的な分析を行った。「スカトルバット」は元々船員間の噂や情報交換の場を指す言葉で、要するに、さまざまな情報源から企業に関する生の情報を得よう、という手法である。たとえば、バフェットは2016年にアップルに投資する前に、孫や孫の友人たちが朝から晩までｉＰｈｏｎｅを使っていることに気づかざるを得なかった。彼らを「デイリークイーン」に連れて行き、隣り合って座っているのに互いに話すことなくメッセージをやり取りする様子を観察した。

もう一人、スカトルバット手法の提唱者としてよく知られているのがピーター・リンチだ。フィデリティ投資会社出身の著名投資家である。リンチは、目の前の現象を見逃さない人だった。どこかの小売店の前に長い行列ができていると、投資機会かもしれないと興奮したものである。ダンキン・ドーナツへの投資は、リンチの観察眼を示すよい事例である。彼は、ダンキン・ドーナツの長い行列に気がついた。町中を自動車で走り回って同社の店舗に入ってみると、どの店舗でもコーヒーが大人気であることに気がついた。そして、同社が店舗を拡大し全米チェーンに発展できる余地があると確信したリンチは最終的に、同社への投資で10倍～15倍の利益を得たのである。

リンチはおそらく、家族を地元のショッピングモールに連れていき、妻と子どもたちが何に引き寄せられるかを観察するだけで投資アイデアを生み出していたと思われる。リンチのこのアプローチはさまざまな投資手法の一つにすぎないが、有効に機能した。このエピソードの教訓は、多くの偉大な投資機会がありふれた日常の中に隠れているということだ。

フィッシャーの受けた教育

バフェット家が公立学校の制度を強く信じていたのとは対照的に、フィッシャーの両親は、すくなくとも幼い子どもたちの教育に関しては、公立学校にあまり信を置いていなかった。フィリップは1907年にサンフランシスコに生まれ、小学校卒業の年次まで家庭教師に教育を受けた。1923年に名門ローウェル・ハイスクールを16歳（バフェットと同じ年齢）で卒業すると、カリフォルニア大学バークレー校に入学した。[21]

最終的にはスタンフォードに転校し、そのまま大学院に進んだ。しかし、21歳になるまでに退学し、サンフランシスコにあるアングロ・ロンドン・パリ・ナショナル銀行で証券アナリストとして働き始めた。1931年、大恐慌が証券会社に大打撃を与えると、フィッシャーは自分の投資コンサル会社、フィッシャー・アンド・カンパニーを立ち上げた。[22] 当時は24歳で、1999年に91歳で引退するまで会社の業務を取り仕切り続けた。

フィッシャーはだれと一緒に働くかについては厳しい選択眼を持っていた。彼の経営哲学は、最優秀の人材を雇い、それから細かく指示を出さない、というものだった。

起業家の個性

バフェットは自分の経営哲学で、フィッシャーの採用方針を大いに手本にしていた。バークシャー・ハサウェイは通常、ある会社の株式の80％を取得し、経営者が20％保有する。この20％は、経営者が利益を上げながらも会社を運営するための十分なインセンティブとなり、同時に彼らに大きな自律性をもたらす。毎月の財務諸表の提出を求める以外、経営には関与しない、というのが所有者であるバフェットの基本方針だ。第4章ではフィッシャーの投資ルールについてさらに詳しく説明する。それはバークシャー・ハサウェイの未曾有の経済的成功の基盤となった。

バフェット、思いもかけず起業家に

1956年にグレアムが投資パートナーシップを解散すると、バフェットは次のキャリアプランをじっくりと考えた。彼の眼にはウォール街は顧客の利益を最優先していないように思われ、どうにもうさん臭い振舞いを嫌っていた。[23]だが、オマハは非常に異なる気風を信奉していた。バフェットはその連帯感、お気楽なペース、深い人間関係を気に入っていた。バフェットの祖父母は4人全員がオマハに住み、叔父や叔母の何人かもオマハの住民だった。オマハには、ニューヨークやボストン、サンフランシスコのような金融の中心地を窒息させるような「ノイズ」（あてにならない情報のこと）が皆無だった。そうした都市に比べると、オマハはずっと安定しているように感じた。さらに、バフェットはすでに二人の子持ちだった。ハワードとスージーである。小さな町は、子どもたちを育てるにはうってつけの場所に思えた。

そこで、バフェットは故郷のオマハに戻って月175ドルの家賃で家を借りた。住所はアンダーウッド街5202番地で、一家の食料品店のあった場所に近かった。

バフェットは回想している。


私にはパートナーシップを始める計画はなかった。ましてやどこかに勤めようという気さえなかった。自分で何かできさえすればいいやと全く心配していなかった。私は再び他人に有価証券を販売したいとはさらさら思わなかった。文字通り偶然に、親戚数人を含む7人が私にアプローチしてきた。「お前はかつて株を売っていたじゃないか。だから私たちの金をどうしたらよいか教えてほしいんだ」ってね。そこでこう答えたんだ。「僕は二度と株のブローカーをするつもりはないよ。ベンやジェリーのようなパートナーシップをつくろうかと思う。仲間に入りたいならどうぞ」。私の義父、大学時代のルームメイト、彼の母親、私の叔母のアリス、私の妹、私の義理の弟、そして私の弁護士が全員この話に乗った。また私は当時百ドル持っていた。それが始まりだった。そう、全くの偶然だよ。

パートナーシップをつくった時に皆で、つまり7人と私とで夕食を共にしたんだ。あれはオマハ・クラブだったと思う。99%間違いない。私は台帳を49セントで買い、彼らは自分の小切手を持ってきた。彼らの金を受け取る前に、私は1ページの半分の紙を1枚ずつ彼らに与えた。それは私が「基本原則」と名付けたメモをカーボン紙で複製したものだった。私は「2ページから4ページぐらいのパートナーシップに関する法的な文書がありますが、それは気にしなくていいです。何が書いてあるかをこれから説明しますので、皆さんが驚かれることはないでしょう」と言った。

私は売り込みをしなかったが、私の知らない人々からも次々と小切手が到着し始めた。ニューヨークでは、グレアム・ニューマン・コーポレーションは清算プロセスに入っていた。バーモント州にある大学の学長、ホーマー・ドッジがグレアムに投資していたが、「これから僕のお金をどうすればよい？」と尋ねた。ベンジャミンはこう答えたそうだ。「そうかい、実は私のところで働いていた奴がいるんだ」。こうしてドッジはオマハにある私の借家まで車でやってきた。当時私は25歳だったが、見た目は17歳ぐらいで、物腰は12歳の少年のようだった。ドッジは「君はここで何をしているのかね？」と言った。私は「ここで家族と一緒に仕事をしているんですが、もちろんあなたのためにも一肌脱ぎますよ」と言った。

当時は何も考えていなかったが、25歳というのは私にとって一つの転機だった。生活を変え、その後かなりの規模になるパートナーシップ、バークシャー・ハサウェイを設立したところだった。私は何も恐れていなかった。当時から自分の好きなことをしていた。今も続けているというわけだ。[24]

パートナーシップの始動（1956〜1969年）

1956年、25歳の時に、バフェットはバフェット・パートナーシップ・リミテッドを設立した。

ゼネラル（無限責任）パートナーはバフェットで、他の7人はリミテッド（有限責任）パートナーになったが、最終的には7つのパートナーシップとして全員が分離独立した。これらの中で最初に設立されたのがバフェット・アソシエイツ・リミテッドで、元々の7人の友人と家族がパートナーになった。バフェット自身の拠出額はわずか100ドルで、残りのメンバーが合計で10万5000ドルを出資した。バフェットにとっての最初の外部投資家はホーマー・ドッジだ。バーモント州ノースフィールドにあるノーウィッチ大学の物理学の教授で学長も兼任していた。ドッジは、グレアムからバフェットの才能について聞かされると1500マイルもの道のりを車で駆け抜けてバフェットを訪れ、家族の貯蓄12万ドルをバフェットに託した。1983年にドッジが亡くなった時、投資額は数千万ドルの価値になっていた。[25]

バフェットはついに自宅を3万1500ドルで購入した。3階建てのケープダッチ様式〔南アフリカのケープ地方に由来する、オランダ植民地時代の建築様式〕で、現在もそこに暮らしている。この家は、現在価値にすると100万ドルを超えており、にぎやかな大通りに近いファーナム通りにあって、地下にはハンドボールのコートがある。バフェットは自分専用のオフィス空間を持たず、自宅2階の寝室脇の小さな居間で、秘書も置かず、計算機も持たずに日常業務を行った。[26]

リミテッド・パートナーは投資額に対して毎年6％の配当と、投資額を超えた分の75％を受け取り、バフェットは残りの25％を得た。1957年から1961年まで、パートナーシップの利益は251％で、同じ期間でのダウ・ジョーンズ工業株価平均（ダウ平均）の上昇率75％を大幅に上回った。[27]

1958年までに、バフェットは5つのパートナーシップを設立していた。2年後にはパートナーシップは7つになり、資産額は700万ドル（100万ドルの彼自身の資金を含む）になっていた。バフェットが、今や有名になったパートナー宛の書簡を書き始めたのはこの頃だ。運用しているファンドのパフォーマンス、現在の投資環境、そして前年中に行った何らかの動きについて説明した。要するに、若きバフェットは今日のヘッジファンドのモデルを採用していた。つまり、ゼネラル・パートナー（バフェット）が、自身の資金をリミテッド・パートナー、つまり投資家の資金とともリスクにさらすというモデルである。こうすることで、自分自身と彼らのインセンティブが一致する。投資家が儲かった時だけバフェットも利益が出るというわけだ。

しかし、今日のヘッジファンドとは対照的に、バフェットが主に資金集めに力を入れていたことを示唆する証拠は存在しない。バフェットは投資ファンドを小規模に保つことで、効率的に運営を行い、集中力を持続できた。まさに成功する起業家の特徴である。見方を反転させると、このインセンティブの一致は、バフェットが投資先を探しているときにどこを見ているかを教えてくれる。投資先企業の経営陣は事業のオーナーのように考え、行動しているのか、それとも実際にはオーナーと食い違った動きをしているのか、ということだ。

アメリカン・エキスプレス株の購入

1963年、バフェットはアメリカン・エキスプレスへの投資からパートナーシップに2000万ドルの利益をもたらした。植物油精製会社アライド・クルード・ベジタブル・オイル・カンパニーが詐欺事件に巻き込まれ、アメリカン・エキスプレスは同社への投資で5800万ドルの損失を計上したばかりだった。アントニー・デアンジェリスに率いられたアライド・クルード社は、サラダ油用コンテナの中身をごまかしていたのだ。これらは巨大なドラム缶だったが、サラダ油はその上部に少量入っていただけで、残りは水で満たされていた。デアンジェリスは7年の懲役刑を受けた。アメリカン・エキスプレスはアライド・クルード社の3大株主の一社で、株価が50％以上暴落した。

バフェットは、フィッシャーの「スカトルバット手法」によって、これを投資機会だと判断した。人々はレストランの食事で今でもアメリカン・エキスプレス・カードを使っているだろうか？　バフェットは何度か外食をして、実際に同社のカードがまだ使われていることを確認した。デパートをいくつか回りながら同じように観察してみると、買い物客はやはりアメリカン・エキスプレス・カードを使っていた。銀行はどうだろう？　旅行者は今もアメリカン・エキスプレス社のトラベラーズ・チェックを使っているのだろうか？　明らかに、答えは「イエス」だった。街角レベルで得た確信を根拠に、バフェットはパートナーシップの資産の25％をアメリカン・エキスプレスに投資した。その後2年間で、同社の株価は2倍となり、投資家に2000万ドルの利益をもたらした。[28]

バークシャー・ハサウェイの購入（1962～1964年）

1962年に、バフェットはオフィスを自宅の2階の寝室から自宅で4分、オマハの中心部からはさらに数分はなれた所に建つキーウィット・ビルに移した。さらに、マサチューセッツ州を拠点とするバークシャー・ハサウェイという名の繊維メーカーの株を買い始めた。
それから2年以内に、バフェットは同社株式の7％を保有していた。同じ年に、バークシャー・ハサウェイの経営陣はバフェットの持株を1株当たり11・5ドルで買い戻したいと提案してきた。バフェットはこの提案に同意した。しかし、2週間後に書類が届いて内容を確認すると、買い戻し価格が11・375ドルと記載されていた。つまり合意されていた価格よりも12・5セント低かったのだ。激怒したバフェットは逆に会社全体を買収することに決めた。1965年末までに経営権を握ったが、当時の株価は18ドルだった。[29] さらに、著名な投資家ローレンス・ティッシュは、バフェットのパートナーシップに30万ドルを拠出する際に、「私も参加させてほしい」と手書きのメモを添えてよこした。ティッシュはその後、圧倒的な成功企業、ローズ・コーポレーションを設立するが、バフェットのことを、彼の世代で最も偉大な投資家の一人だと表現している。[30]
1966年までに、バフェットはパートナーシップの資金の25％を投じてバークシャー・ハサウェイを買収し、同社の会長となった。彼は後に、感情に駆られて行ったこの行動は、おそらく彼がこれまで犯した中で最大の投資ミスだと認めることになる。バークシャーが会社として失敗したため、今日の価値で数十億ドルもの損失を被ったのだ。彼の長年にわたるビジネスパートナーとなったチャーリー・マンガーは、同社買収の5日前に自分の父親を亡くしたことにより、バフェットの判断力が曇ったのではないかと疑問を抱いた。だが、バフェットはこの社名にこだわり続けた。
良い取引は隠れた宝石だ。1969年、そのような取引を見つけるのが次第に難しくなったため、バフェットは自身のパートナーシップを解散し、その資産をすべてバークシャー・ハサウェイに移

表2-1
バフェット・パートナーシップ・リミテッドのパフォーマンス(1957〜1968年)

年	ダウ・ジョーンズ工業株価平均(配当込み)[1]	パートナーシップ[2]	リミテッド・パートナー[3]
1957	-8.4%	10.4%	9.3%
1958	38.5%	40.9%	32.2%
1959	20.0%	25.9%	20.9%
1960	-6.2%	22.8%	18.6%
1961	22.4%	45.9%	35.9%
1962	-7.6%	13.9%	11.9%
1963	20.6%	38.7%	30.5%
1964	18.7%	27.8%	22.3%
1965	14.2%	47.2%	36.9%
1966	-15.6%	20.4%	16.8%
1967	19.0%	35.9%	28.4%
1968	7.7%	58.8%	45.6%
年複利リターン	9.1%	31.6%	25.3%

1. ダウ平均の年変化率に、当該年次にダウ組み入れ銘柄からの配当を持ち続けた場合に得られたはずの配当を加えた場合の収益率。上の表は、年初から年末までパートナーシップ活動を行った年をすべて含む。
2. 1957〜1961年の数値は、全経費を控除した後で、ただし、パートナーまたはゼネラル・パートナーへの配分前の、年間を通じて活動した前身リミテッド・パートナーシップの結果を組み合わせたものである。
3. 1957〜1961年の数値は、前の列のパートナーシップの結果に基づいて計算され、現在のパートナーシップ契約に従ったゼネラル・パートナーへの配分を考慮した。ただし、リミテッド・パートナーによる毎月の引き出しが行われる前の数値となっている。

出所：Buffett Partnership Ltd. letter(1969年1月22日)

管した。その上で、パートナーたちには株式を与え、バークシャー・ハサウェイを他の企業や投資物件を買収するための持株会社として使うようになった。

ダウ平均の平均複利リターンは9・1%だったのに対し、バフェットのパートナーシップの平均リターンは31・6%を達成した（表2－1を参照）[31]。1969年には、パートナーシップの価値は1億ドルとなっており、うち2500万ドルがバフェットの持ち分だった[32]。

第3章

チャーリー・マンガー

私は自分の生涯を通じて、常に（幅広い話題について）読書をしている賢人しか知らない——例外は一人もいない、ゼロだ。私はよく子どもたちから笑われる。私がまるで足の生えている本のようだと思っているのだ。[1]

——チャールズ・T・マンガー

バフェットとマンガー

ウォーレン・バフェットのような偉大なビジネスパーソンには、素晴らしい右腕が必要だ。その役を担うのは一般的には家族、友人、同僚の誰かになる。しかしバフェットの場合、バークシャー・ハサウェイで主役の座を当然のように分け合う存在は、副会長のチャーリー・マンガーだ。投資家はマンガーのカリスマ性、機転の早さ、ベンジャミン・フランクリン風の短く鋭い格言からにじみ出る直接的な知恵をよく知っている。バフェットは、マンガーについて（半分冗談で）次のように語っている。

パートナーの選択についての助言をいくらか提供するので、注意して聞いてください。まず、自分よりも賢く、かつ洞察力のある人物を探すことです。彼でも彼女でも目星をつけたら、その人の人には自分がいかに優秀かをひけらかさないように頼むことが重要です。そうすればその人の思想やアドバイスから生まれる多くの偉業を自分のものとして自慢できるからね。あなたが手痛い失敗をした時に「ほら見ろ、言ったじゃないか」と批判したり、不機嫌になったりしないパートナーを探してください。さらに、自分自身の資金を提供し、安月給で働く寛大な人を探すべきです。最後に、長旅を一緒に過ごすのだから、いつも楽しさを与えてくれる人を仲間に加えよう。以上どれもこれも見事でしょう（一応言っておくと、私は自己採点の試験でA未満を取ったことがないのですが）。実際、この助言はあまりにも見事なので、1959年からそれを忠実に守ってきました。そして、どの点から見ても私の条件に当てはまる人物は一人しかいませんでした。それはチャーリーです。[2]

二人は6歳違いだが、どちらもオマハ出身で、ネブラスカでの家系は数世代前までさかのぼる。10代の頃には、二人ともオマハの中心街で、バフェットの祖父が経営する食料品店で働いた。だが、同じ街で似たような子ども時代を送っていたにもかかわらず、金融界のこの二人の有名人は195

9年にある夕食会で出会うまで、仕事で交わることがなかった。すでにどちらもビジネス上の成功を積み重ねていて、それぞれが相手を広範な好奇心を持つ読書家としてすぐに認識した。

当時はまだ比較的小さな街だったオマハで、この二人がまだお互いを知らなかったことは人々を驚かせた。バフェットに投資しているオマハの地元の人々は「君を見るたびに知人の弁護士のチャーリー・マンガーを思い出す」と彼によく言っていた。そして、マンガーを知る人々もまた、「君に会うとバフェットを連想する」と言ったものである。もちろんバフェットは、マンガー家のことを以前から耳にしていた。チャーリーの祖父はセオドア・ルーズベルト大統領に指名された連邦裁判所判事で、父親は地元ではよく知られた弁護士だった。そして、二人の共通の友人が主催したパーティーで、当時29歳のバフェットと36歳のマンガーは大いに意気投合し、ディナー・テーブルの会話を支配した。バフェットは次のように回想している。「マンガーは私の冗談に床を転げるほど笑っていた。私自身もそういうタイプだということは自覚していて、世界には私たちのような人間はそう多くないだろうと思って、彼と組むことにしたんだ[3]」

ウイットと知性の感覚が、60年以上におよぶ二人の友情の礎となった。資質が同じであることも、最終的に投資に対する彼らの知的なアプローチに影響を与えた。パートナーシップにおけるマンガーの役割は、バフェットのアイデアを批判的に検証して問題点を明らかにすることであったが、60年間の協力体制の中で、一度も本格的な意見対立に発展したことはないと二人は語っている。逆に、マンガーの徹底した疑問がきっかけとなって、バフェットが深く掘り下げてから本格的に投資した案件も数多い。こうしたアプローチの主な利点は、我々にいつの間にかしみついて投資判断に悪影響を及ぼしかねない行動バイアスの発見に役立つことだ（この点については第7章で取り上げる）。

公の場で二人を見ていても必ずしもこれに気づくとは限らない。年次株主総会では、バフェットとマンガーはステージ上に並んで座り、聴衆からの質問をさばく。バフェットは、バークシャー・ハサウェイの財務状況から金融のグローバルなトレンドに至るまでの質問に、長々と答える傾向があるのに対し、マンガーの得意技は短くて鋭いコメントだ。鋭い観察や完璧なタイミングでのユーモアをさりげなくはさむことで知られている。二人は楽しいだけでなく、非常に成功したチームでもあるのだ。

マンガーの経歴

投資世界のトップに君臨するマンガーは、比較的裕福な環境で生まれ育ち、高い学歴と教養を身に着けた。しかし、大恐慌によって壊滅的な貧困を経験したという社会的歴史的文脈は、若きチャーリーの心に深い傷を残した。貧困から身を守るための手段として学びへの熱意がかきたてられ、最終的には教育がマンガーを金融の世界でのエリート・ポジションに導くことになった。

「私は、現在も生きていて大恐慌をよく覚えている数少ない人間の一人であり、あの経験はその後の私の人生に大いに役立っています」とマンガーは2017年のインタビューで述べている。「あれは実に極端な状況で、だれもがすっからかんになっていました。金持ちでさえ金がなかったのです。人々が他人の家を訪ねては食事をねだっていたのです[4]」

チャールズ・トーマス・マンガーは1924年1月1日にオマハに生まれた。父親のアルフレッド・マンガーはハーバード大卒の弁護士で、妻のフローレンス〝トディー〟マンガー（旧姓はラッセル）とともに快適な生活を送っていた。二人にはチャーリー、メリー、キャロルという3人の子どもがいた。

マンガーの祖父、尊敬すべきトーマス・チャールズ・マンガーは、チャールズが生まれた頃にはすでに数十年にわたってネブラスカ州で法律の実務に携わっており、息子にとっても孫にとってもキャリアの手本となった。しかし、トーマス自身は一から出発して成功を収めた。二人の学校教師の息子として生まれ、両親は幼い息子に5セント硬貨を渡して肉を買いにやらせたものである。マンガーは自分の祖父について次のように述べている。

> 祖父は肉屋に行くと、他のだれも買わないような肉の部位を買い求めました。当時学校教師をしていた祖父母はそのような肉を食べてどうにか生活していたのです。その屈辱をあまりにも苦痛だと感じた祖父は、貧困から脱出し二度と戻らないと決意しました。そしてそれを成し遂げました。祖父の出世物語は、エイブラハム・リンカーンに似ています。授業料を払えなくなって大学を辞めざるをえなくなりましたが、独学は続けました。祖父は頭が抜群に切れたので、それはさほど難しいことではありませんでした。[5]

チャールズ・マンガーは祖父の持つ活力、とりわけ教育に関する熱意の多くを受け継ぎ、その一部を大いなる誇りをもって語る。

祖父は極端なほどに風変りな人でした。おそらく自分の家族のことをまず考えていたと思いますが、自分を無知や愚かさから遠ざけることが道徳的な義務であり、それが最も高い義務であると思っていたようです。当時の風潮に漏れず宗教的な人でしたので、そうした態度を取ることを宗教的な義務と捉えていたのかもしれません。しかし、彼が本当に信じていたのは、合理的行動こそが道徳的義務だ、ということでした。祖父はそのために努力を続け、それを実践できない人を軽蔑していたのです。[6]

教育

大恐慌時代に受けた学校教育

大恐慌時代にも、チャールズの父、アルフレッド・マンガーは弁護士業を続けて家族を養うことができ、母親の〝トディー〟マンガーは子どもたちに読書を奨励した。若きチャーリーは懸命に読書に取り組んだ。特に著名人の伝記に夢中になった。まだ学校に通う少年だったが、ハムスターを育てて他の子どもたちと取引していた。起業家精神に向けたこの初期の取り組みと交渉は、チャーリー少年のハムスターの在庫が大きくなりすぎて管理できなくなって終了した。35匹が家中を走り回るようになって、トディーが禁止したのだ。

1941年にオマハ・セントラル・ハイスクールを卒業した。ちょうど大恐慌が（マンガーの言葉を借りれば）「第二次世界大戦という偶然にもケインジアン主義の結果となる事態によって解決しようとしている」時だった。若きチャーリーは背丈が足りなかったものの、高校時代に卒業後の米軍入隊を前提とした歩兵「予備役将校訓練課程（ROTC）」に4年間参加して少尉まで昇進した。「私はおよそ5フィート2インチ（1メートル57センチ）だったので、典型的な高校生の兵士のイメージには合わなかったと思います」[7]

大学と第二次世界大戦

マンガーはスタンフォード大学への進学を目指していたが、父親が経済面を心配して、チャーリーには地元に残ることを望んだ。[8] だが、父親も息子も極端なまでに野心的な人間だったため、ネブラスカ大学よりも評判の高い大学に狙いを定めた。中西部で有力候補となったのは、ミシガン大学である。マンガーは次のように説明した。「『くそ、僕をスタンフォードへ行かせてくれ』とでも言えばよかったのか？　私はそんなことは言っていませんよ。だからミシガンに入りました。そのことを全く後悔していません」[9]

ミシガン大学では数学を研究し、物理学にも手を出した。しかし、わずか2年後に、アメリカ合衆国が第二次世界大戦に参戦すると、軍はマンガーをアルバカーキにあるニューメキシコ大学に送って科学と工学を学ばせ、その後、カリフォルニア州パサデナのカリフォルニア工科大学に移って、米軍航空隊の気象学者になるよう命じた。終戦までの数年間は、アラスカ州ノームに駐在して、気象学者として勤務した。この期間中にはナンシー・ハギンズとの出会いもあり、二人は結婚した。

そして1946年に除隊した。[10]

小学校に通っている頃のマンガーは、教師たちから生意気な子どもと見られていた。マンガーの率直な態度は、兵役期間中も変わらなかった。彼は歯に衣着せぬ物言いをした。単純作業は気に入らなかったし、他人から命令されるのも我慢できなかった。とりわけ自分より頭が悪いと感じられる人からの命令は嫌いだった。そして自分の感情を押し殺す努力をほとんどしなかった。マンガーはこう言っている。「まあ、上官たちは私が彼らのやり方を間違っていると思っているな、と感じ取れたはずです。私は本音を隠そうとしたんですが、それでも見抜かれたようです……深刻なトラブルに巻き込まれることはありませんでしたが、いったい誰が下級士官を好むものでしょうか。皆さんが当時の私を見れば、『あんたらはバカだ』と思っていたことが明らかにわかるでしょう。……とにかく、大きな問題は起きませんでした。私は自分の仕事をしっかりやり遂げ、だれも私に手を出しませんでした。ただ、軍隊は私が成功しそうな環境ではなかったですね[11]」

ハーバード・ロースクール

マンガーは正式に学士号を取得したわけではなかったが、復員兵援護法を利用して何とかハーバード大学ロースクールに入学できた。学士号を持っていないため、学校側がマンガーの入学を躊躇したのも無理からぬところがあった。しかし彼の家族の友人で、ロースクールの元学長が彼の保証人になった。こうした推薦が実を結び、マンガーは1948年にハーバード・ロースクールを優等で卒業した。24歳だった。

マンガーにとって法曹は自然の選択だった。それは単に父親と祖父から同じ職業を受け継いだから、というだけではなく、法律業務が、他の多くの企業関連の活動よりも大きな挑戦で、独立性が高いように思われたからだ。マンガーはこう言っている。「私は大企業の組織の底辺に入り、そこから這い上がっていきたいとは思いませんでした。私は生まれつきの逆張り人間なのです。そしてそのことが自分に有利に働きそうにないことはわかっていました。私が大企業で働く人々をバカだと思っていたことを人々はわかっていたはずですし、大企業で出世するのは私の進むべき道ではないこともわかっていました[12]」

周囲の人々は、当時の彼の態度を「周囲に同調しない」と見ていたかもしれない。しかし、今となっては、マンガーの逆張りに見えたその姿勢こそ、単に当時芽生え始めていた彼の起業家精神だったのかもしれない。

弁護士としてキャリアをスタート

マンガーは、妻と幼い息子のテディとともにカリフォルニアに引っ越した。ロースクール卒業後は、オマハにある父の弁護士事務所に入るのではなく、カリフォルニア州の弁護士試験に合格してライト・アンド・ガレット法律事務所に入所して弁護士業を始めた。当時は倹約家で懸命に働いており、家族を養えるだけの収入を得ているかをいつも心配していた。「私には他に道がなかったんです。すぐに子どもたちが生まれたものでね。自分をかなり苦しい状況に追い込んでしまったのです」[13]

1950年代が進むとともに、マンガーは収入を増やす必要を感じ始めた。理由の一部は扶養手当だ。チャーリーとナンシー・ハギンズは1953年に離婚し、ナンシーがパサディナの自宅を手に入れた。マンガーは弁護としての最初の13年間で約35万ドルを稼いでいたと推定される。これは非常に良い給与だったが、彼は弁護士業に飽き始めていた。そして、彼の顧客が始めたスタートアップへの関心が高まっている自分に気づいた。「私は他の人々に請求書を送って金持ちに金を求めるのが嫌になっていました。みっともない仕事だと思ったわけです。自分の事業からの収入を自分のものにしたいと思いました。気楽さや社会的名声を愛していたからではなく、独立したかったからです」[14]

起業家精神に富むマンガーの事業

マンガーの知性が新たなキャリアパスを思い描いていた頃、彼の私生活も大きく転換していた。1956年に、ブラインドデートでナンシー・バリー・ボースウィックと出会った。彼女はロサンゼルス出身で、1945年にスタンフォード大学から経済学の学士号を取得していた。結婚歴があり、ウイリアムとデビッドの二人の子どもがいた。ナンシーは他の人のために尽くすことが好きで、多くの組織や機関の改善に関わってきた。静かで、落ち着きがあり、控えめな性格だった。

マンガーとナンシーは、最初に出会った年に結婚した。1950年代が終わるまでに、マンガーは株式市場と自分の顧客の電子事業への投資を始めていたが、昼間の仕事は辞めなかった。

1962年まで、マンガーの起業家精神が本格的に発揮されることはなかった。ところが好機到来と見るや、壮大なスケールで自分の道を切り開き始めた。不動産専門の法律事務所、マンガー、トールズ・ヒルズ（後にマンガー、トールズ、オルソン法律事務所に改名）を設立し、同年、ポーカー仲間の投資家、ジャック・ウィーラーとロサンゼルスに投資会社ウィーラー、マンガー・アンド・カンパニーを共同設立した。この投資会社は、太平洋岸証券取引所の会員権を取得した。それから4年以内に、マンガーは400万ドルを稼いでいた。

彼らの投資戦略はバフェットに似ており、アービトラージ、「葉巻の吸いさし」、自分が買収した事業の経営を重視した。「葉巻の吸いさし」投資とは、吸おうと思えばまだ何ぷくかの余地がある割安な銘柄を買って利益を得ようとする戦略だ。グレアムも、バフェットも、マンガーも皆この投資を行った。

しかし、マンガーが二人と違っていたのは、吸いさしだけでなく強靭な経営陣と競争優位（堀《モート》）を擁する優良企業も好んだという点だ。自分は一つの会社への投資額を増やすのではなく、むしろキャッシュ、つまり利益を引き出すことを望んでいた、と彼は強調した。これは、バークシャーでマンガー自身が後に行った、シーズ・キャンディーズという会社への投資と類似した手法であり、この点については本章の後半で詳しく説明する。

3年後、マンガーは弁護士業をたたんで、投資管理業に専念していた（もっとも、時々は法律事務所で相談を受けていたが）。彼のファンドは投資対象をわずか数銘柄に絞り、数年間にわたって素晴

表3-1
マンガー・パートナーシップのパフォーマンス（1962〜1975年）

年	マンガー・ パートナーシップ	ダウ平均	S&P500
1962	30.1%	-7.6%	-8.8%
1963	71.7%	20.6%	22.6%
1964	49.7%	18.7%	16.4%
1965	8.4%	14.2%	12.4%
1966	12.4%	-15.7%	-10.0%
1967	56.2%	19.0%	23.8%
1968	40.4%	7.7%	10.8%
1969	28.3%	-11.6%	-8.2%
1970	-0.1%	8.7%	3.6%
1971	25.4%	9.8%	14.2%
1972	8.3%	18.2%	18.8%
1973	-31.9%	-13.1%	-14.3%
1974	-31.5%	-23.1%	-25.9%
1975	73.2%	44.4%	37.0%
トータル・リターン	1156.7%	96.8%	102.6%
年平均リターン	19.8%	5.0%	5.2%

らしいパフォーマンスを上げた（表3－1）。マンガーは不動産デベロッパーのフランクリン〝オーティス〟ブースと組んで、後にバークシャー・ハサウェイの投資家になった。

マンガーが下した投資判断のすべてが大成功したわけではない。1973年には、株式市場の調整のあおりで同社の投資収益率はマイナス32％となり、1974年にも31％の損失を出した。しかしそうした事態を何とか持ちこたえ、マンガーの小型ファンドは1975年に73・2％の年複利リターンを達成した。マンガーのパートナーシップは、1962～1975年でダウ平均を年平均15ポイント上回った、とバフェットは指摘する（表3－1）[15]。

二人の起業家が出会う

握手で結んだパートナーシップ

マンガーがバフェットと出会ったのはこの時期の初期、具体的には1959年に父親の葬式に参列するためにオマハに帰郷した折のことだ。夕食会で初めて会うとすぐに友人となり、マンガーがカリフォルニアの法律事務所に帰ってから交流が始まった。毎週、二人は投資機会について何時間も電話で話し合った。電話ミーティングの合間には、マンガーは自分の考えを共有すべく手紙を頻繁に書いた。契約書は交わさなかったものの、バフェットとマンガーは、事実上のビジネスパートナーになっていた。ここではタイミングが重要な要素となった。長年にわたって投資の師として仰いでいたベンジャミン・グレアムがちょうど投資から引退したばかりで、バフェットは彼の不在を身に染みていた。マンガーはバフェットにとって新たな意見交換の相手となった。二人の投資に対する姿勢は非常に異なっていたが、バフェットはマンガーの正直さ、現実主義、旺盛な好奇心、そして型にはまらない考え方にグレアムの影を見いだした。

マンガーの評価によると、バフェットのこの率直な手法は、織物工場を営んでいたバークシャー・ハサウェイを買収する判断に見ることができるという。「バフェットは、どんなにひどい会社でも、価値よりも低い価格であれば買うべきだ、とベン・グレアムから教わっていた。ニュー・イングランドにあった織物工場ほどひどい企業は想像できないでしょう。バフェットは、こんな絶望的な企業に投資すべきではなかったはずですが、この会社はあまりにも安かったので、清算価値よりも相当割安な価格で手に入れることができたのです」[16]

しかし、グレアムがバリュー投資の手法に厳格に従い、「格安品売り場」の投資機会に注目していたのに対し、マンガーの判断の核心は、必要な管理は最低限で済むような経営状態の良い企業を優先し、「葉巻の吸いさし」を避けることだった。バークシャー・ハサウェイがすでに保有していた精彩のない企業については、マンガーはバフェットに、どんなことでもして黒字化するか、さもなければ売却するよう助言した。これは、かなり大きな方針転換だった。グレアムがバフェットに及ぼした影響は非常に大きく、見事な成果を上げた。マンガーの手法への方針転換は、「チャーリーの思考力の強さ」を示す証拠だ、とバフェットは言う。「マンガーは私の限界を広げてくれたのです」[17]

マンガーのバフェットへの影響

「葉巻の吸いさし」の追求をやめる

シーズ・キャンディーズやブルーチップ・スタンプス、ガイコ、コカ・コーラ、ジレットに目を向けるようバフェットに仕向けたのはマンガーだ。いずれもそうそうたる優良企業である。一方、1970年にバークシャー・ハサウェイの繊維工場が時代遅れになっていくのを目撃すると、マンガーは友人でありパートナーであるバフェットに、この困難な状況を有利な状況に転じる最善の戦術について助言をした。「そこから前進するための唯一の方法は、この衰退している繊維事業から（バフェットが）投じた金額以上の金を絞り出し、他の何かを買うために使うことです。これは、前進するための非常に遠回りの方法で、皆さんのだれにもお勧めできません。私たちがあるバカなことをしてそれがうまくいったからと言って、皆さんも同じ道をたどる必要はありません」[18]

チームとしては成功したものの、マンガーはバフェットとの協力体制に自分が何を貢献したかについてはあくまでも謙虚だった。彼は振り返る。「ベン・グレアムの下で働いて莫大な利益を得たことで、ウォーレンの思考がやや硬直化していたことは事実です。非常にうまくいっていた方法から方針転換することは難しいものです。しかし、もしチャーリー・マンガー、つまり私がこの世に存在していなかったとしても、バフェットの記録は現在に極めて近いものになっていたでしょう」[19]

もっとも、シーズ・キャンディーズへの投資については、この投資アイデアを持ち出したのはマンガーで、当時のバフェットが煮え切らない態度を取っていたとはいえ、バークシャー・ハサウェイにとってこれが転換点となったという事実は残る。次に紹介するのは、バフェットがこの経験で何を得たのかについての本人の説明だ。

私は慎重になるあまり間違った買値を提示してしまったので、危うく千載一遇の買いの好機を逃すところでした。ところが、幸いなことに、売り手は我々の2500万ドルの提示額を受けてくれたのです。今日に至るまで、シーズ社は税引き前で19億ドルの利益を上げ、その成長に必要だった追加投資はわずか4000万ドルだけでした。シーズ社は莫大な金額を分配できたので、バークシャーはそれを使って他のビジネスを買収し、そのおかげで大きな利益を分配することができました（ウサギが増える様子を思い浮かべてください）。さらに、シーズ社の行動を見て私は強力なブランドの価値についていてビジネス上多くのことを学び、利益の出る他の多くの投資にも目を向けることができました。[20]

バークシャー・ハサウェイに正式に入社する

1978年に、マンガーはバフェットとフルタイムで働くことになり、バークシャー・ハサウェイの副会長に就任し、以来、この地位にとどまっている。1959年の夕食会で初めて出会ってから、バフェットとマンガーのパートナーシップは長年の試練に耐えてきた。二人ともユーモアのセンスに優れ、知的好奇心に満ちている。この事例は、起業活動の成功には、正しいパートナーを持つことがいかに重要かを裏付ける。二人のリーダーの違いが互いを補い合うとパートナーシップの価値は特に高まる。バフェットが冗談交じりに言ったように、「私たちの意見が食い違うと、たいていチャーリーは次のように言って会話を終わらせるんだ。『ウォーレン、これをもう一度よく考えてくれれば、君は僕に同意するだろう。なぜって君は賢く、私が正しいからだ[21]』」

株主たちは、このやり取りをバークシャー・ハサウェイの年次株主総会で目撃する。マンガーがユーモアに満ちたコメントを発し、バフェットが深い洞察を披露する。二人とも今は90代になり、彼らがいなくなればこのひょうきんな響きも変わるかもしれないと認めている。しかし今のところ、彼らは現在に集中している。マンガーはこう指摘する。「私たちは、うまくいく限りそれを続けるだけです。それがうまくいかなくなるか、うまくいかなくなりそうだという兆候が見えたら、やめるでしょう。私たちのミーティングには、いつまでも適切でないおどけた表現や皮肉があると思います。そして、その主な担い手は私なのです[22]」

マンガーの投資に関する見方

「腰を据えた投資」

マンガーは、独学による多角的なアプローチで知られている。バフェットと同様、従来のビジネス教育の偏狭さを疑いの目で見ており、化学、物理学、心理学など多種多様な分野からのアイデアを引き出して賢明な投資判断を下す。マンガーもバフェットも学界で使われている洗練された公式すべてに疑念を抱き、投資家として成功するにはそのすべてが必要なわけではないと主張する。マンガーは、自分の成功は主に幅広く深い読書を通じて得られた洞察によるものだと断言する。

正式には、マンガーの投資手法は「フォーカス投資」と呼ばれている。だが、彼はややしゃれた名前をつけた。「腰を据えた（Sit on Your Ass）投資」だ。マンガーは、バークシャー・ハサウェイの2000年株主総会でこの投資手法を次のように紹介している。

さて、私は知的な投資がすべてバリュー投資であることに同意します。実際に支払った額よりも価値の高いものを買うべきだ、というのがバリュー投資の判断基準です。しかし、自分が支払った金額よりも価値の高い銘柄はさまざまな方法で探すことができます。投資ユニバースを選別するにはさまざまなフィルターを使えます。もしあなたが、40年間貸金庫に放置しておけるほどの魅力はないが、今は割安の銘柄に投資する方針を堅持すると、あなたは常に動き回り続けなければなりません。あなたが考える本当の価値に近づいたら、売却して他の銘柄を探すことになるからです。これは一種のアクティブ投資に他なりません。いくつかの素晴らしい会社を見つけてそれに投資し、未来を正確に予測したのだからとひたすらその銘柄を保有し続ける投資――それが得意なら非常に素晴らしいことではありませんか。[23]

さらに、バフェットとマンガーはポートフォリオの分散投資を重視する投資哲学を批判する。流行に基づいて将来を予言しようとするのではなく、彼らの投資基準に合致する、経営状態の良好な少数の企業に資金の大半を投じるのだ。マンガーは次のように説明する。「人々は、誰かに未来を教えてもらいたがるものです。かつては、王は人々を雇い、羊の腸を観察させて未来を占う風習がありました。将来を知っているふりをする人々（占い師）の市場は古くからいつもあります。今日、予言者の話に耳を傾けるのは、王が人を雇って羊の腸を観察させたのと同じくらいばかでたことです[24]」

単純さ

バリュー投資の説明は簡単だ。「割安の資産に投資して忍耐強く待つこと」。だが、これを実践するには本当の規律が必要である。バフェットとマンガーの考えでは、その核心は投資プロセスを単純に保つことだ。二人は、バークシャー・ハサウェイ自体の経営にも同じ手法を用い、官僚的な運営を極力避けている。オマハにある同社のオフィスには社員が25人しかいない。バークシャーの株式ポートフォリオでは、アップル1社だけでバークシャー・ハサウェイの株式数の半分、時価総額全体では25％を占める。バークシャーは40銘柄以上を保有しているが、その上位5銘柄が株式ポートフォリオの75％以上を占める。

そして、これまでに62社の事業会社を買収し、その従業員数は36万人を超えているが、いずれもバークシャー・ハサウェイ傘下の独立した企業として運営し続けることを認めている。その結果、マンガーとバフェットは自分たちが得意とする資本の配分に自由に集中できる。二人は、非常に簡単な契約を書くだけで、数十億ドルの取引を1日で済ませてしまうことでよく知られている。

マンガーは数学の才に秀でているが、彼らの投資プロセスは複雑なアルゴリズムや高度なモデルを避ける。マンガーは言う。「ウォーレンも私もビジネスでは高度な数学を使ったことがありません。バフェットの師であったベン・グレアムもそうでした。私がビジネスで行ってきたことはすべて、最も単純な代数と幾何と足し算、掛け算などの算術でできるのです。私は生まれてこの方仕事で微積分を使ったことがありません」[25]

マンガーはさらに指摘する。「私はこれまでの人生の中で、物事を単純に考えてうまくいかなかった例は一つも思い浮かびません。私たちは何度も間違えましたが、それは物事を単純に考えたからではありませんでした。……バークシャーが良い成績を積み重ねてこれた大きな理由の一つは、もったいぶった官僚的な仕組みを避けてきたからではないかと思います。非常に才能のある人たちに権限を与えて、彼らに迅速な意思決定をさせてきました」[26]

投資ポートフォリオを比較的少数の優良銘柄に絞るために、マンガーはリスクの集中を成功へのカギだと強調する。「バークシャー・ハサウェイであれ、デイリー・ジャーナル〔米国のメディア企業。マンガーが創立者〕であれ、私たちは平均以上にやってきました。それでは、なぜそんなことが可能だったのか、という疑問がわくでしょう。答えは非常に簡単です。私たちは、一人ひとりの業務量を減らすよう努力してきたのです。優秀な若者の集団を雇いさえすれば、彼らは缶詰スープでも航空宇宙産業でも公益事業でも何でもかんでも他の人々よりもよく知っているはずだ、なんて幻想を決して抱きませんでした。そんな夢は持ちませんでしたよ」[27]

余剰資金と自社株買い

マンガーとバフェットは群集心理による投資の危険性を避けるように努力してきた。しかし、自分たちの気に入った投資機会が現れたら即座に動くことをいとわない。マンガーは典型的な歯に衣着せぬ言い方でこの考え方を説明する。「私たちは、投資機会がどこにあるかを知る基本計画など持っていません。大量の余剰資金を賢く使う方法を探しているのです。いつも大量の資金を用意し、それを賢く使う方法を常に探しています。それが見つかれば、すぐに行動するのです。何も見つからなければ、資金を積み上げておくだけです。それに何の問題があるというのでしょうか？[28]」

この種の制約に必要なのは「期待の調整」だ。「ゆっくりと着実に」がバークシャーのモットーだと言ってもよいだろう。しかしマンガーはそのことをもっと粋な言い方で表現する。「一般論として言えば、プロの投資家は、これまでよりも低いリターンに慣れる必要があると思います。老人が20歳の時よりもセックスライフから期待するものが少なくなるのとちょうど同じですよ[29]」

バフェットがバークシャー・ハサウェイ自体の株価を割安だと感じれば、自社株買いを進めるだろう。マンガーは補足する。「もちろん、それはそうすべきでしょう。身体に障害のある3人の親戚とパートナーシップを組んでいて、そのうち一人がいくばくかの金を必要としていたら、会社の金を使って身体の不自由な親戚の持ち分を買い取るでしょう？　それは単に道義的な問題であり、当然のことです。しかし、一部の人々はそれをやり過ぎていると私は考えます。そしてこれは間違いなく価値を釣り上げるために行われているものであり、私はそれを自社株買い戻しの不適切な利用だとみなしています[30]」

マンガーは、人々が株式市場に飛び込み、彼のような方法で取引を始めたいという欲望を理解するものの、初心者に対しては断固として警告する。「現代世界で、株式市場に参入して積極的に売買せよと勧めるのは、若い人々をそそのかしてヘロインを使わせようとするのとほとんど同じです。それは全く愚かなことだと思います」[31]

心理学と精神モデル

マンガーが用いるどの戦略も、厳格な知的準備がなければ全く価値がない。マンガーとバフェットは、どちらも毎日少なくとも500ページ分の読書をすることで知られている。そこから、読書で得た知見を投資に適用するが、これは行き当たりばったりの方法ではない。とりわけマンガーは、人間の思考プロセスの欠陥が不適切な判断を引き起こすという事実に対処するメンタル・モデルを強調する。この考え方の多くは、ロバート・チャルディーニ博士とその著書『影響力の武器』によって裏打ちされている。マンガーは、1995年にハーバード大学で行った、非常に有名な講演The Psychology of Misjudgement（人の誤判断の心理学）でこの点に触れている。[32]この演説で、盲点の原因となり、人々を困難に陥れる特定のバイアスをまとめたのである。[33]

たとえば、マンガーは羨望や嫉妬からくるバイアスについて語った。彼とバフェットは、世界を動かすのは欲ではなく羨望だという点で意見が一致している。そして、羨望が悪い意思決定の原因となる。「損失回避の過剰反応」から来るバイアスは、現在の不足や不足への不安を原因とするバイアスや、ほとんど手にしかけているのに、実際には所有していない何かを奪われる脅威など、[34]今日の投資の世界ではよくある。たとえば、あなたが1日中観察し、購入のチャンスを見つけようとしていた銘柄が株価をトレーダーたちによって競り上げられることがある。そうして、その日の取引が終わると、トレーダーたちの行動によって株価が大きく押し上げられたり押し下げられたりした結果、あなたにはせっかくの売買チャンスを見逃した感覚が残ることになる（この手のバイアスについては第7章で再び触れる）。

マンガーは、情熱的な起業家としての顔を持ちながら、実際の投資および実生活でのアプローチは、素晴らしい大ホームランを狙うというよりも、ミスを避けて損失可能性を抑えるという考え方に基づいている。マンガーの理論によると、どんなに優れた人であっても、すべての人間には盲点があり、自分の身を危険にさらす行動をしていると、いずれ運が尽きるという。[35]

ロラパルーザ効果

すべての適切なメンタル・モデルが整えられ、そのユーザーが潜在的な認知バイアスを確認したとしても、投資家が「ロラパルーザ効果」をいつ利用すべきかを正確に把握するには徹底的な準備が必須だとマンガーは考える。ロラパルーザ効果とは何か。マンガーの説明によると、それは「二つから四つの要素がすべて一斉に同じ方向への投資を促すこと」だ。[36] この用語はマンガーが1995年の講演で紹介した人間の心理と誤判断に関する造語で、これは、複数の傾向とメンタル・モデルが組み合わさって、一人の人間をある方向への行動に駆り立てる時に起きる。[37]

その結果、ロラパルーザ効果は極めて強力な行動の推進力となり、プラスの結果とマイナスの結果の両方が生じる可能性がある。オープン・オークション（公開入札方式の売買形式）が端的な例だ。バリュー投資のウェブサイト「グルフォーカス」は次のように説明する。「参加者は互恵性（「私はオークションに招待されたので購入すべきだ」）、一貫性（「私はこれが好きだと言っていたと記録されているので、これを購入しなければならない」）、コミットメント傾向（「私はすでに入札に参加しているので、続けなければならない」）、そして社会的証明（「私の仲間たちがそれをしているのだから購入は良いことだと知っている」）によって入札への参加を掻き立てられています」[38]

心理学は、バイアスの確認には役に立つが、対照実験（ある条件の効果を調べるために、他の条件は全く同じにして、その条件のみを除いて行う実験。除いたときと除かないときの結果を比較する実験のこと）が難しいこともあって、バイアスが現実でどのように作用し、現れるかを説明するのは得意ではない、とマンガーは言う。[39] しかし、バークシャー・ハサウェイの買収自体は、バフェットがすでに7%を取得しており、「コミットメント傾向」の事例となった。この時期に父親が亡くなったこともバフェットの判断に影響を与えたかもしれない、とマンガーは考えている。

ロラパルーザ効果を活用すればバークシャー・ハサウェイと同じような成功を得られるかもしれないとしても、誤った判断も手ひどい結果を招くことがある。たとえば、投資家が集団心理に煽られて、市場の非合理な動きを映したトレンドに誤ってついていく、といった具合である。2007年〜2009年の世界金融危機の時にそれが起きた。この集団心理は、どの投資家にとっても最悪の敵だ。結局、他の誰もが売っている時に自分も売れば、おそらくそれは莫大な損失を被る可能性が高い。それとは逆に、他の誰もが売っている時に買えば、大安売りの値段で株を手に入れる可能性が高いはずだ。したがって、投資をする際には、その前に、さまざまな心理学的要素が市場の非合理な反応を引き起こす可能性について考えることが賢明である。[40]

ロラパルーザ効果は否定的に見られることが多いものの、有益な面もある。たとえば、アルコホーリクス・アノニマス（ＡＡ）〔断酒を達成し、継続するために自発的に参加する世界的な自助グループ〕に参加するアルコール依存症患者は、禁酒を目指す人々が集団についていくことで、禁酒の決意を守る確率が予想以上に高くなった、とマンガーは指摘する。そしてＡＡについて、人間心理をうまく利用した仕組みとみていた。[41]

マンガーの成功の鍵

マンガーとバフェットは、自分たちが成功したのは利益が出る瞬間をうまく捕らえ、即座に行動する能力に長けているからだと指摘するが、それは深い準備と研究に裏付けられている。彼らは毎日膨大な資料を読み込み、何時間も議論を重ねるのだ。これは単なる損失分析とはちがう知的な研究である。実のところ、マンガーは、バークシャーにおける自分の役割を、アインシュタインの同僚のようなものだと考え、次のように述べている。

実際のところ、誰でも極端に隔離されていないほうがよく仕事ができる……アインシュタインが完全に孤独な状態で仕事をしていたら、あのような成果を上げられなかったのではないだろうか。同僚たちとそれほど頻繁に接触する必要はなかったろうが、少しはあっただろう。[42]

次に紹介するのは、マンガーが成功への鍵と考えている思考の習慣である。

1. 常に学び続けよ

知恵を身につけることは道徳的義務です。この命題にはとても重要な必然的帰結があります。それは、あなたは一生学び続けるべきだ、ということです。一生学び続けないと物事がうまくいかないということです。すでに知っていることに頼っていると、人生で大きな成果を上げることはできないでしょう。[43]

最も賢いわけでも、時には最も勤勉なわけでもないのに学びを絶やさない人たちが、人生で常に出世しているのを私は見てきました。彼らは毎晩、朝起きた時よりも少し賢くなって寝るのです。そして、それがいかに役立つか、そうしていれば、とりわけ長い人生の道程が待っているときには、とても役に立つのです。[44]

多くの人にとって正しい戦略は専門性を身につけることです……。肛門科医と歯科医を兼務している人の所へ行きたい人などいませんよね。つまり、成功するための通常の方法は、狙いを絞って専門領域を絞り込むことです……もっともウォーレンと私はそうなりませんでしたが。[45]

2. ふさわしい努力をせよ

欲しいものを手に入れる最も安全な方法は、そのためにふさわしい努力をすることです。これは非常に単純な考え方です。「黄金律」と言ってもいい。つまり、あなたが受け取り側にいたら買いたいと思う物を、世界に提供しなさい、ということです。[46]

3. 自分の能力の限界を知れ

マンガーは、自分の学びがどこで終わるかを知るだけでなく、できるだけ多くのことを学ぶべきだと主張する。ただし、その限界を超えてはいけないとも付け加える。

限界を知ることは非常に重要なことです。それを知らないと、能力が高いとはほとんど言えません。もしあなたがあなた自身の能力に関して誤解をしていると、それは能力不足であることを意味し、大失敗を犯すことになるでしょう。人は、自身の成果を常に他人と比較しながら、どんなときにも理性を保ち続けようと固く決意し、自己妄想から遠ざかるよう努めなければなりません。しかし、生まれてからずっとこの点を観察してきた私は、自分の能力を合理的に判断する傾向は、おおむね遺伝的なものではないかと思っています。ウォーレンとか私のようなタイプの人間は、生まれながらにしてこのような性格を持っていたのです。もちろん、多くの教育も必要でした。しかし、私たち二人は自分がしてきたことを行うのに適した気質を持って生まれてきたと思います。[47]

4. 生き残る者となれ

人間性に由来する予期しない事態に直面するときに、裏切られたと感じて長い時間をすごすことは私の性分ではありません。私はいつも事態に素直に適応しようと努力してきたため、裏切られたという感情に時間を浪費する自分を許せないのです。もし、そのような考えがふと浮かんでも、即座にそれを払いのけます。自分が犠牲者だという感覚も好きではありません。それは人として有意義な考え方だとは思いません。私は被害者ではなく、生存者なのです。[48]

5. 自分のしていることを理解せよ

もちろん、私は自分の限界を理解している人を、理解していない人よりも重視します。その一方で、人生で非常に重要なことを学んだこともあります。教えてくれたのはハワード・アーマンソンです。彼が何を言っていたかご存じですか？　自分を過大評価している人を過小評価するな、と言ったんです。そのような一風変わった人たちは、時には大成功を収めることもあります。そしてそれは、現代生活の非常に不幸な側面です。そして私はそういう現実を受け入れるようになりました。これが現実だからです。いつでも起こることなのです。私の私生活では、常に妄想に取りつかれて時折大きな成功を収めるような人々に囲まれることを望んでいません。私が求めるのは分別のある人です。ミクロ経済的なアイデアや損益率なども考慮に入れるべきです。実際には、心理学的概念と経済的概念が絶えず交錯することがあります。そのどちらもわからない人は、全くの愚か者です。[49]

6. 信頼に投資せよ

あなたが人として信頼できなければ、あなたの長所が何かは問題ではなく、すぐに失敗するでしょう。ですから、あなたが誠実に約束したことは、自動的にあなたの行動の一部になるべきなのです。怠惰で信頼できない行動は避けるべきです。[50]

文明が効率的に機能できる状態とは、心からの信頼に基づく強固なネットワークです。それほど煩雑な手続きを取らなくても、ただお互いに完全に信頼し合える人々がいればよいのです。それが、メイヨー・クリニック〔アメリカ合衆国の非営利の医療施設で、その質の高い医療サービスと革新的な医学研究により、世界的に高く評価されているが、バフェットやその投資会社とは直接的な関係はない〕のような超一流の医療施設の手術室で行われていることです。[51]

7. さまざまな分野で重要な概念を学ぶようにせよ

何でもかんでも覚えては、覚えたことを出力する学生っていますよね。そういうタイプの若者は、学校でも実生活でも失敗します。人は、自分の頭の中に組み立てた格子状のモデルの中で経験を整理できなければなりません。ではそのモデルとは何なのか？　そうですね、最初のルールは複数のモデルを持たなければならないということです。もし使っているのが一つか二つだけだとすると、人間心理の本質として、現実を自分のモデルに合わせてこじつけるか、少なくともそういうものだと思い込んでしまうのです。古い言い伝えにあるように、「金槌を一つしか持たない男には、あらゆる問題が釘のように見えてくる」というわけです……。それは完全に破滅的な考え方であり、世間で生きていくにはあまりに悲惨な方法です。ですから、複数のモデルをもつべきなのです。そして、そうしたモデルはさまざまな分野をカバーすべきです。なぜならば、この世界の英知は、一つの小さな学問的分野に見つかるべきものではないからです。だからこそ、詩を専門とする教授たちは詩のことしか知らないので、世間的な意味で無知なのです。彼らは頭の中に十分なモデルを持ち合わせていませんからね。したがって、人はそれなりの分野にわたってさまざまなモデルを持たなければなりません。[52]

8. とにかく泳ぎ続けよ

流れが自分の行く方向に沿っている時もあれば、逆の時もあるでしょう。しかし全体として、私たちは市場の潮流を予測しようとあまり悩まないのです。なぜなら私たちは長期にわたってこのゲームを続けることを計画しているからです。[53]

9. いかなる代償を払っても、自分を哀れむのを避けよ

自己憐憫《じこれんびん》に陥ると偏執症に近づくことになる……。自分を哀れんでいることに気づくたびに、その原因が何であれ、たとえ自分の子どもがガンで死にかけているとしても、その状況のままでは事態は改善しないでしょう。自己憐憫は誰にでも生じる感情であり、自己訓練によって脱却できるはずです。そうなれば誰よりも、いやほとんど誰よりも大きな利益を得ることになるでしょう。[54]

マンガーによると、自己憐憫は偏見に満ちており、それこそがまさに人を誤った判断に導く心的状態だという。

（皆さんは）自己利益を追求する無意識的な傾向に基づく、こうした不合理な結論をすべて正当化し始めます。これは、非常に不正確なものの考え方です。もちろん皆さんは愚か者ではなく、賢い人になりたいのですから、そのような性質を自分の中から取り除きたいでしょう。他の人たちに対しても利己的な偏見を持つ場合があることを認めなければなりません。なぜならほとんどの人々が利己的な偏見を完全に排除することは難しいからです。それが人間の性質だからです。もし皆さんが自分の行動で利己的な偏見を認めなければ愚かだと言えます。人生には痛烈な一撃、恐ろしい一撃、不公平な一撃が起こり得ます。何が起ころうと、私はエピクテトスが説いた、苦難の中でも平静を保つ態度が最も素晴らしいと思います。

彼は、人生の不幸はすべて、良い行動や学びの機会と考えていました。自己憐憫に沈むのではなく、逆境をポジティブに活用すべきだと彼は信じていました。これは非常に素晴らしい考え方です。[55]

10．自分のユニークな才能を他人と比較するのではなく、使うようにせよ

私のところにはいつも多くの若者が訪ねてきます。「私は弁護士をしていますが、面白くな

いんです。大富豪になりたいのですが、どうすればよいでしょうか？」。そのような問いを受けると、私はこんな話をします。若者がモーツァルトのもとを訪れ、「私は交響曲を作曲したいです」と言ったのです。モーツァルトは「あなたは何歳ですか？」と尋ね「22歳です」と答えると、「交響曲を書くにはまだ若すぎます」と言うのです。若者は「でも、あなたは10歳で交響曲を書いていましたよね」と反論します。するとモーツァルトは「その通り。でも私は他の人たちにどうしたらいいかを尋ねるために、あちこち訪ね歩いたりはしませんでしたよ」と答えたのです。[56]

11. 自分の過ちをプラスに転換させる方法を学べ

人生では、あなたが自分のミスからそれほど大きな犠牲を払うことなく立ち直るにはどうしたらよいか、という局面に必ず直面します。私たちにもそうした経験があります。バークシャー・ハサウェイを例に考えてみてください。その創業時のビジネスについて思い起こしていただきたいのです。その起源は破滅を運命づけられた百貨店、ニュー・イングランドの繊維会社、そして景品引換会社でした。バークシャー・ハサウェイはここから生まれたのです。そして私たちは格安で同社を買収して困難な状況にうまく対処しました。もちろん、方針変更とよりよい事業への参入によって成功を成し遂げたのです。とはいえ、私たちは難しいことをうまく実現することが得意だったわけではありません。難しいことを避け、簡単なことを見つけ出すのが得意だったのです。[57]

価値と幸福

マンガーはスピーチをする時、自分の価値観や、家族がその形成にどう貢献してくれたかを語る。とりわけ、チャンスをじっくりと待ち、適切な時が来たら、目的と意図をもって迅速に動くことの重要性について説く。

忍耐力とチャンスを待つ姿勢は、非常に価値ある組み合わせです。祖父は私に、チャンスは少ないのだから逃さないように準備しておかなければならないと教えてくれました。それこそがバークシャーの哲学です。投資機会を見つけると、私たちは驚くほど迅速に行動します。臆病ではいけません。そしてこれは人生のすべてに当てはまります。適切な配偶者を見つけたら思い切って結婚すべきなのです。それが、人生で幸せになるための唯一の機会かもしれません。あまりにも多くの人々が動くべき時に動いていません。……時々大きく下落するのが株式市場の性質です。地合いの悪い市場を避けるシステムは存在しません。市場タイミングを読んで行動しないとそれはできませんが、その行為は非常に愚かです。奇跡を期待せずに着実に貯蓄しながら、保守的に投資することがあるべき方法です。[58]

マンガーがこうした価値観にこだわっていなければ、バークシャー・ハサウェイは、今日知られているような、数十年にわたる安定と成功を実現できなかったかもしれない。いや、実現できなかったのではないか。

富

役員報酬に対するマンガーのスタンス

2022年現在で、マンガーの個人資産は24億ドルである。その大半はバークシャー社のクラスA株式1万5181株で、持株比率はおよそ1・4％だ。マンガーが同社から得ている10万ドルの年間給与は過去30年以上変わっていない。彼が人生の手本としているアンドリュー・カーネギーとコーネリアス・ヴァンダービルトも、マンガーと同じく保有株の配当で生活していた。産業界の巨匠として、彼らはこのようにして自立することを誇りとしていた。

> 自分が裕福で、ある会社の株式を所有しており、会社が何をするべきか、清算すべきか、それとも事業を続けるかを自分で決められる立場にあれば、それは立派な地位と言えます。そうなったら、それ以上金を余計に摑もうとする必要はないでしょう。[59]

バフェットの資産のほうが自身のよりもかなり大きいのはなぜかと尋ねられると、マンガーは事実を淡々と伝えるというスタイルでこう答える。「ウォーレンのほうが早く始めたからですよ。そして、彼のほうが私より少し賢く、一生懸命働いているから。理由はそんなには多くありません。ところで、アルバート・アインシュタインはどうして私ほど裕福ではなかったのでしょうね。[60]

慈善活動

マンガーがバフェットの「ギビング・プレッジ」への参加を公然と辞退している。ギビング・プレッジは、アメリカの最も裕福な人々による、生きているうちに自分の資産の半分を慈善事業に寄付することを約束する活動だ。マンガーは、自分の資産の多くをすでに子どもたちに譲渡したので、ギビング・プレッジに参加するとその趣旨に反することになる、と語っている。また、多くの主要な慈善活動の「愚かさ」と「無知」に対する嫌悪感を隠すことなく、コストコのような、進歩的な労働政策を採用する資本主義的な事業に信頼を置いている。[61]

恩返し

その一方で、マンガーはミシガン・ロースクールやその法学研究部門、弁護士クラブ、フェローシップ（研究奨励金制度）、居住施設などへの1億6000万ドルを超える寄付などを行っている。妻と娘の母校であるスタンフォード大学へも多額の寄付を行ってきた。2004年には、大学図書館の改善やビジネス教授職の設立に向けた寄付に加え、大学院学生用住宅施設建設のためにバークシャー・ハサウェイのクラスA株式500株（4350万ドル相当）を寄贈した。[62]

マンガー一家は、ロサンゼルスのマールボロー・スクール、パサデナ（カリフォルニア州）のポリテクニック・スクール、さらに、息子のチャールズが通っていたカリフォルニア大学サンタバーバラ校（ＵＳＣＢ）の理論物理学部にも寄付を行っている。[63][64][65] ２０１６年には、ＵＳＣＢの最先端の学生寮建設資金として2億ドルを寄付した。[66] ２０１８年後半には、カリフォルニア州ガビオタ海岸にある１８００エーカー〔7・29平方キロメートル。東京ディズニーランドの約16倍〕の大牧場ラス・バラス・ランチを購入し、それをＵＣＳＢに寄付した。[67]

常に自分で独自に考える人として、マンガーは自分の行う大規模な寄付には個人的に関与することを好み、最近ではその取り組みを加速させている。マンガーはロサンゼルスのグッド・サマリタン病院の理事長を務めており、２０１８年には同病院に２１００万ドルを寄付した。[68] さらに、ロサンゼルスＹＭＣＡとハンティントン・ライブラリーにも多額の寄付を行っている。[69]

こうした寄付活動はすべて、バークシャー・ハサウェイの驚くほどの成長がなければ成し得なかったはずだ。

第II部

バフェットの成功の秘密

第4章 バークシャーのバリュー投資の考え方と助言

株式市場は、すべての価格《プライス》は知っているものの、価値《バリュー》については何もわかっていない人たちで満ちあふれている。[1]

――フィリップ・フィッシャー

前述したように、投資に対するウォーレン・バフェットの当初のアプローチは、ベンジャミン・グレアムに大きな影響を受けていた。その一つが「経営状態の悪い銘柄を圧倒的な安値で購入する」というものである。[2] その後、チャーリー・マンガーと共に働き、フィリップ・フィッシャーの投資哲学を学ぶにつれて、「優良銘柄を適切な価格で買う」[3] ほうがはるかに優れた長期投資戦略であると考えるようになった。第5章では、いわゆる「割引キャッシュフローモデル（DCF）」を通じて企業の内在価値を決定する数値基準をバフェットとマンガーがいかに開発したかを詳細に紹介するが、その前にまず、バフェットの元々のやや一元的なアプローチを拡張する上で、マンガーが果たした大きな役割について少し触れておきたい。

投資戦略という観点からすると、二人のパートナーシップへのマンガーの主な貢献は、いわゆる「スカトルバット手法」を確立したフィッシャーの考え方を信奉していた点にある。これは、企業を判断するに当たっては、単に財務諸表に頼るのではなく、定性的な情報を集めることがすべてである、という考え方だ（詳しくは後述する）。

1978年にマンガーがバークシャー・ハサウェイの副会長に就任すると、バフェットは投資先候補の評価に定性的方法と定量的方法をどちらも用い始めた。つまりフィッシャーとグレアムのアプローチを組み合わせたのである。

本章は、何が優れた投資かを判断するためにバフェットとマンガーが用いた考え方の枠組みを考察することにし、まずはフィッシャーの投資哲学を紹介したい。このアプローチは半世紀にわたるバークシャーによる投資の歴史的成功の基盤となる考え方だ。

フィッシャーの投資法の影響

「スカトルバット手法」の実践

フィッシャーは、ある企業についての知識を個人的な経験を通じて集めること（「スカトルバット手法」）の価値を強調した人物として最もよく知られている。これは、企業について知るには、単に数値を調べるだけではなく、消費者や競合他社、コンサルタント、経営者、以前の従業員や取引先と会話する必要があるということだ。聞き込んだ内容の一つ一つがパズルの一ピースを構成するが、単独では判断すべきでない。その会社に勤めたことのある人であれば、特に会社の問題点について有益な情報を提供できるだろう。しかし、会社に対する不満から意見が偏っている場合もあろう。この会社への投資を検討している者が、元従業員の見解に対して、たとえば消費者や経営者の意見を照らし合わせて、こうしたバイアスの可能性を警戒することは当然と言える。

だが、元従業員は時に、楽観的な投資家の目を覚まさせる有益な解毒剤を提供してくれることもある。[4] いくつもの情報源が往々にして互いに矛盾することは当然と理解しておこう。理性的な判断には多角的な観点が不可欠だ。だが、ある企業に関する多くの情報を求める際には、集めたデータのすべてが一貫しているとは限らない。そんなことを期待してはいけない。人から得られる情報が真に客観的とは言えないのは、それが数値に基づくものではないからだ。投資を検討している者としては、消費者や元従業員といった周辺の情報源の意見に耳を傾けた上で、会社の幹部にも接触するのがよい。彼らは会社施設の見学や財務諸表の補足情報を提供してくれる可能性があるからだ。いずれも会社の実態を知るには有益になり得る情報だ。[5]

第2章で紹介したように、バフェットは、自分のパートナーシップの初期にアメリカン・エキスプレス株を購入する際、このスカトルバット手法を使った。

自分の得意分野にとどまること

フィッシャーのアプローチを支えるもう一つの柱は、投資家は自分がよく知っている領域内にとどまるべきだ、ということだ。野球にたとえると、自分が理解している企業に「どのタイミングでバットを振るのが正しいかを知った上で」投資するということだ。バフェットが長年ハイテク企業、とりわけマイクロソフト、そして後にはアマゾンへの投資を避けてきた理由はこれである。実際、2019年に共同投資責任者たちからの推奨を受けて初めて同社に投資したのだ（この点については第9章で詳しく述べる）。

バフェットは、コカ・コーラやジレット、シーズ・キャンディーズなど、ブランドに対する顧客の忠誠心とブランド認知度の高い、地味な企業への投資が正しい成果を生むと信じている。このような企業に投資するほうが、ハイテク分野の派手な新興スタートアップ企業のうちどれが実際に成功し、失敗するかに賭けるよりも、ギャンブルの要素が低い。長期にわたって成功してきた企業は、今後も成功し続ける可能性が高い。特にハイテク関連事業を営まず、したがって陳腐化する危険性が少ない企業はそうだ。[6] バフェットがアップルとアマゾンに投資し始めた頃には、この2大ハイテク企業はすでにそれぞれの分野の老舗企業になっていた。マンガーはあっさりとこう述べる。「私たちはスタートアップ企業を手掛けません」[7]。バフェットは投資と投機をはっきりと区別している。[8]

分散投資は過大評価

フィッシャーは平凡な企業を多数抱えるのではなく、数少ない傑出した企業の株式を保有するよう投資家に助言した。バフェットも同じで、分散投資を重視する現代の風潮が過大評価されていると考えている。割安に見える銘柄があればそれに集中投資せよ、とバフェットは言う。分散投資を実現するためだけにさまざまな銘柄を寄せ集めたポートフォリオをつくる必要はない、と。

経営陣をよく見よ

フィッシャーにとって企業文化は重要だった。株主に隠し事をせず、正直にコミュニケーションを取る企業への投資を追求しており、彼にはこれもスカトルバット手法の一部だった。バフェットとマンガーにとっても、会社の経営陣を評価することが、企業価値を判断する上での鍵になっていた（この点については本章で後述する）。

投資したらいつまでも持ち続ける

フィッシャーは長期的な視点から投資を捉えたが、その理由は、単に優良企業の価値が時間とともに上昇するからだけではない。彼の投資戦略にとっては、キャピタルゲイン税を最小化することも、少なくともそれと同じくらい重要だった。（アメリカ合衆国の）キャピタルゲイン税には2種類ある。一つは短期税だ。投資してから1年以内に資産を売却した際に、通常所得として課税される。長期キャピタルゲイン税は、1年を超えて保有した資産を売却した際に課せられる。長期キャピタルゲイン税の税率は通常所得税と短期キャピタルゲイン税よりも低い。なぜならば、政府は長期的に企業を保有することを投資家に奨励し、成長と安定を維持したいからだ。

フィッシャーのアプローチは税額を最小化するので、最大額の投資が可能になる。フィッシャーは次のように述べている。「普通株は、正しく購入されていれば、それを売る時期はまずやってこない」[9]。最後に、フィッシャーは、株を購入するときには株式市場全体の動きを無視するよう助言した。これはバークシャー・ハサウェイの基本原則となった。

投資への鍵：投資対象をよく理解すること

前章までで述べてきたように、バフェットは自分自身にとってはもちろん、投資マネジャーを判断するときの基準としても経営学の学位を高く評価したことはない。時には、ビジネス教育を徹底的に批判した。この反感は、ビジネススクールの古典的なコンセプト、「効率的市場仮説」への嫌悪感から来ている。この仮説では、すべての情報が株価に反映されており、株価はその公正な市場価値とみなされる。したがって、どんな銘柄も市場に勝つことは不可能であり、投資家がそれを成し遂げたとすれば、単に運がよかったからだとされる[10]。

これは、「本来あるべき」価値よりも割安な銘柄を探すことが正しいと考えるバフェットの信念とは全く逆のものである。この「あるべき価値」を決定することがバフェットとマンガーの仕事の大半を占めており、バフェットの最初の師であるベンジャミン・グレアムから直接学んだものである。グレアムは、投資家はある銘柄がその内在価値から大幅に過大評価されているか、過小評価されているかを判断しなければならないと主張していた。市場のトレンドを追うことはこのアプローチに反する。投資家は誤解を招く可能性のある情報に影響されないように、自ら研究すべきだ、とグレアムは述べている。

このバリュー重視の投資哲学について、グレアムはこう述べている。「バリュー投資は、定理よりも哲学に基づいている。『ステップ1』『ステップ2』『ステップ3』などの段階的な手続きは存在しない。規律を守れる投資家は群衆を追うのではなく、内在価値を下回る値段で取引されている株式を探し、市場がその価格差に気づいてそれを修正するまで待つのである」[11]

2008年のバークシャー・ハサウェイの株主総会で、バフェットはこの考え方について次のように語った。「株式市場がどう動くか、私には全く予想がつきません。そんなことは全く頭にありません。しかし、私は株価が下がって割安になった時に買えるような銘柄を探しています。そういう銘柄には大きく下がってほしいのです。そうすれば有利な水準で買うことができるからです」[12]

そして、バフェットはこの同じメッセージを30年以上にわたって唱え続けている。たとえば、1987年のバークシャー・ハサウェイの株主宛年次書簡では、バフェットは次のように述べた。

しかし、舞踏会に出かけたシンデレラのように、皆さんは一つの警告に気をつけなければなりません。さもないとすべてがカボチャとネズミに変わってしまうでしょう。その警告とは、「ミスター・マーケットはあなたを導くためではなく、あなたに奉仕するために存在する」ということです。あなたにとって役に立つのは彼の財布であって、彼の知恵ではないのです。もし彼が特に愚かな雰囲気で現れたとしても、彼を無視することも、利用することも自由にすればよろしい。しかし、彼に翻弄されてしまったら悲惨なことになるでしょう。実際、ミスター・マーケットよりもあなたがビジネスをよく理解し、その価値を評価できるという確信がなければ、あなたはこのゲームに参加する資格がありません。ポーカーではよく言いますよね。「ゲームを始めて30分たってもカモがわからなければ、あなたがカモだ」と。[13]

ビジネススクールで学ぶべき教育について、バフェットは、投資家志望者が学ぶべきは、企業の評価方法と金融市場に関連する人間の行動をどう評価するか、の２つのスキルだけだと説く。[14]ある銘柄がその内在価値よりも割安な価格で取引されていると判断すれば、バークシャー・ハサウェイはその銘柄を購入し、それを長期にわたって保有する準備をする、というのが主な戦略だ。バフェットは、このうち長期投資の原則は機関投資家だけでなく個人投資家にも当てはまると考え、次のように説明する。

私が初めて株を買ったのは１９４２年３月11日です。第二次世界大戦をはじめとする数々の戦争、２００１年９月11日のテロ攻撃、キューバのミサイル危機、14名の大統領（うち７名が共和党）といろいろなことが起きましたが、結局、Ｓ＆Ｐ５００指数に投資してそのまま持ち続けるのが最も良かったのです。新聞の見出しを見てはいけません。テレビやラジオの専門家や解説者の声に耳を傾けてはいけません。１９４２年にインデックス・ファンドに１万ドルを投じていれば、今頃は５１００万ドルになっているはずです。あなたが信じなければならなかった唯一のことは、アメリカ企業が生き残り、繁栄するということだったのです。[15]

要するに、このアプローチのポイントは非常に単純明快だ。「私たちが求める企業は、①ビジネスの内容を私たちが理解できる、②長期の見通しが明るい、③正直で能力の高い人々に運営されている、そして、④非常に魅力的な価格で手に入ることです」[16]

ここでのキーワードは「理解できる」ということだ。これがバリュー投資の本質であり、投資リターンを生むための判断基準である。こうした判断を下すために、バフェットとマンガーは、投資する前に次の3つのポイントを考慮する。

1．会社の経営哲学を理解する　第一に、投資家はトップ経営陣がどのような報酬体系で働いているかを理解すべきだ。というのも、通常、このインセンティブこそが意思決定と行動の推進力となっているからだ。たとえば、少量の株式しか保有せず、報酬を主に給与とボーナスから得ている経営者を考えてみよう。彼らは、自分の仕事を守り、リスクを避けるような戦略的判断をするかもしれない。これに対し、報酬が長期にわたる株価上昇の影響を受けている場合には、会社の成長性全般により多くの注意を払う可能性がある。報酬慣行は委任状に記載があり、企業のトップ経営陣の性格や心情を理解する材料になり得る。

バフェットとマンガーの給与は比較的少なく、報酬の大半をバークシャーの株式から得ていたことは有名である。[17]バフェットの年俸は、配当を除いて過去40年間にわたりずっと10万ドルだった。[18][19][20]

投資前の数年間にわたって企業の経営陣と実績に注目し続けることはバフェットにとって珍しいことではない。[21]バークシャー・ハサウェイの1994年株主総会では、どのような経営陣を期待するかを詳しく語っている。

一つは、事業をどれだけうまく運営しているか、です。彼らが成し遂げたこと、そして同業他社が成し遂げたことの双方について資料を読み、長期にわたって経営陣が資本をどのように配分してきたかを見れば、多くのことを学ぶことができると思います。

投資家は、彼ら自身がゲームに参加する機会を得た時に配られた手札をある程度理解しなければならないのです……。

そして、確認したい第二のことは、経営陣が事業のオーナーをどのように扱っているかです。[22]

ここで「オーナー」とは株主を意味している。

私の見るところ、会社運営をうまくできていない経営者たちは、自社の株主についてあまり考えていないことが多いのです。これは非常に興味深い事実です……両者は見事なぐらいに一致します……。

委任状を読み、経営陣が株主に対してどう振る舞うか、自分たち自身に対してどう振る舞うかを比較してみてください。経営陣がこれまでに何を成し遂げたのか、彼らが経営を引き継いだ時のビジネス状況が業界全体の位置づけの中で現在どのように変わったのかを比較するのです。時々はそうしたこともできるでしょう。とはいえ、そんなに頻繁にこうした比較をする必要はありません。[23]

投資家は毎度毎度正しい判断を下すわけではないし、その必要もないとバフェットは言う。何回か正しければよいのだ。

バークシャー・ハサウェイが投資した経営価値の素晴らしい事例がネブラスカ・ファニチャー・マートだ。バフェットは1983年に同社を一度の握手と2ページの契約書により5500万ドルで買収した。少なくともそれが伝えられる話だ。しかしこの話を掘り下げていくと、同社はバフェットが常に唱えてきたビジネス慣行を具体的に実行してきたことがわかるはずだ。

ネブラスカ・ファニチャー・マートは、1937年にロシア系ユダヤ人移民ローズ・ブラムキンがオマハに設立し、彼女の夫が経営する質屋の地下で中古家具店として事業を開始した。ブラムキンは、わずか500ドルの運転資金で開業した。それから50年近くの間に、同社はアメリカ最大の民間家具店に成長していた。ブラムキンの経営戦略は何だったのか？　あらゆる商品を原価よりわずか10％高い価格で販売して競合他社を出し抜いたのだ。

同社を買収した際に、バフェットはブラムキン夫人についてこう語った。「トップ・ビジネススクールの卒業生やフォーチュン500社の経営陣を相手に、同じ条件でビジネスを始めたとすると、彼女は彼らに悠々と勝つだろう[24]」

これは典型的なバフェット流だ。バフェットは自分の会社に人を雇う場合にも同じ哲学を貫いている。知的で、勤勉で誠実な人を探しているのだ。

2．業界の文脈の中で企業を理解する

バフェットとマンガーは、二人とも自分が個人的に理解できない企業や産業への投資を躊躇する。どちらもなじみのないセクターに投資する際にコンサルタントを雇ったことがかつて一度もない。したがって、自分たちの元に持ち込まれた取引の大半を却下している。

しかし、特定の産業への投資を考えるときには、バフェットが好むセルフチェックの方法の一つは、「スカトルバット手法」で、競合他社の最高経営責任者（CEO）等にインタビューをして彼らの意見を求める。彼は尋ねる。あなたと同じ業界内のいずれかの企業に投資できるとしたら、どの企業を選びますか、そしてそれはなぜですか？　バフェットはこのようにして貴重な情報を得る。自動車保険会社ガイコへの投資を決定する際にバークシャー・ハサウェイにとっての決め手となったのがこの手法で、この点については第6章で述べる。

3．企業の持続可能な競争優位、または「堀《モート》」を理解する

この企業は「持続可能な競争優位」を持っているだろうか？　バフェットとマンガーはこの優位性のことを「堀《モート》（moat）」と呼ぶ。例として、コカ・コーラの「フォーミュラ（製法）」やケンタッキー・フライド・チキン（KFC）のハーブやスパイスなどの営業秘密が挙げられる。他にも、独自技術の組み合わせ、ブランド名、商標、特許、著作権などが考えられる。こうしたいわゆる「知的財産」は、工場などの有形資産以上ではないとしても、同等の価値がある。

特許を1件取得すると、企業のオーナーは、そのアイデアまたは発明を特定の期間利用できる単独の権利を持つ。[25] すると、その会社は予想可能な売上高と持続的な利益率を維持できる。バークシャー・ハサウェイの最大の保有銘柄であるアップルは、2021年に2541件の特許を付与されていた。[26] アマゾンは、同じ年に1942件の特許を保有していた。[27] しかし、特許は財政的な成功を保証しない。

最も広範に利用されている特許の種類は実用特許（utility patent）とデザイン特許（design patent）だ。実用特許は発明の機能を対象とするもので、権利は20年続く。[28] 具体的には医薬品、機械とその部品やプロセス、コンピュータのハードウェアとソフトウェア、新たな化学式（食品の化学式を含む）などがある。[29]

デザイン特許はコカ・コーラ特有の曲線を描いたガラス瓶など、ブランドに関連付けられる主要なイメージを保護する。2015年5月13日よりも前に出願されたデザイン特許の権利期間は14年で、それ以降に出願されたものの権利期間は15年だ。[30]

医薬品会社の「堀《モート》」は、利益が出る特定の処方薬の特許に基づいている。ナイキの「堀《モート》」は、同社のブランド力と特許の双方に基づいて高価格の提示を可能としている。しかし、アマゾンは、支配的なブランド、独自技術、知的財産という、持続可能な競争優位を構成する3つの特徴をすべて保有している。

個人投資家に対するバフェットの投資アドバイス

長年にわたって、バフェットはバリュー投資に関する多くの知見を披露してきた。ここでは、個人投資家に最も関連性のあるテーマを紹介しよう。

ウォール街の狼に気をつけろ

もしあなたが個別銘柄を調べる時間も専門性も持っていないのであれば、資金の90％をS＆P500種指数を追跡する低コストのインデックス・ファンドに、10％を短期債券ファンドに投資すべきだ。投資業界で働いていなければ、株価指数を上回るパフォーマンスを上げることはできないはずだからだ。[31]

2017年株主総会で、バフェットは、ニューヨークのヘッジファンド、プロテジェ・パートナーズとの間で2006年に行った100万ドルの賭けについて語った。プロテジェ・パートナーズの面々はその後10年間で5本のヘッジファンド（実際にはファンド・オブ・ヘッジファンズ[32]）の累積リターンがS＆P500種指数を上回るほうに賭けた。バフェットはS＆P500に賭けた。

さて、10年たって結果はどうだったか。S＆P500種指数は125・8％上昇したのに対し、ヘッジファンドの上昇率は36％だった。[33] 株主総会の参加者はこの結果を聞いて大爆笑となり、[34] バフェットは株主宛書簡で勝利を宣言した。「このインデックス・ファンドの今日までの複利リターンは年率7・1％でした。これは株式市場の長期リターンとしては典型的な水準と言ってよいでしょう。……これに対し、5本のヘッジファンドの2016年までの平均はわずか2・2％。年複利リターンです。つまり、ヘッジファンドに100万ドルを投資していれば10年で22万ドルの利益になっていたのに対し、インデックス・ファンドでは85万4000ドルの利益が得られていたはずなのです[35]」

このエピソードを通して、バフェットは、他人の資金をアクティブに運用しているヘッジファンドの投資マネジャーから得られる利益はほとんどないという、長らく信奉してきた考え方を強調した。これは、ヘッジファンドをはじめとする投資マネジャーは通常、「2％／20％」に基づく手数料[36]を投資家に課す、つまり毎年2％の管理手数料と利益の20％を取るという仕組みだ。もし、バークシャー・ハサウェイが同じ手数料体系で資金を運用したら、現在の投資管理会社であるトッド・コームズとテッド・ウェスチャーは、「ただ、息をしているだけでどちらも毎年1億8000万ドルずつを得ることになるのです[37]」とバフェットは指摘した。要するに、バフェットは、いわゆる「パッシブ投資」（インデックス投資）がアクティブ投資と同じか、それ以上のパフォーマンスを上げられると考えている。[38]

バフェットは、バークシャー・ハサウェイのような機関投資家は投資先候補を絞り、「スカトルバット手法」を通じて投資先企業の財務数値と文化をどちらも知ることに時間をかけるべきだが、個人投資家は、資金を分散して「アメリカの代表的な企業群」、つまりインデックス・ファンドを買うべきだと考えている。[39] バフェットは次のように説明した。

1942年3月11日、私が最初の株式を購入した日に皆さんができたはずの最善のことは、インデックス・ファンドを何か買って、それ以降決して新聞の見出しに目を向けず、株式のことを一切考えないことでした。まさに皆さんが農場を購入した時にすることと全く同じです。皆さんはただ農場を買って、小作農家にそれを運営させればよいのです。そして、私は指摘しました。「1万ドルをインデックス・ファンドに投資して配当金を再投資しておけば……」とそこまで言って一呼吸置き、私がいくらと言うかと聴衆に考えさせてから付け加えたのです。「今なら5100万ドルになっているはずなのです」と。当時、信じなければならないただ一つのことは、アメリカが戦争に勝つこと、そしてアメリカが1776年以来ずっとそうであったのと同じように今後も進歩を続けること、そしてアメリカが前進し続けるのであれば、アメリカ企業も進歩を続けるだろう、ということでした。つまり、どの銘柄をあなたが購入するかなんて悩む必要がなかったし、何を売り買いするか、そして連邦準備制度理事会（FRB）が存在し続けるか、どうなるかなどに心を迷わせる必要がなかったのです。そう、アメリカはうまく機能しているのです。[40]

この「アメリカはうまく機能している」という信念がバフェットの態度を導いている。バフェットは、「裕福な家族[41]」が自分たちの子どもの面倒を見るのと同じように、「まっとうな市民で、市場でのスキルなど持っていない[42]」人の面倒を見る社会プログラムを導入する必要があると言ってきた。

しかしそのようなプログラムは、「金の卵を産むガチョウ」、言い換えれば、アメリカの市場経済を損なわないように実施されなければならない、と。[43] さらに「私は金の卵を産むガチョウに迷惑をかけるようなことはしたくありません。そして、信じられないことに、この国ではガチョウが金の卵を次々と産んでいるのです。私たちは、この市場システムの中で、人々が必要とする多くの財やサービスを提供する企業を生み出しているわけです[44]」。バフェットはまた、2009年に私の学生たちとのインタビューでも話したように、「世界はゼロサムゲームではない[45]」こと、そしてアメリカ経済は、中国を含む諸外国の経済の改善によっても伸びていくのだと信じている。「(その結果)アメリカの生活水準は20世紀の間に7倍になったのです[46]」と。バフェットによると、アメリカ経済への投資は今後もずっと利益を出し続けるのだ。

投資したら放っておく

バリュー投資で成功するには、企業または銘柄の実際の価値を知る必要がある。その上でいったん投資したらそのままいつまでも保有し、売買しないことだ。「どのタイミングでバットを振るのが正しいか」を知っておくべきだ。[47] 1年に1度だけ正しいタイミングで振ればよいのである。

バフェットの試算によると、個人投資家は、S&P500指数にさえまず勝てない投資マネジャーを雇った結果、この10年で1000億ドル以上を失ってきた。[48] 2016年に、大型株に投資するアクティブ型ファンドのうちラッセル1000指数に勝ったのはわずか19%だったと報じられた。ラッセル1000指数とは、アメリカの株式市場で時価総額の大きい上位約1000社を追跡する指数のことで、アメリカ合衆国の全上場銘柄の時価総額のおよそ90％を占める。[50]

ここで非常に重要な点を指摘しておこう。株式市場は、長期的には上昇する傾向がある、ということだ。したがって、個別銘柄の日々の価格変動を追ってはならないし、経済全般について気をもんでもいけない。株式市場は、１００年ごとに悪い年が15回やってくる。ある日、ある週、あるいは今から1年後に何が起きるのかなんて誰も予測できないのである。[51]

その他の投資アドバイス

常に読書を怠らないこと

すでに述べたように、バフェットもマンガーも熱心な読書家だ。その理由は二人とも知的好奇心が強く、多くのさまざまな分野についてたくさん学ぶことをただただ楽しんでいることに加え、読書がビジネスにも有益だからだ。投資家として成功するためには、バフェットは1日当たり５００ページ以上読むよう助言しており、１日の80％を喜んで読書に費やすと言う。マンガーも、多岐にわたって読書することの重要性を強調する。

読書をせずに賢くなった人なんて聞いたこともありません。しかし、ただ読むだけでは不十分です。さまざまなアイデアを把握し、理にかなった行動をする気質を持つ必要があります。たいていの人は正しいアイデアをつかめないか、それらをどう扱えばよいかわからないのです。[52]

実業界の多くの人たちよりも、ウォーレンと私は読書と思考に多くの時間を費やしており、あまり行動を起こさないほうです。私たちはこのような生活が好きなのです。個性的かもしれませんが、自分たちの癖をうまく活用しているわけです。私たちは二人ともただ座って考えることのためにほぼ毎日の大半を過ごそうと決めています。これはアメリカの実業界では非常に珍しいことでしょう。ただ読んで考えているだけなのですから。[53]

忍耐強くあれ

忍耐はバークシャー・ハサウェイの投資哲学で極めて重要な役割を果たす。バフェットとマンガーは、投資が高リターンを生むのを何年も待つことが多い。

IQがすべてではない

ＩＱ（知能指数）が高いからといって、どんな分野でも成功するとは限らない。モチベーション、リーダーシップ、粘り強さ、コミュニケーションスキル、実生活での経験や判断力など、成功に影響を及ぼす要素は他にもいくらでもある。バフェットはこう指摘する。「ＩＱが１２５を超えると、投資における成功とＩＱは相関しません。通常の知能があれば、必要なのは投資で失敗するような行動がついしたくなる、誰でも陥りやすい衝動を抑える気質です[54][55]」

正しい気質を養う

成功を持続させるには、投資家は一定の気質を養う必要がある。マンガーは情熱的な好奇心と、トレンドや決断の背後にある理由を探る精神力を鍛錬する必要を強調した。一定の気質がないと、どんなに聡明な人でも失敗するのが必然であると言うのである。[56]

投資を成功させる重要な要素の一つとして、正しい気質を持つことが挙げられます。たいていの人々は過剰に反応し、心配し過ぎるのです。成功するには忍耐強くあらねばなりませんが、時が来たら果敢に行動する必要があります。投資では、自分自身の困難な経験よりも他人の困難な経験から学ぶほうがいいのです……(とはいえ)気質だけではそれを達成できません。長きにわたって、多くの好奇心を持ち続けることが必要なのです。[57]

独立した思考で盲目的な追従者《レミング》を避ける

バフェットがグレアムから学んだ最も有益な教訓の一つは、独立して考えること、つまり大衆を追いかけるのではなく事実と推論に基づき、独力で判断して投資することの重要性だった。マンガーとバフェットは、優れたリターンを得るための最も信頼できる方法は、投資対象が割安(「大安売り」状態)の時に買うことだとよく指摘する。割安銘柄は、その定義から言って不人気である(もっとも、すべての不人気銘柄が割安というわけではない)。これに対して、盲目的な追従者《レミング》[58]とは、他の人たち全員がすることを、他の人たち全員がしている時にしがちな投資家のことだ。この種の投資は、価格が高騰している時や「バブル」に引き寄せられる時に投資をすることを意味する。バフェットはこれを、ハンバーガーを買う時に例えている。[59] ハンバーガーが通常の価格より20％安かったらあなたは買うだろうか？　もちろん、買うだろう。株式の場合には、価格が割高のときになぜ買いたいと思うのか？　盲目的な追従者《レミング》タイプの投資家は、いわゆる「群衆バイアス」と呼ばれる心理的な罠に陥る。これについては第7章で論じる。マンガーとバフェットは逆張り方針によって成果の出る銘柄を探そうとしている。

本章では、バフェットとマンガーがなぜ現在のやり方で投資をするかを論じてきた。次章では、バフェットとマンガーがどのように投資を行っているか、つまりある会社の内在価値を決定する数値や比率、パターン、モデルを検討する。

第5章

バークシャー・ハサウェイの投資手法

模造ダイヤをまるごと所有するよりも、ホープ・ダイヤモンド〔インド産の世界最大のブルーダイヤモンド〕の所有権を一部でも持っているほうがよいですから。[1]

——ウォーレン・バフェット

2022年第1四半期、バークシャーのクラスA株式の株価は50万ドルを超え、株価としては史上最高値をつけた。バークシャーは他にも62のビジネスを所有し、株式ポートフォリオの価値はおよそ3200億ドルとなっていた。1956年に友人と親戚7名から集めた10万5000ドルで始めた会社がここまで成長したのである。今日、バフェット自身はおよそ1260億ドルの個人純資産を持っている。

彼はこれをどう運用しているのだろうか。何か複雑な数学や抽象的な経済モデルに関する秘密でもあるのだろうか？　何もない。マンガーによると、定量的な測定については、彼とバフェットは高校の代数以上の数学を用いていないという。[2] だが、ある企業の価値が現在どの程度あるかを測定し、将来どれだけの価値を投資家に提供できるかを予測する際には、定量的手法と定性的手法を組み合わせるアプローチを取っている。投資戦略は実行するよりは説明するほうが簡単である。それでは説明しよう。

企業の質を決定する

バフェットは、投資にあたって最も重要な用語は「安全余裕度」だとよく口にする。[3] これは、最初の師であるベンジャミン・グレアムが唱えていた投資原則だ。安全余裕度とは、企業の市場価格と、投資家が推測する同じ企業の内在価値との差のことである。[4] グレアムは、ある銘柄の市場価格がその内在価値を大幅に下回っている場合にのみ購入するよう助言した。安全余裕度が大きくても投資が利益になることを保証しないが、「一種のクッション」[5] の役割を果たして、投資家のモデルの誤りに対する防護策となる。これは本質的に保守的なアプローチであり、バフェットは長年の間に考え方をいくぶん修正し、「経営状態の悪い銘柄を素晴らしい価格で」ではなく、「優良銘柄を適切な価格で」投資するほうが優れていると判断するに至った。[6]

「私たちが本当にしたいのは、素晴らしい事業を営んでいる企業を買うことです」[7]。バフェットは2007年の株主総会でこう説明した。「ですから、たとえばシーズ・キャンディーズのようなビジネスや、コカ・コーラなどの株式を購入するときには、それほど大きな安全余裕度が必要だとは考えません。なぜならば、私たちの前提が大きく間違っているとは思えないからです[8]」

この思考法は、グレアムの「安値拾い」アプローチからは一線を画すもので、バフェットとマンガーは、高価な投資にも価値があると判断する洗練されたシステムを作り上げなければならなかった。二人のアプローチは厳格ではあったものの、完全に精密ではない。バフェットはそれを「科学《サイエンス》」というよりは芸術《アート》」と表現した[9]。自分の考え方をわかりやすく説明するため、バフェットは風変りなたとえをする。「素晴らしいビジネスを見つけるときというのは、誰かが部屋の入口に歩いてきたときのようなもので、彼らの体重が130キロか150キロかなんて判断がつかないとしても、すぐに太ってることぐらいはわかりますよね。太っていることがわかれば、正確な体重はどうでもいいじゃないですか。財務数値も同じです。先ほどの例で言えば、123キログラムの人であれば、我々は満足するというわけです[10]」

会社の過去の業績とセクターという問題もある。どちらもバフェットとマンガーがその会社の安全余裕度をどれだけ重視するかに影響を及ぼす。安定した分野で営業する信頼できる会社の場合、安全余裕度に関しては柔軟に対応するだろう。

要するに、安全余裕度というコンセプトは、自分が支払った以上にどの程度価値があるか、ということだ。しかし、マンガーが指摘したように、価値《バリュー》という概念は多岐にわたる。

投資先候補に対してバフェットとマンガーが重視する定性的な要素は何か

最も基本的な姿勢として、バフェットとマンガーは自分たちが理解できる分野で事業を展開している投資先を考慮する。2019年の株主宛書簡では、次のように書いている。「さらに、私たちは常に、次の3つの基準を満たす企業を投資先として求めています。第一に、事業運営に必要な有形純資産に対して優れたリターンを達成していなければなりません。第二に、有能で誠実な経営者によって経営されていなければなりません。最後に、合理的な価格で手に入れられなければなりません[11]」

二人は、企業の小さな部分ではなく全体の買収を好む。しかし、たとえば世界的なブランドであるコカ・コーラのようにそれが無理そうな場合には、大企業の一部を、たとえ格安価格でなくても喜んで買うだろう。「模造ダイヤをまるごと所有するよりも、ホープ・ダイヤモンド〔インド産の世界最大のブルーダイヤモンド〕の所有権を一部でも持っているほうがよいですから[12]」と、バークシャーの2007年株主宛書簡でバフェットはこのようにうそぶいた。将来の盤石な偉大な企業は、どこも熾烈な競争の脅威から会社を守ってくれる重要な要素を持っており、バフェットはそれを「堀《モート》（moat）」と名付けている。防衛的な「堀《モート》」としては、たとえば市場を席捲している低コストの商品が挙げられるかもしれない（コストコとガイコ）。他には、コカ・コーラやジレット、アメリカン・エキスプレスのような強力なブランド認知がある。

もちろん、長期にわたって投資先を保有し続けるというのもバークシャー・ハサウェイの戦略の一部であるため、バフェットとマンガーは「長続きする」企業にしか興味を示さない。[13] したがって、彼らは急速に変化し続けがちな産業を避ける傾向がある。それは、こうした産業の企業が本質的に利益を出せないからではなく、そうした分野では投資にあたっての不透明感がぬぐえないからだ。「いつもいつも掘り直さなければならない堀は、断じて『堀《モート》』ではありません」[14] とバフェットが言う通りだ。

もう一点指摘しておこう。バフェットは有能な経営者の重要性を主張しているにもかかわらず、特定の天才的な最高経営責任者（CEO）に依存する企業を敬遠する。これは理にかなっている。ある企業が、素晴らしい成果を生み出せるスーパースターを必要とするならば、その企業のビジネス自体を偉大だとは言えないかもしれない。あなたの地域の一流の脳外科医が率いる医療パートナーシップは、顕著な利益と成長性を実現するかもしれないが、そのことはそのパートナーシップの将来についてほとんど何も語らない。「堀《モート》」はその外科医が去るとともになくなってしまう。しかし、メイヨー・クリニックのCEOの名前を知らなくても、その「堀《モート》」は信頼できるのだ。[15]

その他の定性的要素

バフェットが投資機会の中で求めている他の定性的要素には次のものが含まれる。

・その企業が属する産業は、価格競争が激しくないか。

・その企業は（ジレット、コカ・コーラ、アップルなどのような）強力な顧客基盤を持っているか。
・経営の透明性は高く、経営陣は有能で、報酬は公正か？

ビジネスの買収か株式の所有か

バフェットは企業を直接買収することを好むが、時には有価証券（株式）のほうが価値が高いこともある。その理由としては、通常は会社全体の買収のほうが（特にその会社がうまく経営されているときほど）コストがかかるからだ。バフェットは1994年の株主総会ではこう述べている。「皆さんが掘り出し物を買うことはないでしょう……交渉を伴う買収で格安で買おうなどと考えるべきではありません。皆さんは、今後ご自分のために会社を経営してくれる賢い人々からこれを買いたいと思っているでしょう。彼らは自分たちの事業を適切に評価することができますが、市場ではそうはいきません。株式市場では、馬鹿げた価格で企業を購入できる機会もあります。だからこそ、上場有価証券から大儲けできることがあるのです[16]」

つまり、株式市場が常に企業の真の価値に基づいて有価証券を適正に値付けすることなどめったにないのだ。だからこそ、バフェットとマンガーが相場の下落を利用するのが好きなのも不思議ではない。「他の人々が恐れている時こそ貪欲になるべきだ」とはバフェットの好むルールの一つである[17]。この戦略の格好の例が、2007年から2009年の大不況におけるバークシャー・ハサウェイの取った行動だ。当時、バフェットはゴールドマン・サックス、ゼネラル・エレクトリック（GE）、リグレー／マーズ、スイス・リー、ダウ・ケミカルなど株価が暴落していた主要企業に投資した。次の10年に入り、アメリカ経済が正常に戻る頃には、バークシャーは１００億ドル以上を儲けていた。

投資の定量的要素

バフェットとマンガーは、自分たちが用いる財務の数学は単純なものだと主張しているが、それでも企業の価値を測るためにある程度の定量的な技術を使わなければならない。

内在価値の高い企業を探す

バフェットは市場が過小評価している銘柄を物色する。しかし、企業の内在価値を決定する単一の方法は存在しない。バフェットの投資アプローチは、企業の属する産業や企業の成長段階によって異なる。最も念頭に置いていかなければならないのは、その企業をどこかの瞬間に取引している市場とこの数値が一致する場合も、しない場合もある、ということだ。[18]

投資対象としてある企業の可能性を評価するために、バフェットとマンガーは、まずその会社の財務諸表と投資家への開示内容に注目する。そして、高リターンを生みそうな特定の比率を探し求める。

有形純資産利益率

ここからは少し数学的な話になる。バフェットとマンガーの投資では、バフェットが「純有形自己資本」または「有形純資産」と呼ぶ、ビジネスを運営するために必要な資産に対して（つまりこれを分母にして）「20%を超える」利益率を上げている企業に投資する。[19] おそらく言わずもがなのことだが、こうした企業は大幅な負債を抱えることなく利益を上げている。[20]

ある企業の有形純資産に対する利益率は次の公式で算出する。

有形純資産利益率 ＝ 純利益 ／ 有形純資産

このバフェットの公式における有形純資産（分母）は次の公式で求められる。

有形純資産 ＝ 総資産 － 総負債 － 無形資産 － 優先株式の額面[21]

（無形資産は、のれん、ブランド認知度、特許、商標、著作権などの知的財産など）

（この公式では、優先株式の1株当たりの額面は、関連配当金を計算する際の基準となる金額である。したがって、株式の額面が１０００ドルで、配当性向が５%の場合、発行企業はその優先株式が残存している限り毎年50ドルを支払わなければならない[22]）

この公式は、企業が保有する物的資産、すなわち負債を差し引いた後の純資産を求めることを目指す。[23] 有形純資産は、会社の有形資産の簿価だ。のれん、知的財産、優先株式などの無形資産は有形資産から控除されて有形純資産を得る。

自己資本利益率（ROE）

自己資本（株主資本）利益率（ROE）は、企業が株主に投資された資本をどの程度効率的に運用しているかを示す。ROEを算出する公式は次の通りだ。[24]

自己資本利益率（ROE）＝純利益／平均自己資本

自己資本＝総資産－総負債

総資産＝流動資産＋固定資産

流動資産は、1年以内に換金できる資産のことだ（現金、売掛金、在庫など）。固定資産は、1年以内には換金または消費できない資産のことだ（投資、有形固定資産、特許などの無形資産など）。総負債は、返済期限が1年以内の短期と1年を超える負債の合計で、次のように計算する。

総負債 ＝ 流動負債 ＋ 固定負債

　ここで流動負債とは短期間（1年以内）に支払うべき負債（税金、買掛金等）、固定負債とは1年を超えて後に支払うべき負債（債券、リース、年金など）を指す。[25]

　自己資本は、すべての負債が返済された後に残る会社の所有者（株主）の残余請求権で、会社の貸借対照表に記載されるもので、アナリストが財務状況を評価するときに最もよく使う財務指標の一つである。自己資本は、会社の資産がすべて清算され負債が全額返済された後に株主に返済されるはずの金額を示す。これは「純資産（あるいは帳簿価額）」と呼ばれることもある。[26]

　たとえば、あるレストランの昨年の純利益が10万ドル（損益計算書で確認できる）、純資産の合計が20万ドル（貸借対照表で確認できる）だったとしよう。この場合の自己資本利益率は50％だ。

利益率と1株当たり利益（EPS）

　バフェットは、投資対象と考える企業の財務諸表を何年分も検討して、増益を続ける企業を物色する。少なくとも年率10％の増益率が理想だ。次に、二つの指標を分析する。

利益率 ＝ 純利益 ／ 売上高

1株当たり利益 = 純利益総額 ／ 発行済み株式総数

高い利益率は、その会社がビジネスをうまく運営していることを示す。時間とともに利益率が上昇するのは、経営陣が費用を効果的にコントロールしていることを意味する。これは自社の属するセクター内で価格決定力を有する企業によく見られる。端的な例はシーズ・キャンディーズで、これについては後ほど本章の「資本」の項で触れる。

利益率とEPSの標準的な幅は業界によって異なる。たとえば、テクノロジー・プロバイダー（アプリケーションをサービス化して顧客へ提供する企業）の利益率は非常に高いが、航空会社の利益率は低い。第9章で紹介するように、バフェットはそのキャリアを通じ、航空会社に対しては愛憎半ばする感情を抱いてきており、半ば冗談でこれを不健康な中毒にたとえ、自分自身を「航空会社中毒《エアロホリック》」と呼んでいる。[27]

負債比率

バフェットは、企業がどの程度借り入れているかを判断するために負債比率を用いている。この比率は、レバレッジ比率としても知られており、次の計算式で求められる。

負債比率 = 総負債 ／ 自己資本

利益率およびＥＰＳと同様、理想的な負債比率がどの程度かは業界によって異なる。しかし、一般的には１・０より低いのが望ましいとされる。バフェットは、企業の負債比率が自社の負債を支払い切れるほど低いかどうかを知りたがる。[28]

フリー・キャッシュフロー（ＦＣＦ）

企業のフリー・キャッシュフロー（ＦＣＦ）を評価することは、基本的なバリュー評価の技法である。ＦＣＦは、運転資本と固定資産への投資をした後に、企業の投資家が使える資金水準を測定する。

ＦＣＦが重要なのは、企業はこれを利用して株主価値を高める機会を追求できるからだ。企業は余剰資金を用いて生産を拡大し、新製品を開発し、買収を行い、配当金を支払い、自社株を買い戻し、負債を減らせる。ＦＣＦが増加すると、貸借対照表も強くなる。ＦＣＦがマイナスだと問題含みだとみなされる可能性があるが、将来の成長をにらんで大規模な投資を行っていることを示しているとも言える。[29] 投資が高リターンを生めば、この戦略は株主価値を長期的に高める可能性がある。[30]

ＦＣＦは次の公式で求めることができる。

FCF ＝ 営業活動によるキャッシュフロー － 資本支出

FCF ＝ 税引き後営業利益 － 運転資本への純投資額
（税引き後営業利益 ＝ 売上高 － 営業費用および租税公課）

FCF ＝ 売上高 － 営業費用および租税公課 － 運転資本への必要投資額
（必要投資額 ＝ 固定資産 ＋ 運転資本）

正しく計算し、すべての投入数値が一致すると、３つの公式から得られるＦＣＦは同じ数値となるはずだ。[31]

資本

バフェットは、営業するために莫大な資本を必要としない企業を好む。企業は、法外な営業費用はもちろん、それ以外の莫大なキャッシュ流出も避けたほうがよい。シーズ・キャンディーズは、この原則の端的な例であり、バフェットが好む企業の一つだ。バフェットが１９７２年に２５００万ドルで買収して以来、同社は年平均４０００万ドルの税引き前利益を生み出してきた。さらによいことに、２０１９年にバフェットが指摘した通り、シーズ社は買収以来20億ドル以上を稼ぎ出してきた。バークシャーはこの金額を他の企業を買収するために使ってきた。[32]

シーズ社はそれほど莫大な資本を必要としてこなかった。バフェットは、多額の投資をしなくても価値を高められると考えたからこそ、シーズ・キャンディーズを買収した。その戦略が成功したのだ。すると、次の疑問がわいてくる。同社はインフレ率に合わせて自由に値上げをし、なおかつ収益性を維持できるのだろうか？　つまり、商品やサービスが値上がりしても消費者がそれを買うだけの価格決定力を持っているのだろうか？

『マーケット・インサイダー』によると、「バフェットはシーズ社の圧倒的な財務利益、少ない資本ニーズ、『経済的な堀《モート》』、優れた人材、そしてシーズ社のチョコレートそのものを称賛している」[33]。そしてバフェットは、2015年のバークシャーからの株主宛書簡で「（来るべき）株主総会では、チャーリーと私はコカ・コーラとシーズ社のファッジ（菓子）とピーナッツブリトルをたっぷり飲み食いして、NFL（全米プロフットボールリーグ）のラインマンの必要カロリーを摂取すると思うね」と冗談交じりに書いた[34]。そして何と言っても、バークシャーが1972年以来シーズへの投資で得たリターンは8000％、年率では160％を超えるのだ[35]。バフェットは次のように説明した。「私たちは同社に2500万ドルを投資し、そこから20億ドルを超える利益を得ました。その資金を使って他の事業を買うことができたのです[36]」

バフェットがシーズ・キャンディーを買収して以来、同社の年間売上高は3000万ドルから3億8000万ドルに増加し、税引き前利益は500万ドル未満から8000万ドルへと成長した[37]。バークシャーがシーズ社への投資から20億ドルの利益を上げるには、累積でわずか4000万ドルの総投資額しか必要ではなかった[38]。

利益剰余金

企業の貸借対照表に記載されているもう一つの重要な項目が利益剰余金だ。これを見ると成長の度合いがよくわかる。捉え方としては、再投資のための準備金として、つまり新規プロジェクトに向けて会社の純利益を累積したものと考えるのが最もわかりやすいだろう。

利益剰余金は、純利益から配当金を控除して算出し、生産を増やし、新入社員を雇い、研究・開発（R&D）に投資し、広告キャンペーンをテコ入れし、子会社を買収し、自社株を買い戻し、あるいは年金のような長期負債／債務を支払うのに使うことができる。

これは「内部留保率」とも呼ばれ、それは1から配当性向を控除した額に等しい。配当性向は利益のうち株主に返却される金額の割合のことだ。内部留保率は、企業に再投資される金額（利益剰余金）にほかならない。

これは次の公式で計算できる。[39]

配当性向 ＝ 配当金支払額 ／ 純利益

配当性向 ＝ 1 － 内部留保率

ここで

内部留保率＝（1株当たり利益－1株当たり配当金）／1株当たり利益

どのように切り取っても、利益剰余金を最大化する企業は、自社の成長に投資することで経済的な成功を得られるポジションにいる。

バフェットは、利益剰余金を成長させることでバークシャーの価値が増加する企業を求める。企業が資本コストを上回るリターンを上げられなければ、バフェットは配当金で資金を株主に返却するか、その会社の株を買い戻す（ただし、株価が割安の場合）ことを好む。ということは、利益剰余金はその企業の市場価値を高めるのだろうか？

この原則の最も端的な例はバークシャー・ハサウェイ自身だ。バークシャーは配当金を支払ったことがない。なぜなら、そのための資金を再投資したほうが投資家に高いリターンを返せるとバフェットが考えているからだ。もし配当金を支払うと、株主は税金を支払わなければならない。そこで、配当金の代わりにバークシャー株の価値を引き上げることに資金を使うのだ。この場合、利益剰余金はバークシャーの財務の柔軟性を引き上げる。バフェットは、バークシャーの株価が下落して株価純資産倍率が1・2倍を下回った時だけバークシャー株を買い戻す、そうすれば、彼の株主は翌日に利益を得られるだろうと言っている。[40]

第6章

ケーススタディ：ガイコとアップル

投資家にとって最も重要な資質は、知性ではなく気質である。群衆に従うにしても、逆らうにしても、興奮しすぎない気質が必要だ。[1]

——ウォーレン・バフェット

本章は、バークシャー・ハサウェイに大きな影響を与えている二つの会社を取り上げる。公務員保険会社（ガイコ）はバフェットが最初に投資した企業の一つである。どのような経緯や判断を経てこの会社への投資を決定したかを調べることで、我々は彼の投資機会の評価方法を深く理解することができる。バフェットのアップルに対する考え方も同様で、同社は現在バークシャーのポートフォリオの中で最大のポジションを占めている。ここでバフェットがこの2社を購入した理由とバリュエーションの評価方法を詳しく説明する。読者には、ご自身のバリュエーション評価実践の参考にしていただきたい。

ガイコ

レオ・グッドウィン・シニアは、およそ10年間USAA保険会社で会計士として勤務したところで、突然ひらめいた。20世紀初頭には、保険は代理店を通じて販売するのが常識だったが、グッドウィンは、特定の消費者層に郵便を使って直接アプローチすれば20～30％の割引で自動車保険を販売できると考えた。1936年に、グッドウィンは妻のリリアンとともに、テキサス州フォートワースにガイコを設立した。想定顧客は公務員と高位の陸軍下士官だった。二人は自己資金2万5000ドルと、銀行家のチャールズ・レアから7万5000ドルを借りて創業した。[2]

1937年にワシントンDCに拠点を移し、そこから急成長を遂げた。1948年までに、レアは保有する株式の大半をある投資家集団に売却した。バフェットの師で、コロンビア大学のベンジャミン・グレアムもその一員で、当時、ジェローム・ニューマンとパートナーシップを組んでいた。グレアム－ニューマン・コーポレーションはレアの持株の半数を当時の時価71万2000ドルで購入した。[3] 1949年に、ガイコは1株当たり27ドルで上場した。[4]

バフェットは、当時コロンビア大学で修士号取得の準備をしていたが、グレアム－ニューマンがガイコのポジションを保有して、グレアムがガイコの会長であることを知ると、起業家魂に火が点いた。そこで1951年のある土曜日にワシントンDCに行き、自分の師に莫大な投資を促したこの会社についてもっと学ぶことにした。本社のドアを何度もノックしてついに管理人に中に入れてもらった。6階まで上がり、当時ガイコの社長の補佐をしていたロリマー〝デイビー〟デビッドソンと面会した。デビッドソンは後に同社の最高経営責任者（CEO）になった人物だ。20歳の大学院生として、バフェットはその後伝説となった不屈の精神と才覚を発揮し、保険業界とガイコのユニークな戦略について十分に調査した質問を次々と浴びせかけた。二人は5時間も話した。バフェットは、この時の面談で大学時代に学んだことよりも多くのことを学んだと後に語っている。[5]

「保険業界で金を稼ぐには2つの方法がある」とデビッドソンは説明した。第一の最も明らかな方法は保険料収入だ。第二の方法はその保険料からの投資収益（いわゆる「フロート」[6]。これについては後述する）だ。デビッドソンはまた、ガイコの顧客への直接販売方法が、保険代理店を通している他社よりも販売手数料を圧倒的に安くすることができ、大きな利点となっていると説明した。従来の販売方法は保険ビジネスにしっかりと根付いていたため他社の多くはその方式を捨てることを想像すらできなかった。デビッドソンとの面談を通じて、バフェットは、それまでどの銘柄よりもガイコに強い興奮を覚えた。[7]

グレアムはこの一番弟子に、市場の下げを待ってから投資せよと助言した。だがバフェットは師の助言を無視し、自分の資産の50％以上をガイコに投資した（これは1株当たり29・375ドルで、総コストは1万282ドルだった）。1951年末までに、保有銘柄の価値は1万3125ドルと28％上昇し、バフェットの資産総額の65％を超えていた。[8]

この短期的な成功により、バフェットは深刻な過ちを犯した。1952年に、ガイコのポジションをすべて1万5259ドルで売却し、ウエスタン・インシュアランス・セキュリティーズに乗り換えたのだ。バフェットはグレアムから安値拾いの重要性を叩き込まれていた。その目からするとウエスタン・インシュアランスはいかにもお買い得に見えた。だがその後20年で、売却したガイコの株式の価値が100万ドルを超えるまで急騰するのを目の当たりにした。バフェットは引き金を早く引きすぎたのだ。この経験は、バフェットにその後の投資行動に大きな影響を及ぼす教訓を与えた。[9]

バフェットは次のように回想する。「この手ひどい失敗は、ウエスタンの直近の利益をベースにした株価収益率（PER）が1倍を少し超える水準であり、それが私の目を引いたことを言い訳として上げることもできます。しかし……この経験のおかげで、明らかに素晴らしい会社の株式を安易に売ってはいけないことを学んだのです[10]」

バフェットがバークシャー・ハサウェイによる投資活動で再びガイコに投資するまでにはその後20年かかった。彼は、同社の発展を見守り、会長としてのデビッドソンの影響に注目した。デビッドソンの最も重要な取り組みは、公務員以外で優良な運転記録を持つプロのドライバーにもマーケティングの対象を広げ、すべての自動車オーナーの15％から50％へと潜在市場を拡大することだった。この単純な行動だけでガイコの利益は著しく伸びた。

しかし、この画期的な保険会社の運命は急変しようとしていた。1972年から1976年の間に、株価は最高61ドルから2ドルへと急落した。1975年に、ガイコは1億2600万ドルの赤字を計上して配当金を支払えなかった。ガイコをはじめとする保険会社は、高インフレ、保険契約をかけた運転手が関与する事故の数と深刻さ、および無過失保険関連法といった課題を抱えていた。[11]

1976年までに、同社は経営破綻に近づいていた。業績回復を何としても果たすため、取締役会は当時のCEO、ノーマン・ギッデンを解任し、トラベラーズ・コーポレーションでマーケティング部門の担当役員をしていたジョン・バーンを任命した。

バフェットは同社の動向を注視していた。そこでバーンとの面談を要請し、その翌朝に、ガイコ株を1株当たり2・125ドルで50万株購入した。バークシャーによるガイコへの総投資額は1900万ドルに達した。内訳はソロモン・ブラザーズ主幹事により発行された転換社債型の優先株7500万ドルへの一部参加と、1株当たり平均価格2・55ドルでの普通株式410万ドルである。1992年に5対1の株式分割をした際、バフェットのコストは1株当たり1・31ドルだった。[12]

1980年時点では、バークシャーのガイコへの投資額は4500万ドルと、同社発行済み株式の31%相当になっていた。それから5年以内に、同社株はバークシャーの株式ポートフォリオの50%、金額にして5億9600万ドルまで増加していた。[13] 1994年までに、バークシャー・ハサウェイの保有するガイコ株の価値は10億ドルを超えていた。1995年8月25日に、バフェットはバークシャーがガイコの残り51%を23億ドルで取得し、ガイコをバークシャー・ハサウェイの完全子会社にすると発表した。[14]

バフェットのリーダーシップの下で、ガイコは好調な業績を上げ続けている。バークシャーの主要な投資家（でバフェットの後継者候補）のトッド・コームズをこの巨大保険会社のCEOに任命した。2021年に、ガイコは約4万人の従業員を抱え、収益は370億ドル、利益は12億6000万ドルに達していた。[15]

フロート

「フロート」は「利用可能準備金」として知られており、バークシャー・ハサウェイの保険子会社に支払われる保険料のうち、保険請求額の支払いにまだ充当されていない資金を意味する。これは厳密に言うと保険会社に属する資金ではないが、投資のために利用できる。いわば金利ゼロで融資を受けているようなものである。バークシャーのフロートは1967年には3900万ドルだったが、2022年には1470億ドルになっていた。[16]

バークシャー・ハサウェイは、フロートを利用して経営困難に陥った企業を迅速に買収できる。たとえば2002年に、バークシャーは下着の製造・販売をメインに展開するフルーツ・オブ・ザ・ルームの株価が97％下落した時に、8億3500万ドルで買収して同社を破産から救い出した。[17] バフェットは、バークシャーのフロートが数年間は増加し、その後少し減少するが、1年で3％以上減ることはないと予測する。[18]

保険会社の収益性は、コンバインド・レシオ（合算率）として知られる次の財務比率によって測定できる。

コンバインド・レシオ＝（発生損害額 ＋ 一般事業費）／収入保険料

コンバインド・レシオが1（100％）を下回ると、収益が上がっていることを示し、これを上回ると損失を抱えていることを示す。しかし、この比率が1より高い保険会社であっても、投資活動、資金調達活動、および営業活動をしていれば、少なくとも短期的には全体としては収益を上げる可能性があることは留意しておきたい。[19]

ガイコの定性的な投資要素

会社と業界を理解する

バフェットは、最初からグレアムの判断を信頼できると確信していた。グレアムがガイコの会長であったという事実が、そもそもバフェットが同社に興味を抱いたきっかけだった。しかし、同社の運営や事業の詳細について深く理解するには、現場で日々の経営に当たっている誰かと話さなければならないこともわかっていた。バフェットが、ワシントンを訪問してデビッドソンに会おうと決意したのもそれが理由だった。

経営陣へのインタビュー

バフェットは、デビッドソンと5時間にわたって話したことによって、保険業界とガイコの革新的なビジネスモデルについて学ぶ機会を得た。

持続的な競争優位（堀《モート》）

ガイコは持続的な競争優位、あるいは「堀《モート》」を持っていたのだろうか？　答えは明らかに「イエス」だ。バフェットは、ガイコが保険料とフロートで稼いでいることを知った。しかし、競合他社を出し抜き、低コスト販売会社としてユニークな優位性を作り出したのは、同社のダイレクト・マーケティングだった。

経営陣

第４章で述べたように、バフェットは、どのような会社に投資する場合も、投資前の数年間（しばしば10年間）にわたって会社の経営陣と実績に注目し続ける。彼は、情熱と創造的な思考力を持つ安定した経営陣を求めている。さらに、一時的な流行の影響を受けずに独立して行動する経営者も探している。最後に、株主に対して開放的で正直な経営陣を評価する。バフェットがガイコのトップ経営陣と話して発見したように、この画期的な保険会社はこれらの基準を容易にクリアしていた。

まとめ

定性的な観点からすると、ガイコはバフェットにとって確実な投資機会だった。投資判断に関する確信は、グレアムとの最初の会話、デビッドソンとの面談、そして勤勉な調査によって確認できた。バフェットのアプローチは、内在価値よりも割安な水準で取引されている素晴らしい企業を買収する戦略にもぴったり合致している。もっとも、当初はガイコをあまりに早く売るというつらい経験をしてこれを身につけたのであるが。バフェットは、自分が把握できる業界の、自分が理解できる製品を提供する企業を求める。さらに、長期見通しが楽観的で、正直かつ有能な経営陣が経営している企業を魅力的な価格で手に入れたいと考えている。ガイコはこの基準に当てはまる。同社はまた、バフェットが投資の失敗を学ぶという点でも分岐点になった。最初に28％の利益を上げたところですぐにガイコから他社に乗り換えたことは、いくら後悔しても後悔しきれない失敗で、決して忘れられない教訓となった。

ガイコの定量的な投資要素

自己資本利益率

バフェットは、自己資本利益率（ROE）が常に10％を上回ることを好むが、とはいえそれが実現するかどうかは経済環境次第だろう。たとえば、1976年にガイコ株を50万株購入した時、同社のROEは、実はマイナスだった。

しかし、バフェットはこの状況をユニークな業績回復の機会と捉えた。ガイコの真の価値が当時の株価よりもはるかに高いと判断していたからだ。この予測は正しいことが明らかとなった。1980年までに、新CEOの下で、ガイコのROEは30・8％と、業界平均の2倍近くになっていた。[20]

収益性と利益剰余金

バフェットは通常、ある企業が利益をコンスタントに増加させていることを確認するために10年間の財務諸表を検討する。ガイコについては、初期の成功を十分に知っていた。保険業界の知識、トラベラーズからCEOに就任したバーン氏への信頼および投資根拠となるその他の指標（ガイコの「堀《モート》」）でも自信を深めた。株式の購入はバークシャー・ハサウェイ全体の成長の基礎となった。

1980年にガイコに1ドル投資していれば、1992年には27・89ドルになっていたはずだ。これは年複利リターンでは29・2％となり（配当金を除く）、年率8・9％のS&P500株価指数よりもはるかに高い。[21]

バリュエーション

1976年、バフェットがガイコに2度目の投資を行った時、同社は事実上の破産状態にあって、損失が膨れ上がっていた。利益を出していないので、従来の株価収益率（PER）による株価評価は不可能だった。

PERは株価を1株当たり利益（EPS）で除した比率であることを覚えておいてほしい。これは同じ業界内で複数の会社を比較するときに非常に役に立つ。PERの上昇は、企業の利益成長率が高まっていることを示す傾向がある。[22]

バフェットはPERを利用しているものの、これだけに頼っているわけではない。鍵となるのは文脈である。バフェットは次のように述べている。「私たちの理解では、何か明確な基準としての

ＰＥＲは存在しません。つまり、たとえ利益が少なくても将来大きく成長する可能性があれば、非常に高いＰＥＲでもかまわないのです[23]」

ガイコの場合、バフェットは同社のブランドがその時点での利益よりも高いことを知っていた。つまり株価が圧倒的に割安であることがわかっていたのだ。そして、新ＣＥＯと面談した上で、この会社の業績が回復すると確信したのだった。

周知のように、これは正しい判断だった。１９８０年、つまり投資してから4年後には、同社の収益は7億５０００万ドル、利益は６０００万ドルになっており、そのうちの２０００万ドルをバークシャーが所有していた。[24]これは一種の「安物拾い」だったわけだ。バフェットも後にこの点を認めている。「一流の経済的特性と明るい見通しを持ち、収益力が２０００万ドルという（ガイコと同じような会社を買うには、少なくとも2億ドルはかかるでしょう[25]」

アップル社

バフェットは、ハイテク企業への投資を避けることでよく知られるようになった。ビル・ゲイツと友情を育むようになってもこの点は変わらなかった。アマゾンの総資産は２０００年代初頭から毎年成長していたが、それでもバフェットはハイテク株投資を躊躇していた。しかし２０１６年に例外を認め、アップル株をついに買うことにした。この判断にはいくつかの理由があった。まず、彼はアップルの製品を理解した。次に、アップルの製品は「粘着性《スティッキー》が高い」、つまり顧客をつなぎ止める力が強いと考えた。要するに、アップルはコンピュータやスマートフォン、周辺機器など、消費者には魅力的で欠かせないと感じさせるものを提供しており、アップル製品をひとたび買うと、他のブランドになかなか切り替えられなくなっていたのだ。その理由の一つは、独自のシステムや専用の製品群をつくり上げたというアップルの革新的な発想にあった。バフェットがアップル（および最終的にはアマゾン）を他のハイテク銘柄よりも好んだもう一つの理由は、スタートアップ企業によく連想されるような過剰な投機とは無縁な、ビジネスがしっかりと確立された企業だったからである。

2016年から2018年まで、バークシャー・ハサウェイは株式の購入を通じてアップル株でかなり大きなポジションを集めた。2021年末時点で、バークシャーは9億7555万9761株を保有しており、持株比率は5・64％、時価評価は1611億5000万ドルとなっていた。[26] アップルは現在、バークシャーの持株の中で時価総額が最も大きい。また、バフェットのこれまでの投資歴でも最大の投資先の一つになっている。[27]

2017年にCNBCとのインタビューで、バフェットはその理由を次のように説明した。「日曜日に12人の子どもたちをデイリークイーン（ソフトクリームの人気チェーン）に連れ出すと、子どもたちはみんな自分の（iPhone）を手に持って、私がアイスクリームやら何やらを注文する時以外は私にほとんど話しかけてこないんです」。[28] 起業家の古典的な観察である。自分の家族や友人たちと気に入ったレストランでくつろいでいる時でさえ、バフェットは常に投資機会を探しているのだ。

２０１６〜２０１７年

２０１６年初めに、バークシャーはアップル株の最初のまとめ買いをした。株価は「１００ドル台前半で取引されていました」[29]。バフェットは投資する絶好のタイミングだと考えた。というのもアップル株は1株当たり１３３ドルでピークをつけてから30％以上下落したばかりだったからだ。「アップル株のＰＥＲはちょうど10倍。当時、アメリカ株市場のＰＥＲは17倍でした。他の人気ハイテク株に比べてかなり割安でした」[30]

バフェットは、アップルが優れたブランドであり、経営陣も優秀であることも知っていた。２０１６年の年末までに、バークシャーは1株１０６〜１１８ドルで６１２０万株を購入していた。[31]

もっとも、この購入はバフェット自身ではなく、トッド・コームズまたはテッド・ウェシュラーが行った。二人ともヘッジファンドのマネジャー経験者で、数年前にバークシャーの株式ポートフォリオを運用するためにバフェットに採用され[32][33]、21世紀の同社のポジショニングに大きな影響を及ぼしている。

ハイテク株への投資は、バフェットにとって必要な方針変更だった。ハイテク株はＳ＆Ｐ５００株価指数の20％という圧倒的な比重を占めている[34]。アップルは、バフェットが普段追い求めている株式の特徴の多くを備えていた。業界のリーダーであり、そこそこの負債を抱え、世界で最もよく知られたブランドの一つを擁し、世界中に熱心な消費者が次々と生まれていた。２０１６年末に、アップルは２４６０億ドルの現金を保有しており[35]、新たな投資に飛び込むだけの大きな柔軟性を確保していた。まるでバークシャー・ハサウェイと同じである。

２０１７年第１四半期までに、バークシャーはアップルの持株を倍にしており、その年の年末の持株比率は３・３％となっていた。[36]

２０１８〜２０２１年

バフェットの同社株に対する投資意欲は冷めなかった。２０１８年、バークシャーはアップルの株式を８７００万株買い増して、保有株式総数は2億５５３万株になった。[37] バフェットはＣＮＢＣのインタビューで、もし可能ならアップルの全株式を取得したいと率直に語った。彼は、同社の経営、経済状態、文化に魅了されていた。[38] したがって、翌年の年末までに、バークシャーのアップルの持株比率は５・７％になっており、時価総額が７００億ドルを超えていたのも当然だった。[39,40]

だが、バフェットはそれでも判断ミスを免れなかった。２０２０年末に、バークシャーはアップル株を74億ドル分売却した。[41] チャールズ・マンガーが同社株を高く評価していたためこれは意外な動きだった。２０２１年、１年後の株主総会で、バフェットはこれが失敗だったと認めた〔２０２１年を通じてアップルの株価は約33・８％上昇した〕。しかし、バークシャーはアップル株をまだ9億７６０万株保有しており、２０２２年8月には9億１１４０万株、持株比率で５・７％、当時の時価で１５６８億ドル分を保有していた。[42]

アップルの定性的な投資要素

会社と業界を理解する

アップルは、１９７６年の創業以来45年間、圧倒的に優れたブランドロイヤリティーを構築してきたため、消費者は他社より高い同社製品の価格を気にすることはめったにない。この消費者ロイヤリティーとアップル独自のシステムが相まって、同社の製品と他のハイテク企業のプラットフォームとの互換性をなくしたため、さほど資本投資をしなくても継続的な売り上げを生み出している。バフェットはハイテク銘柄を避けるのが通例だが、アップルをハイテク企業というよりは消費財メーカーとみている。消費財は彼が理解できる産業なのだ[43]。

持続的な競争優位（堀《モート》）

すでに指摘した通り、アップルの「堀《モート》」（競争優位）は、ハイテク業界内での独自の地位によるものだ。アップルの統合された製品群から離れることをためらう、非常に忠誠心の強い顧客層に支えられているのである。この「堀《モート》」こそが、バフェットとマンガーの投資にとって鍵であった。

さらに、アップルは、その世界的なブランド力のおかげで、競合他社よりも高い価格をつけられる。

経営陣

アップルの創業者スティーブ・ジョブズは、一流の人材しか雇わず、彼らが自分の限界を超える成果を達成するよう鼓舞したことで有名だった。この種の情熱がアップル全体の文化《カルチャー》に不可欠な要素となった。アップルの経営陣は創造性と独立心も発揮し、消費者向けテクノロジーで頻繁に見られる一時的流行を避けた。ジョブズは２０１１年に亡くなった。バークシャーが投資を始める数年前のことだったが、バフェットはジョブズの後継者であるティム・クックにも同じような資質と価値観を見いだした。

まとめ

アップルはバフェットにとって理想的な投資機会だった。常に成功を収めている会社で、自分が理解できる製品をつくり、長期的な見通しが明確な分野に位置していた。その背後には非常に有能な人々がいた。そしてバフェットが投資した時には、アップルの株価は他のテクノロジー企業に比べて魅力的な価格で取引されていた。

アップルの定量的な投資要素

収益性

他の投資先と同様、バフェットはまずアップルの10年分の財務諸表を検証し、持続的に強い収益

表6-1
アップルの純利益率推移

年	純利益率
2012	24.0%
2013	22.7%
2014	24.2%
2015	24.2%
2016	22.8%
2017	22.7%
2018	23.7%
2019	24.2%
2020	21.7%
2021	26.6%

出所：Gurufocus.com

を上げていることを確認した。高い純利益（税引後利益）は、経営が順調なことを示していた。高い利益率は、アップルが経費を効果的に削減し、新規顧客が売上高の成長を支え、アップルの製品とサービスという独自のエコシステムによる「囲い込み」効果が発揮されていることを示していた。

アップルの持続的な純利益率（表6－1を参照）が常に20％を上回っているという事実は、同社のビジネスモデルによって「堀《モート》」が築かれていることを示している。

純有形資産に対するリターン

第5章では、ある企業の有形純資産は次の公式で算出することを示した。[44]

有形純資産 ＝ 総資産 － 総負債
　　　　　　－ 無形資産 － 優先株式の額面

表6-2

アップルの有形純資産利益率

年	有形純資産利益率	純利益*	総資産*	総負債*	無形資産*	優先株式額面
2012	37%	41,733	176,064	57,854	5,359	0
2013	31%	37,037	207,000	83,451	5,756	0
2014	38%	39,510	231,839	120,292	8,758	0
2015	48%	53,394	290,345	170,990	9,009	0
2016	34%	45,687	321,686	193,437	8,620	0
2017	36%	48,351	375,319	241,272	0	0
2018	56%	59,531	365,725	258,578	0	0
2019	61%	55,256	338,516	248,028	0	0
2020	91%	57,411	323,888	258,549	0	0
2021	150%	94,680	351,002	287,912	0	0

*単位：百万米ドル
出所：Gurufocus.com

この利益率は次のように算出できる。

有形純資産利益率 ＝ 純利益 ／ 有形純資産

アップルでは、過去10年間の有形純資産利益率は、前年比30％を超える上昇率をコンスタントに達成してきた（表6－2参照）。

自己資本利益率（ROE）

表6－3は、この10年間アップルが高ROEを維持しており、特に過去3年間ではその伸び率が加速していることを示している。

すでに述べたように、バフェットはROEが12％以上であることを望んでいる。アップルの実績は非常に素晴らしい。

負債比率

負債比率は、企業が負債にどの程度頼っている

表6-3
アップルの自己資本利益率

年	ROE
2012	36.3%
2013	28.9%
2014	37.6%
2015	42.8%
2016	34.9%
2017	37.4%
2018	50.9%
2019	60.2%
2020	90.1%
2021	147%

出所：Gurufocus.com

かを示す。この比率は、レバレッジ比率とも言われ、次の計算式で求められる。[45]

負債比率 ＝ 総負債 ／ 自己資本

ここで

総負債 ＝ 流動負債および資本リース
　　＋ 固定負債および資本リース債務
　　＋ その他の金融負債

そして

自己資本 ＝ 総資産 － 総負債

業界によって異なるが、負債比率は一般的には1未満（あるいは100％未満）が望ましい。負債比率が低いほど、企業が自社の負債を返済しやす

表6-4
アップルの負債比率

年	負債比率
2012	0%
2013	13.1%
2014	26.4%
2015	41.5%
2016	55.6%
2017	72.5%
2018	87.5%
2019	104%
2020	151%
2021	147%

出所：Gurufocus.com

いのでバフェットは安心できる。表6－4は、アップルが7年間バフェットの基準を満たしたことを示している。しかし、新型コロナウイルスという一種のブラックスワン〔予測が非常に難しく、重大な影響を及ぼすまれな出来事〕による金融環境がこの流れを変えた。

　表に示されている通り、アップルの負債比率は7年間にわたって100%を着実に下回っていた。これが100%を上回ったのは最近になってからのことにすぎず、その主な理由はパンデミック〔新型コロナウイルス感染症の世界的大流行〕期間中に、金利がゼロ近くに達したためである。しかし、こうした環境は、アップルに極端な低コストで借り入れを起こすという素晴らしい機会を与えた。これにアップルが自社株の買い戻しを常に進めていることも重なって、利益剰余金（自己資本の帳簿価額の重要な一部）が減少した。この2つの要素は、表面的にはアップルの負債が増加した印象を与えた。だがバフェットは心配しなかった模様である。保有現金に加え、

表6-5
アップルのフリーキャッシュフロー（FCF）

年	FCF*	対前年比
2012	41.5	
2013	44.6	7.5%
2014	49.9	11.9%
2015	69.8	39.9%
2016	53.5	-23.3%
2017	51.8	-3.2%
2018	64.1	24%
2019	58.9	-8%
2020	73.4	24.6%
2021	93	26.7%

*単位：十億米ドル
出所：Gurufocus.com

市場性のある短期及び長期の有価証券を考慮すると、アップルは事実上負債を抱えていない。

フリー・キャッシュフロー

バフェットは、企業が現在の営業活動を維持するのに十分なフリー・キャッシュフロー（FCF）を持っているかどうかを知りたがる。具体的には、将来の投資に必要な利益を確保しているのか？　そのような投資を用いて経営陣はどのような実績を積んでいるのか？　といったことだ。

FCFの計算方法については第5章を参照されたい。表6－5は、アップルのFCF（単位は十億ドル）と前年比の変動率を示している。

過去10年間、アップルのFCFは総じて健全に推移してきた。これらの数値に基づくと、アップルのFCFの過去9年間での年複利成長率は9・4%だった。

表6-6
アップルの利益剰余金、配当性向、内部留保率の推移

年	利益剰余金*	配当性向	内部留保率
2012	101.3	6%	94%
2013	104.3	28.7%	71.3%
2014	87.2	21.5%	71.9%
2015	92.3	21.5%	78.5%
2016	96.4	26.2%	73.8%
2017	98.3	26.1%	73.9%
2018	70.4	22.8%	77.2%
2019	45.9	25.2%	74.8%
2020	15	24%	76%
2021	5.6	15%	85%

*単位：十億米ドル
出所：Gurufocus.com

利益剰余金

2012年から2020年まで、アップルは利益剰余金の75%を再投資してきた。過去10年のうち大半を、莫大な量の自社株買いに費やしてきたことも株価の上昇に寄与し、2020年には株式分割を実現した。

表6－6は、アップルの利益剰余金（単位は十億ドル）、配当性向、内部留保率の推移を示している。

配当性向と内部留保率の計算式は次の通り。

配当性向 ＝ 配当金支払額 ／ 純利益
内部留保率 ＝ 1 － 配当性向

アップルは、すでに強力な消費者ブランドの成長に向けて投資していることに加え、配当を支払い自社株買いも実施している。

数学を単純化する

マンガーは言う。「私がこれまでに見た最悪のビジネス判断の中には、詳細な分析の結果下されたものが少なくない[46]」。数学に頼れば頼るほど、モデルが誤って用いられる可能性が高まる、と言っているのだ。

しかし、ビジネススクールの教授が単に経験則を語ったとしても、それだけで教授としての終身在職権《テニュア》を得ることは難しい。彼らの成功は複雑なモデルを提案できるかどうかにかかっているのだ[47]。たとえば、ヘッジファンド「ロングターム・キャピタル・マネジメント（ＬＴＣＭ）」の破綻[48]の原因となった金融モデルの誤用について考えてみよう。ＬＴＣＭは二人のノーベル経済学賞受賞者を含む学者を中心とするメンバーによって設立・運営された。同社の複雑で厳重に守られていた数学モデルは、わずか数年のうちに誰もがうらやむほどの利益を生み出した。しかし、これが１９９７年のアジア金融危機と１９９８年のロシア金融危機の期間中、投資家を大きな危険にさらしたのである。ＬＴＣＭの価値は崩壊し、世界的な金融崩壊を防ぐために、さまざまな銀行が同ファンドの救出に乗り出さなければならなかった。それにかかったコストの平均は36億５０００万ドルだ[49]。

バフェットは、割引キャッシュフローの原理を受け入れているが、このモデルを信頼しているわけではない。マンガーは、パートナーであるバフェットが、正式な割引キャッシュフロー（ＤＣＦ）分析を実際に行っているのを見たことがないと言う[50]。本章の最後で、私はバフェットとマンガーがアップルの将来のキャッシュフローをどのように割り引くかを詳細に分析する。

内在価値の予測と金利

２０１７年株主総会で、ある株主がバフェットとマンガーに興味深く鋭い質問をした。「お二人は、バークシャー・ハサウェイの内在価値が今後10年でどれくらい伸びると予想されていますか？」と。バフェットとマンガーは、将来の金利を考慮して次のように答えた。

バフェット　あなたのご質問にお答えする前に一言申し添えたい。もし私が将来のことを考えるための統計値を一つしか選べないとしたら、それはＧＤＰ成長率ではないでしょう。誰が次の大統領になるか、でもないと思います。私が尋ねるのは、今後20年間、あるいは10年間、あるいは何年かあなたが選ぶ期間の平均金利がどうなりそうか、だと思います。そしてもし、私たちの現在の金利構造が今後10年あるいは20年にわたって続くと想定すると、内在価値の伸び率が10％に達することは非常に難しいと思います。[51]

バフェットは、この質問に対して確実に言えるのは、将来の金利動向を予測すること以外になく、そしてそれは難しいことを認めた。次に、最も信頼できる基準は、バークシャーの長期にわたる業績を振り返ることだ、と言った。

バフェット　バークシャーに投資して散々な結果になる確率は、恐らくほとんどないと申し上げられると思います。逆にとてつもなく素晴らしい結果を得る確率もかなり低いでしょう。ですから、私が最もあり得ると考える伸び率は10％程度ではないかと思うのです。しかしこれはあくまでも、金利が今後10年か20年の間に、過去7年で私たちが経験したよりも、ある程度上昇することを想定しています。決して劇的に上昇するとは考えていないわけです。

マンガー　私たちにはもう一つ優位性があると思います。多くの他の人たちは素晴らしい成果を上げようと努力しています。それに対して、私たちは合理的であろうとしているだけです。そしてこれは大きな優位性なのです。素晴らしい成果を上げようとするのは危険です。特にギャンブルをしている時には。[52]

次に、ＤＣＦ（割引キャッシュフローモデル）を使ってアップルのバリュエーションの計算を詳しく説明するが、その前に、私（著者）よりも詳細な入力データを利用している実践家もいることを認識しておいてほしい。私のバリュエーションは、専門家ではない人を念頭に設計している。マンガーとバフェットが認めたように、バリュエーションは科学《サイエンス》というより芸術《アート》であり、バリュエーション用ツールを使う人であればだれでも、バリュエーションの幅を想定すべきだ。

アップルの割引フリーキャッシュフロー分析の例

割引キャッシュフローの仕組み

ＤＣＦモデルは、企業が将来生み出す現金を基に、その企業の価値を推定するために使われる。

そして算出された将来の価値は現在価値に割り戻される。このモデルは収入を生み出す資産や投資プロジェクト、企業の部分所有、合併および買収（M&A）、債券、株式などに用いることができる。将来のキャッシュフローを割り引いて、投資の現在価値を推定する。

次のセクションで説明するように、DCFには主に2つの要素がある。

パート1：予測期間
パート2：ターミナルバリュー

パート1：予測期間　通常5年から10年に及ぶ。[53] DCF手法は現在価値に基づき、将来に予測されるキャッシュフローを計算する。[54]

現在価値を理解するにはまず、預金口座に現在100ドルを持っていると想像してほしい。預金には年利1％の利息がつく。その結果、1年たつと預金の価値は101ドルになる。この二つの金額、つまり現在の100ドルと1年後の101ドルは等価だ。つまり、両者は等しい経済価値を持っている。この概念は「お金の時間価値」として知られている。[55]

DCF分析は、割引率を用いて将来のキャッシュフローを割り引く。[56] 将来のキャッシュフローの現在価値が投資家の当初のコストよりも高い場合に魅力的な投資となる。[57] 割引率は投資家によって推定され、評価される投資の状況や認知されるリスクによって異なることがある。[58] DCFは、予測期間が長くなればなるほど、予測モデルとしての精度が低下する。[59]

パート2：ターミナルバリュー　ターミナルバリューは、毎年のキャッシュフローが合理的に予測できる期間以降の、将来のキャッシュフローを推定するために使用される。この予測可能な期間は通常5年である。[60]ターミナルバリューは、通常2つのモデルのうち一つを用いて計算される。①永久成長率法（ゴードン成長モデル）、または、②エグジット・マルチプル（exit multiple）法。[61]ゴードン成長モデルは、割引キャッシュフロー（DCF）が合理的に予測できる時点以降は一定割合で成長し続けると想定する。[62]エグジット・マルチプル法は、企業の売却を想定する。[63]ゴードン成長モデルのほうが理論的と考えられており、エグジット・マルチプル法は実践的な投資家に用いられることが多い。[64]

ターミナルバリューの種類

永久成長率法　このターミナルバリューの計算法は、予測期間以降の企業の価値を推定するもので、将来の一時点以降、フリーキャッシュフロー（FCF）が一定割合でずっと成長し続けると想定する。以下の計算式で算出される。

$$\text{ターミナルバリュー} = \frac{FCF \times (1 + g)}{(d - g)}$$

ここで

FCF ＝ 最後の予測期間に予想されているフリーキャッシュフロー（第５章を参照）
g ＝ ターミナル成長率
d ＝ 割引率（通常は加重平均資本コスト（WACC））[65]

エグジット・マルチプル法　インベストペディア〔金融や投資に関する情報を提供するウェブサイト〕によると、エグジット・マルチプルとは、売上高、利益、またはＥＢＩＴＤＡ（利払い前・税引き前・減価償却前利益）などの財務指標に、最近買収された類似企業の平均的な倍数を乗じて公正価値を推定する。エグジット・マルチプル法によるターミナルバリューの計算は、予測期間時点の指標（売上高、ＥＢＩＴＤＡ等）に、定めた倍数（通常は、他の取引についての最近の倍率の平均）を乗じて算出される。[66]

割引キャッシュフローの問題点

割引キャッシュフロー（ＤＣＦ）の主な問題点は、どの数値をモデルに組み入れるかという点だ。したがって、これを使う際にはいくつかの前提を置く必要がある。キャッシュフローを多く見積もり過ぎると、投資結果が混乱し、将来の利益が不振に陥る可能性がある。その一方で、キャッシュフローを低く見積もり過ぎると、せっかくの投資機会を逃すかもしれない。大切なことは、割引率を正確に選択することだ。さもないと、このモデルは役に立たない。[67] すべてが正確に計算されていたとしても、経済的な不安定や予想できない「ブラックスワン」イベントが、DCFモデルの信頼性を落としかねない潜在リスクとして常に存在する。

ターミナルバリューは、最終的な成長率に非常に敏感である。つまり、入力データ（具体的には成長率）がわずかにずれただけでターミナルバリュー自体が大きく異なる可能性があり、その結果内在価値も大きな影響を受ける。[68]

従来のDCF分析のもう一つの短所は、測定可能なキャッシュフローを現時点では生み出していない、予期せぬ取り組みや新規プロジェクトによって創出された価値を捕捉できないことだ。別の言い方をすると、アップルのブランド価値には、将来のビジネス機会や新製品の成功により、追加の価値を生み出す可能性（オプション価値）が含まれているのだ。アップルの知的財産は、継続的な研究・開発（R&D）の取り組みに組み込まれており、その利用を通じて、オプション価値の一部が将来の価値を生み出すことになる。

それでは、バフェットはどのようにしてこれを行っているのか

マンガーは、バフェットが正式なDCFモデルを使うのを見たことがないと言う。[69] しかし、数字についてのバフェットの直観は驚くほど鋭い。私が学生の集団を連れてオマハを訪問した時、「企業の価値をどう評価するのですか？」と私が尋ねると、バフェットはこう答えた。「割引キャッシュフロー法です」[70]。では、マンガーの証言とバフェット自身がこの方法の有効性を認めている事実をどう解釈すればよいのだろう？　答えは簡単だと思う。バフェットはこの手法のほとんどを頭の

中で行っているのだ。

バフェットは企業のフリー・キャッシュフロー（FCF）を過去10年分検討する。割引率には30年債の金利を使い、特定の投資対象によって彼が必要と感じるリスクプレミアムを加える。[71] ここで大事なことは、一つのバリュエーションには頼れない、ということだ。さまざまなシナリオで企業価値を計算し、可能性のある数値の幅を検討した上で決断するのである。

アップルの評価プロセス

バフェットがアップルをどう評価するかを理解するため、以下の公式とプロセスを作成した。私は、アップルのキャッシュフローの成長率を保守的に毎年10％と見積もった上で一度計算したにすぎない。10％という前提は、我々の以前の分析によると、過去10年間のアップルの平均成長率が10％だったという事実に基づいている。2022年6月に、投資に必要な最小投資収益率である「ハードルレート[72]」または加重平均資本コスト（WACC）を10％と推定した。さらに、ターミナル成長率を保守的に2％として使用した。

前提条件

- これまでの分析に基づくと、アップルのフリーキャッシュフロー（FCF）は今後10年間で年複利8％で成長し続けると推定できる。
- インフレの影響を考慮して、年10％の割引率を使用する。

・11年目以降はずっと、アップルのキャッシュフローは毎年2%ずつ成長し続ける。
・すべての金額は十億ドル単位とする。

補足　一部の実務家や学者は、自身のＦＣＦ計算に詳細な調整を行いたがる模様だが、私は分析を容易にし、明瞭さを保つために、計算を単純化した。割引率はＷＡＣＣである。アップルは多額の現金と投資資産を抱えており、それが負債を相殺する。したがって、私の計算は、アップルの株主資本コストを割引率と推定し、資本資産評価モデル（ＣＡＰＭ《キャップエム》）を用いて行った。

資本資産評価モデル（CAPM）

$$Rf + \beta\ (ERm - Rf)$$

無リスク金利（Rf）＝3.44%　米10年国債利回り
β＝1.21　市場の変動に対する有価証券またはポートフォリオの変動の割合（システィマティック・リスク）
市場リスクプレミアム＝期待市場リターン（ERm）－無リスク金利（Rf）＝5.5%　S&P500株価指数の過去の長期平均リターンが米国債利回りを上回った分。
資本コスト＝3.44%＋1.21×5.5%＝10%

表6-7
アップルの予測フリーキャッシュフロー（将来のフリーキャッシュフローの現在価値）

年	前年のFCF*	成長率	割引率	DCFの現在価値*
2021	93	8%		
2022	100.44	8%	0.9091	91.31
2023	108.48	8%	0.8264	89.65
2024	117.15	8%	0.7513	88.02
2025	126.53	8%	0.6830	86.42
2026	136.65	8%	0.6209	84.85
2027	147.58	8%	0.5645	83.30
2028	159.39	8%	0.5132	81.79
2029	172.14	8%	0.4665	80.30
2030	185.91	8%	0.4241	78.84
2031	200.78	8%	0.3855	77.41
計				841.89

*単位：十億米ドル　　出所：Gurufocus.com

パート1：割引キャッシュフローの予想期間

DCFを算出する公式は

$$DCF = \frac{FCF_1}{(1+r)^1} + \frac{FCF_2}{(1+r)^2} + \cdots\cdots + \frac{FCF_n}{(1+r)^n}$$

ここで

FCF ＝ 所与の年のキャッシュフロー

（FCF_1は1年目、FCF_2は2年目、FCF_nはn年目のキャッシュフロー）

r ＝ 割引率[73]

1年目〜10年目までの割引キャッシュフローの現在価値 ＝ 841.89ドル（表6-7を参照）

ターミナルバリューの計算

パート2：ターミナルバリュー　永久成長率法

ターミナルバリューの計算法は、予測期間以降の企業価値を推定するもので、算出する公式は次の通り。[74]

2022年のバリュエーション

$$\text{ターミナルバリュー} = \frac{\mathrm{FCF} \times (1 + g)}{(d - g)}$$

したがって、アップルについては次を得る。

$$\text{ターミナルバリュー} = (\mathrm{FCF} \times (1 + g)) / (d - g)$$
$$= (200.78\text{ドル} \times (1 + 0.02)) / (0.10 - 0.02)$$
$$= 204.7956 / 0.008 = 2{,}559.95\text{ドル}$$

ここで

FCF ＝ 200.78 ＝ 最後の予測期間のフリーキャッシュフロー
g ＝ 0.02 ＝ ターミナル成長率
d ＝ 0.10 ＝ 割引率（通常は WACC）

ターミナルバリューの現在価値 ＝ 2,559.95ドル × 0.3855 ＝ 986.97ドル

アップルのバリュエーション

2022年時点での事業価値 ＝ 将来のキャッシュフローの現在価値
＋ ターミナルバリューの現在価値

1～10年目までの将来のキャッシュフローの現在価値 ＝ 841.89ドル
10年目のターミナルバリューの現在価値（＝ 2,559.95ドル × 0.3855）＝ 986.97ドル

アップルの企業価値 ＝ 841.89ドル ＋ 986.97ドル ＝ 1,828.86ドル
発行済み株式総数（単位：十億株）＝ 16.19
1株当たり企業価値 ＝ 1,828.86 ／ 16.19 ＝ 112.96ドル

2022年６月16日の株価 = 130.06ドル
割高 ／ 割安 = 15.1％割高

前述した通り、バフェットはバリュエーションを科学《サイエンス》というよりは芸術《アート》と見ている。だからこそ彼の方法はＤＣＦの単なる利用よりも優れている。この事例では、たとえば成長率や資本コストを変えればさまざまなバリュエーションが算出できる。私の計算では資本コストを11％と12％に変更して計算し直してみた。11％にすると１株当たり企業価値は99・06ドルで、割高率は31・３％だった。12％にすると１株当たり企業価値は88・01ドルで、割高率は47・８％となった。もちろん、10年目以降の成長率を２％ではなく４％と推定すれば、１株当たり企業価値は１３４・86ドルとはるかに高くなり、アップルの現在の市場価値に対する結論は逆になる。

以上は、さまざまな入力を基にしたアップルの評価の一例である。このケースでは、例を簡単にするために、資本コストのみを変更させてみた。バリュエーションは割引率と成長率の予測への感応度が非常に高い傾向がある。

一緒にランチを食べた折に、バフェットは企業の価値を評価する際の基本的なツールとしてＤＣＦを重視すると明確に述べた。

第7章

ベストな投資判断のためのアプローチ

圧倒的多数のファンド・マネージャーにとって、銘柄の選択はポーカーをするというよりもサイコロを転がすほうに近い……どの年を見ても成功しているファンドの大半は、振ったサイコロの目がよかっただけなのだ。ほとんどの銘柄選択者《ストックピッカー》は、本人たちが分かっているかどうかは別として——実際、そんな人はほとんどいない——運を天に任せたゲームをしている、というのが研究者たちの通説である。[1]

——ダニエル・カーネマン

行動ファイナンスとは何か

バフェットは、投資家として成功するには2つのことを理解したほうがよいと助言する。第一は企業を評価する方法で、これについては第6章で取り上げた。第二は人間の行動を評価する方法だ。

本章では、比較的新しい「行動ファイナンス」と呼ばれる概念を用いてこれを掘り下げたいと思う。

行動ファイナンスは、ダニエル・カーネマンとエイモス・トヴェルスキーという二人の大学教授による画期的な研究を基にした理論である。2002年、カーネマンはノーベル経済学賞を受賞し、2011年に今ではすっかり有名となった『ファスト&スロー』[2]を出版した。同書は、我々が気づいている以上に人の行動に影響を及ぼすヒューリスティック〔経験則や先入観によって直感的に素早く判断すること〕とバイアス〔判断の歪み〕を検討している。ここには損失回避や自信過剰、楽観主義、フレーミング効果〔同じ意味を持つ情報であっても、焦点（フレーム）の当て方によって、人はまったく別の意思決定を行うという認知バイアス〕やサンクコストの誤謬〔資金や労力、時間を投資した結果、たとえ今後のコストがメリットを上回っても、これまでの行動を続けてしまう傾向〕などが含まれる。

この言葉をはっきりとは使わなかったとしても、バフェットとマンガーは行動ファイナンスを毎日実践している。投資判断をする際には、企業を評価するだけでは十分でないことを知っている。自分の見方にはバイアスがかかっているのではないかと投資家が自己点検することは、少なくとも企業評価と同じくらい重要である。

行動経済学は通常の経済学よりも研究対象が幅広く、人々は完璧に合理的に行動するという古典的な前提を否定し、文化的、心理学的、そして他の影響が経済的な判断にどう影響するかを検証する。[3]カーネマンとトヴェルスキーの研究はこうした心の習慣に焦点を当て、人々が非合理な判断や誤った選択をするに至る過程を解き明かした。彼らの最初のコンセプトは「プロスペクト理論」と呼ばれている。[4]これは、今や行動経済学の基本的な理論の一つである。

行動ファイナンスは、行動経済学の一般的な教訓を一つの特定の経済主体に適用したものである。

その対象は投資家だ。すなわち、投資家も、他の経済主体と同じように、古典的な経済理論が非合理とみなすような心理的バイアスに支配されると捉えるのである。[5]

投資家は認知バイアスと感情バイアスの影響を大きく受ける。認知バイアスは、一つの経済モデルの失敗や限界、不完全あるいは不正確な情報、そして他の純粋な誤りなどの要因によって生じる。一方、感情バイアスは必ずしも誤りとは限らないのだが、投資家が特定の投資活動で得た喜びか痛みに左右されるもので、起こり得る結果の分析に影響を及ぼす。[6]

リチャード・セイラー

リチャード・セイラーは、行動ファイナンスの分野で最も注目に値する研究者の一人として、シカゴ大学の行動科学および経済学における「チャールズ・R・ウォルグリーン特別功労教授」として活躍している。心理学と経済学の統合を中心的に推進し、行動経済学への貢献によって2017年ノーベル経済学賞を受賞した。[7] 行動経済学に関する複数のベストセラーの著書であるとともに、フーラー&セイラー・アセット・アマネジメントのプリンシパルとして、行動ファイナンスに関する知見を投資判断に活かしている。2015年には、ハリウッドがサブプライムローン（信用力の低い人を対象にした高金利の住宅ローン）の崩壊を検証した映画『マネー・ショート　華麗なる大逆転』にも出演した。また2008年の著書『実践行動経済学：健康、富、幸福への聡明な選択』で、共著者のキャス・サンスティーンとともに、「人々はよくひどい選択をする。そして後になってから当惑して振り返る」と書いた。「我々が間違った選択をするのは、人間としてさまざまな種類のバイアスの影響を日常的に受けているからで、教育、個人の資産管理、健康管理、住宅ローン、クレジットカード、幸福、それがこの地球自体においても、背筋が寒くなるほどの大失敗につながりかねないのだ[8]」

その後の著書『行動経済学の逆襲』で、セイラーは、100点満点の72点と137点満点の96点を比べると前者のほうがよい成績なのに、後者を選ぶ彼のビジネススクールの学生のエピソードを取り上げている[9]。同じように、学生は72点を選べば成績が「A」になることを知っているにもかかわらず、数値としての低い点数を嫌う[10]。学生たちは「90」とか「100」という点数を見るほうが幸福に感じるのだ。そのような「非合理」な嗜好は、合理的な行為者に関する古典的な前提条件では受け入れがたいように思われるだろう。学生たちは、非合理な個人、つまり「期待外れの行動」をする人物に見えるだろう[11]。しかし、彼らはおそらく、アメリカで最も論理的な、ビジネスマインドを持った新進気鋭の若者たちだったのだ。セイラーの学生の中には、投資家になった者もいたことは間違いない。そこに至るまでに、学生たちはもっと洗練されていたはずである。それでも、非合理な認知バイアスが彼らの中に残っていたとしても不思議ではないのだ。セイラーは、さらに投資家について次のように指摘する。「損失への恐れ（および短期的な思考に陥りやすい傾向……）は、リスクテイキングを阻みかねない[12]」

キャサリーン・エルキンスは、人々がそうした失敗を犯さないためにセイラーの助言を要約した。「株式を中心に、さまざまな投資対象を組み合わせるようにし、ポートフォリオの点検は1年に1

度に限り、ニュースを追わないこと。いったん投資したら放っておきなさい[13]」と。多くの人々にとって、これは耳に響くほど簡単ではないかもしれない。しかし、もしテレビを見ていて株式市場が3％下がっていたらどうなるだろう？　多くの人は電話に飛びついて損失を止めようと株を売り始めるのではないだろうか。セイラーによると、これこそまさにやってはいけないことなのだ。「テレビのチャンネルを替えなさい。さもなければテレビを消すのだ。株を買ったらほとんど動かず、あとは気にしないという私の怠惰な戦略はこれまでうまくいきました」と彼はフィナンシャル・タイムズ紙に語っている。[14]

バフェットはバークシャー・ハサウェイの2014年年次報告書で同じような助言を書いている。「市場ではいつ何が起きるかわかりません。どんな助言者も、エコノミストも、テレビ・コメンテーターも、そしてもちろんチャーリーも私も、混沌がいつ起きるかを言い当てることなどできません。市場予測の専門家はいろいろな情報であなたの耳を満たすでしょうが、あなたの財布をふくらますことはできないのです[15]」

ダン・アリエリー

行動ファイナンスの分野でもう一人の傑出した研究者は、ダン・アリエリーだ。デューク大学の心理学および行動経済学教授で、デューク大学先進後知恵研究センター（the Center for Advanced Hindsight）の創設者でもある。[16] 彼のウェブサイトのタイトルも勤め先と同じくらい個性的だ。「私の不合理な生活」である。[17]

アリエリーの研究は、人々の実際にどのような投資判断を下すかと、完全に合理的に行動した場合とを比較する。彼の著書には『予想どおりに不合理[18]』や『不合理だからすべてがうまくいく[19]』などがある。

セイラーと同様、アリエリーは投資家に対し、市場変動によって不安になったり、その結果として（金融の専門家でさえ）誤った判断をしたりする可能性が高いので、自分のポートフォリオの価値を定期的にチェックしないよう助言する。2007年から2009年の世界金融危機の際の一時期、彼は意図的に自分の口座を一切見ないようにしていた。「相場の上げ下げを見ようとすると、よけいにみじめになるだけなんですよ。そして気持ちだけではなくて、行動も影響を受けてしまうんです」とCNBCに語っている。[20]

金融危機の例

新型コロナウイルスのパンデミック

金融市場に影響を及ぼした、最近の世界的な危機といえば新型コロナウイルスのパンデミック（世界的大流行）で、アメリカ合衆国は2020年初頭にこれに襲われた。ウイルスの拡散を抑えようとビジネスをシャットダウンした結果、アメリカの株式市場は2020年2月中旬の高値から3月23日の底値まで34％急落し、史上最速の下落を記録した。[21] これは、1930年代の大恐慌以来で最悪の経済危機を引き起こした。

実際、景気後退自体は2カ月しか続かず、エコノミストたちによると同年4月には終わっていた。[22]だが、突然職を失ったり労働時間が減らされたりした多くの人々はそのように感じなかった。

いつも通り、危機が起きるとメディアはバフェットに金融に関する助言を求めた。では彼の助言は何だったのか？「じっと座って大きな変更を一切しないように」だった。要するに、「何もするな」と言ったのである。実際、経済状況は、一部アメリカの支援も受けて自律回復した。連邦準備制度理事会（FRB）はさまざまな種類の債券を購入して市場に流動性をつぎ込み始めた。8週間以内に、FRBは2007～2009年の大不況時代に行った以上の流動性を金融システムに注入した。その結果、資産価格は押し上げられて景気は回復した。バフェットは正しかった。最も賢明な行動はアメリカ経済を信じてパニックに陥らないことだった。

大不況（2007～2009年）

当時、不動産市場は過熱しており、金融機関の無節操で投機的な貸付に支えられて一段と上昇したが、これが崩壊すると、ダウ平均は2007年8月にピークを付け、その後50％以上下落した。多くの投資家が売りに殺到した。しかし、市場は2009年3月に回復し始め、4年後の2013年3月にはダウ平均は2007年の高値を抜いた。[23]もう一度繰り返すと、危機を静観することが最善の行動だった。これは、バフェットと行動ファイナンスの学者たちがともに推奨した方法である。

ドットコム・バブル（2000～2002年）

1995年から2000年まで、インターネット関連企業の株価が急騰した。実際には、その大半が株価上昇の裏付けとなる利益を出していなかったにもかかわらず、ナスダック総合指数は跳ね上がり、値上がり率は440％（株価水準で5・4倍）以上に達した。1999年に、バークシャー・ハサウェイのパフォーマンスが市場パフォーマンスを（S&P500株価指数をおよそ40％）下回ったため、バフェットは非難された。[24,25] ところが今振り返ると、バフェットは株価が市場の狂乱以外の何物でもなかったインターネット関連株の幻想にだまされることなく、手堅く行動していたと思われる。[26,27] 実際、ナスダック総合指数が5048・62の天井をつけた2000年3月10日から2002年10月4日までの間に、指数は76・81％下落して1139・90に達したのである。文字通りの大暴落《クラッシュ》だった。[28]

バフェットは自分がどう考えるかを重視する人であり、集団の動きには従わなかった。その姿勢は短期的には非難されたとしても、長期的には実を結んだ。ナスダック指数は回復に時間がかかった。2000年3月の水準に戻るには、配当を考慮に入れても12年、2014年11月まで待たなければならなかった。

ここ数年、バークシャー・ハサウェイは市場パフォーマンスを再び下回っているので、今日の経済はバブルのような性格を帯びていて、バフェットはその先を見越しているのではないかとさえ我々はつい考えてしまう。[29,30]

大恐慌

1929年9月3日、ダウ平均は381・17ドルで天井に達した。大恐慌後に以前の高値を抜いたのは1954年11月23日で、実に25年以上も後のことだった。[31] 公式的には、この時の景気後退は1929年の株式市場の暴落からアメリカが第二次世界大戦に参戦するまで10年以上続いた。1933年の不況のどん底時には、全アメリカ人労働者の25％が失業していた。[32] 痛々しいまでに遅い回復を経験したアメリカ人は、政府の役割の増大を求めるようになった。その結果、高齢者向けの社会保障と失業手当が生まれた。

危機に関するまとめ

ここまで見たように、株価指数が前の高値に戻るまでにかかった時間はさまざまだった。しかし、時間が経つとともに、我々はこうした危機への対処法を学んできたようだ。なぜなら、回復するまでの期間が25年（大恐慌）から14年（ドットコム・バブル）、4年（大不況）、そして2カ月（2020年のパンデミック）へと短くなってきたからである。さらに、この短縮は市場への政府の関与度とも正の相関があることも注目に値する。ただし政府による干渉の是非は、モラルハザードをもたらす可能性があるため、激しい論争の的となっている。ここで、「モラルハザード」という用語は、ビジネス契約において、一方の当事者が契約成立前に利益を得ようと必死になるあまり、通常では取らないようなリスクを取ることを意味する。[33] これを、市場への政府の関与という文脈で捉えると、モラルハザードの懸念とは、経済破綻の最中に政府が市場を助けてくれるだろうと投資家が期待して、無分別なリスクを取る可能性が高いことを意味する。しかし、この問題を正面から取り組むのは本書の目的の外となる。

バイアス

次に示すのは、悪い投資判断につながる主要な7つのバイアスである。バフェットでさえ、こうしたバイアスの影響を受けたことがある。これについては第8章で紹介する。

群衆バイアス

群衆バイアスは、この言葉が示す通り、投資家が投資の一時的な流行またはトレンドに、その内容をきちんと分析することなく追随すると起きる。これは最も強い行動バイアスだ。市場が危機に陥ったときに起きるだけでなく、すでに割高になっているセクターを押し上げて危機を増幅させかねない現象である。マンガーは、こうした投資家を追従者《レミング》と呼び、この現象に注目している。彼は、バークシャー・ハサウェイの年次株主総会でほぼ毎年この点について語っている。

バフェットは、2008年の株主総会で追従者《レミング》について次のように述べた。

私は11歳の時に投資を始めました。投資は読書から学び始めました。私は、目に入るものは何でも読むことが大切だと考えています。投資について学び始めたのは、恐らく6歳か7歳の時だったと思います。しかし、およそ8年間はテクニカル分析についてさまざまなものを読み、あらゆる種類の投資を行いました。そして『賢明なる投資家』というタイトルの本に出会ったのです。19歳の時にネブラスカ大学でこの本を読みました。

ここで申し上げたいのは、もし皆さんが『賢明なる投資家』を真剣に読み込めば、追従者《レミング》のような行動をすることはなく、追従者《レミング》よりもよい成果を上げられる可能性がある、ということです。なお私は同書の序文を書いており、そこでは特に第8章と第20章をお勧めしています。

同書には、株式全般に対する皆さんの態度に関する3つの大きな教訓があります。第一に、自分自身を会社の一員であると考えなさいということ。第二が市場に対する姿勢です。市場は皆さんに奉仕するために用いるものであって、皆さんにあれこれ指示をするために存在するのではないということ。そして三つ目が「安全余裕度」です。常に一定の余裕を残しておきなさい、ということです。

しかしこの会場にいらっしゃる皆さんは、重要な最初の教訓を学んでいると思います。つまり、バークシャー株を所有しているほとんどの皆さんは、ご自分を小さな証券コードのついた何か、業績予想の上方修正とか下方修正で揺れ動く証券か何かの所有者だとは考えていないと思います。そうではなくて、他の部屋で働いているビジネスグループの所有者だと考えているはずです。

そしてそれこそが株式を眺めるべき姿勢なのです。そうしていれば、皆さんは追従者《レミング》には決してなりません。[34]

バフェットによると、投機家としてではなく、投資家として株式に取り組むことが、投資家が群衆バイアスを避けるための優れた方法であるようだ。

群衆バイアスの最近の事例は、2020年に起きたいわゆるFAANG（フェイスブック、アマゾン、アップル、ネットフリックス、グーグル）銘柄の急騰である。同様に、2019年には、前年にパフォーマンスが最もよかったミューチュアル・ファンドのわずか10％に新規投資額の39％が流れ込んだ。[35] 過去のパフォーマンスが将来のパフォーマンスを保証するものではないこと踏まえて考えれば、この動きは群衆バイアスだと思われる。過去のパフォーマンスに注目して投資判断を行った投資家が最悪の行動をすることはよくあることだ。[36]

金融市場における群集心理　群集心理のけん引役となる基本的な要素は、集団の動きに追随しがちとなる我々人間の習性である。すでに述べた通り、ドットコム・バブルの時には、利益を出している企業はほとんどいなかったのだが、投資家は熱狂的に各社の株に飛びついた。

何よりも数値を重視する投資家でさえ、群衆と逆の動きするのは心理的につらい。他人の動きに従わないことは恐怖につながる。もし全員がアップル株に投資しているのに自分だけ他の方向に行くことを決めたとしたら、愚か者に見えるかもしれないからだ。[37] 心理学者たちは、潮流に逆らう逆張り投資家は、実際には肉体的にも痛みを感じていることを発見した。[38] ある研究では、逆張り的な態度が「腕を折られるほどの痛み」にたとえられた。[39]

群衆バイアスの例：コノコフィリップス（2008年）　バフェット自身も人間なので、人としての弱さからは逃れられない。2008年、原油価格が史上最高値に達し、その結果コノコフィリップス〔アメリカの大手石油・天然ガス会社〕が莫大な株主配当を支払った時、新たな投資家の群れを多数引き付けた。バフェットもその中にいた。原油価格と天然ガス価格が年初来高値に近づいた時にその動きに飛び乗り、コノコフィリップス株を購入したのだ。その後、2008年のバークシャー・ハサウェイの株主宛書簡で、その失敗を認めた。

昨年私はある大きな誤りを犯しました（おそらく他にも失敗をしたのですが、これが特に大きかったのです）。チャーリー（マンガー）や他の誰からも勧められたわけでもないのに、私は原油価格と天然ガス価格がピークに近い時にコノコフィリップス株を大量購入しました。私は、昨年後半にエネルギー価格のあれほど劇的な下落が起きるとは全く予想していませんでした。私は今でも、原油価格が現在の1バレル当たり40〜50ドルから将来に値上がりすると信じています。しかし今のところ、私は完全に間違っています。さらに、仮に原油価格が上昇したとしても、私が買い時を大きく外したことによって、バークシャーに数十億ドルの負担をかけてしまったことは事実です。[40]

この決定は、実際には群衆バイアスと自信過剰の組み合わせだったのかもしれない。

群衆バイアスをどう克服するか　バフェットの全般的な経験則を思い出してほしい。「他人が恐怖に駆られているときに買い、貪欲なときに売れ」だ。群衆行動は損失を招くことが多い。群衆バイアスを回避する最も信頼できる方法は、規律ある分析だ。

解説者《トーキング・ヘッズ》バイアス

本書を執筆する前に、私は金融市場に関するニュースを注意深く追っていた。CNBCとブルームバーグに耳を傾け、ウォール・ストリート・ジャーナル紙、ニューヨーク・タイムズ紙に加え、その他およそ10の新聞や雑誌、ならびにさまざまな金融ニュースレターも読んだ。私はそうした情報を用いて将来を予測しようとしていた。だが、これらの情報を追うことで、私は解説者《トーキング・ヘッズ》バイアスの影響を受けやすくなった。このバイアスは投資家が専門家とみなされる人々を特別に重視するときに起きる。専門家は金融市場に影響を及ぼすことができるからだ。読者は何人かをすでに知っているのではないだろうか。たとえばジム・クレイマー（投資情報番組の司会者）やレベッカ・クイック（テレビジャーナリスト）、CNBCの金融情報番組「ファスト・マネー」の出演者の面々だ。もちろん、バフェットとマンガーもこれに該当する。その他には、スタンリー・ドラッケンミラー、ビル・ミラー、カール・アイカーン、ジョージ・ソロス、セス・クラーマン、ハワード・マークス、ポール・チューダー・ジョーンズや、学界にもジェレミー・シーゲルのような投資の専門家がいる。

彼らの知識をどれだけ学ぼうとも、私は自分の知識に自信を持つどころか、情報過多で圧倒されてしまった。それどころか、市場が不安定な時期に非合理な投資判断を下してしまった。私はバフェットの最も重要な指示の一つを覚えておくべきだったのだ。「将来を予測しようとしてはいけない」ことを思い知ったのである。

私（著者）の問題　そして新型コロナウイルスのパンデミックが到来した。アメリカ国民は自分たちの命の危険を心配していただけでなく、突如として金融市場が正常に機能しなくなる様子を目の当たりにしていた。いつも通り、CNBCはバフェットに、人々が自分の投資をどうすれば良いかという助言を求めた。「今の方針を堅持せよ」というのが彼の答えだった。バフェットは大恐慌、世界大戦、景気後退、下げ相場、9月11日の同時多発テロをはじめとする多くの危機を経験してきた。確かに、パンデミックは経験したことがなかった。しかし、だからといって将来に向けた基本方針を変えることはなかった。「あきらめないで。大きな変更は避けてください」と彼は助言した。

これは実践するにはかなり厳しい助言だった。S&P500株価指数は、バフェットがCNBCで話す前の日に3％下げていた。その翌日にはまた3％下げた。パンデミックは私の投資資産の価値を大幅に減少させるように思われた。そこで私はバフェットの助言を無視し、株式70％、債券30％のポジションを株式15％、債券85％に急いで変更した。そして、その結果、私のパフォーマンスは市場を20％以上上回るようになっていた。私は自分を天才ではないかと思った。しかし、市場をほぼ離れてみると、新たな問題に直面していた。私はいつ戻るべきなのか？　さらに、私が戻ったら何に投資すればよいのだろう？

そんなことを思い悩んでいる間に、ＦＲＢは市場に流動性をつぎ込み、とうとう株式市場は上がり始めた。私は再び資産配分を変更した。株式への投資比率を増やし、結果として私のポートフォリオの50％が株式になった。何もするなというバフェットの助言が、おそらく正しい行動だったろう。しかしそれを聞くのと実行するのは違うのだ。

解説者《トーキング・ヘッズ》バイアスをどう克服するか　どんな専門家から受けたどのような助言も真実だとみなさないこと。マンガーが言うように、追従者《レミング》には決してなってはならず、自分の頭で考えることが大切である。助言してくれる人々については次のように自問すべきだ。彼らは誰なのか？　誰のために働き、自分の意見を公表する動機として考えられるものは何か。そうした意見はどの程度信頼できるのか。彼らの実績はどうなのか。評判はどうか。そして彼らの見解を推奨している情報源は何か。その情報源はどの程度独立性があるのか。判断する前に、情報を調べる自分なりの方法を作り出すべきだ。

損失回避バイアス

カーネマンとトヴェルスキーは、損失回避という概念を発展させた。これは「プロスペクト理論」としても知られている。[41]その基本的な考え方は、損失への恐れが利益の可能性よりも強く感じられるということだ。人間の心理学では、損失は利益が与える快楽のおよそ2倍もの痛みを感じることが判明している。これが原因で、人々は損失の危険を最小化しようとして、合理的なリスクさえ避ける。たとえその行為によって莫大な利益を得るチャンスを逃すことなったとしてもだ（このプロセスを「機会損失を被る」ともいう）。彼らはすでに持っている資源を失わないために大きなリスクを冒しているのだ。[42] マンガーが指摘した通り、「莫大な狂気は、『自分は損をしそうだ』とか『利益を得られそうなのにまだ得ていない』ことの重要性を無意識に過大評価することから起こり得るのです[43]」。セイラーによると、損失回避は、行動経済学者の武器の中でも最も強いものである。「私たちを金銭的な困窮に追い込むような失敗は数多くありますが、その中で最も重要なのが損失回避です。たとえば、株式市場への投資は、債券や定期預金口座への投資よりも歴史的にはるかに高いリターンを提供してきましたが、株価は大きく動くので、損失を被る危険性も高いのです。損失を回避したい心理から、投資家は株式への長期的な投資機会を逃してしまう場合があるのです[44]」

損失回避バイアスの例　直観に反することかもしれないが、損失を嫌う我々の心理が、実はより多くのリスクを取らせてしまうことがある。人々は利益が出ている時にはリスクを避けがちになり、損失に直面すると大胆な行動に走りやすくなる。これは、悲惨な結果をもたらしかねない。たとえば、ファンド・マネジャーは、第４四半期になって自分のファンドのパフォーマンスがベンチマークに遅れているほど大きなリスクを取るかもしれない。[45]

もう一つの例を紹介しよう。サブプライム住宅ローン市場が過熱し始めた頃、私はさまざまな問題があることを事前にわかる程度には賢明だったため、大不況の期間（２００７〜２００９年）中の大半を全額キャッシュ（現金）で過ごした。ところが、景気が反発し始めても、私のポジションはキャッシュのままだったのだ。市場は上昇していたにもかかわらず、私は資金を失うリスクを取りたくなかった。損失回避という心理が一種麻痺した状態になっていたのだ。妻と私が２００９年７月にファイナンシャル・プランナーを替えてようやく市場に戻ったのである。おそらく、彼の助言がなければ私たちは動かなかったろう。

損失回避バイアスをどう克服するか　損失回避という心理的な麻痺状態からどう自分を守ればよいのだろうか。一つの実践的な方法として考えられるのは、あらかじめどの取引にも「損切りルール」を決めて損失の範囲を限定しておくことだ。この「逆指値注文」は、特定の価格になったら取引から離脱することを約束してくれる。たとえば、アップル株を１００ドルで購入したとしよう。損切注文ラインを90ドルとして逆指値注文を出しておく。すると、もしアップル株が10％下落して90ドルになったら、自動的に市場で売却される。この戦略は、過度な損失回避の罠に陥りそうな時には、下落リスクを限定してくれる。[46]

　損失回避バイアスを避ける他の方法には次のものがある。

- ヘッジをする。ある株式を購入した後に債券を買うなど、当初の投資とは反対の有価証券を購入することだ（株式と債券は反対方向に動くことが多い）。
- 一定のリターンが保証されている保険商品に投資する。この資金は退職または他の経費の支払いに充当できる。大半の年金は３年間から10年間の収入を保証する。

・価格があまり変動しない有価証券（国債や年金型の商品、譲渡性預金（CD））に投資する。
・自分の判断の中に生まれがちなバイアスを意識する。
・自分が投資したい会社を分析し、強靭な財務体質とキャッシュフローを生み続ける会社を探し出す。[47]

問題の解決には二つのポートフォリオが必要　比較的高いリスク（と高いリターン）を持つポートフォリオと、安定的なリスクを持つポートフォリオの2つを使い分けるファイナンシャル・プランナーもいる。この戦略は、カーネマンが考案した方法だ。彼は投資家たちに、損失が10%、20%、30%になった時にどう感じるかを考えてほしいと尋ねた。次に、それぞれの場合に自分ならどうするかを尋ねた。「問題は、どのポイントで撤退したくなるか。つまり、いつ方針を変更するかだ」[48]。カーネマンは、10%以上の損失を許容できる人がほとんどいないことを発見した。[49]

この損失回避の心理を克服するため、カーネマンは、投資家の後悔しやすい傾向（「後悔性向」）を考慮に入れた上で、研究チームに、リスクの高いポートフォリオと安全なポートフォリオの2つをつくるよう依頼した。各ポートフォリオは別個に管理され、結果も別々に報告された。たいていの場合、どちらかが市場よりも常によい成績を残す。ポートフォリオを2本作ることで、投資家には心理的なクッションができる。実はどちらも一つの大きなポートフォリオの一部であるにもかかわらず、投資家は安全な気分になれる。このアプローチによって、投資家は市場が不安定化し、あるいは予想外の状態になってもパニックや後悔の感情に陥ることがなくなった。カーネマンによると、自分の投資したものの価値が下がってしまうとどう感じるかを想像する訓練をしただけで、損失の可能性に対する過度な反応を抑えるのに価値があるとのこと。[50]

直近バイアス

直近バイアス、または利用可能性バイアスは、特定のトピック、概念、方法、または意思決定を評価する際に、直ちに思い浮かぶ具体的な例に依存する心理的な近道のことを指す。たとえば、サメに襲われる確率は374万8067分の1である。[51] ところが、サメに襲われたという話題がニュースに流れると、人々はすぐに同じことが起きるのではないかとその確率を過大評価して海辺に行かなくなる。

アリエリーはこう指摘する。

我々は最新の情報を見ると、それを真剣に捉えすぎてしまい、そのことが同じように続くのではないかと予想する。資産バブルについて考えるとき、いつもこれと同じことが起きる。価格が上がり続けると、我々は上昇がいつまでも続くと考えがちになる……。我々がとてつもなく多くの情報を取り扱うのは非常に難しい。膨大な情報であふれている今の世の中で、いったい人々はどう対処すればよいのだろう。簡素化すればよい。ヒューリスティクスを使うのである。情報の一部、最も目立つ情報にだけ頼るのだ。もちろん、最も目立つ情報は、恐らく他の人も皆知っている情報である可能性が高く、その結果、我々は他の投資家の意見に依存しやすくなり、独立した判断を下すことが難しくなる。もし誰もかれもが情報過多になって、皆が簡素化をするようになると、我々は最も単純な情報源に従うようになる。そしてそれは恐らく誰にとっても当たり前のものなのだ。[52]

投資家が株式を購入するか否かの判断は、最近の株の低迷よりも直近の投資リターンに影響されるようだ。これは、国内のある大手ディスカウント・ブローカーで個人投資家が行った取引判断を検証した研究の結論である。[53] この投資家の戦略は前年に「市場を40％上回る成果を上げていた」[54]が、最終的には成功しなかった。なぜなら彼らが売却した株は、後に購入した株よりもさらに好調だったからだ。[55]

直近バイアスの例　大不況（2007～2009年）時代の直近バイアスを調査した同じ研究によると、投資家が受け取る情報が新鮮であるほど、取引の回数が増えていた。これは価格が低いという新鮮な情報を得るや否や購入しようとしたためと考えられる。とはいえ、この戦略は下落の影響を緩和するどころか、市場に振り回されて、事前に予想されたよりも多くの損失を被ることになった。平時には、投資家の取引頻度とポートフォリオのパフォーマンスの間には負の相関が見いだされており、「いったんポジションを構築したら忘れること」というセイラーの助言を裏付けた。[56]

バフェットでさえも直近バイアスの影響を受けることがあった。彼は1980年代にUSエアウェイズの優先株を購入し、後にこの投資が失敗だったと認めたにもかかわらず、2016年から2

020年までの間に4社の航空会社株を購入した。アメリカン航空、ユナイテッド・コンチネンタル航空、デルタ航空、サウスウエスト航空である（おそらくこれは彼の二人の若い共同CIOの一人または両者の勧めによるものであろう）[57]。しかしパンデミックが発生し、彼は航空株を全株売却しておよそ50億ドルの損失を出した。[58]

バフェットの投資判断は、直近バイアスの影響を受けているように見え、特に航空会社の収益性が統合によって向上しているという最近の情報が大きく影響していると考えられる。彼はまた、航空産業の参入障壁の高さも重視していたようだ。高額な初期投資（新しい飛行機や燃料代など）、空港の発着枠をめぐる競争、（とりわけ乗客を守るための）厳格な規制、ブランドへのロイヤリティー（忠誠心）、規模の経済性などはその代表例だ。こうした参入障壁は魅力的かつ持続可能なもので、株主に魅力的なリターンをもたらすとバフェットはみていた。

直近バイアスをどう克服するか　投資家が直近バイアスを避けるには、過去の長期トレンドをよく研究する必要がある。さらに目標を設定し、自分のリスク許容度を確認し、守るべき資金計画を持たなければならない。

確証バイアス

我々は、自分たちの見解を否定するのではなく、裏付ける証拠のほうに目が行く。自分がすでに抱いている意見に一致する情報を重視して意見や考えを作り上げ、自分に正しく見えるデータを探し求める。これは人の性だ。自分と同じ意見の人の話に耳を傾けるというのは、生まれついての傾向なのだ。このような考え方は魅力的だが、投資家にとっては必ずしも最も賢明とは言えない。

アップルの株価がちょうど20%下落したことにあなたが気づいたとする。この下げを見て買ってよいかもと関心を持ちつつ、さらに下がるのではと心配もしている。そうして、これがよい投資になるだろうという確証を求め始める。インターネットで調べたり投資記事を読んだり、テレビ番組を見たりすると、解説者が「今がアップル株を買うよいタイミングです」と言っている。そこでアップル株を購入する。[59]これが確証バイアスの一例だ。ただし、確証バイアスが自信過剰を引き起こすことも多い。たとえば、大半のアナリストが、アップル株は来年30%上昇すると予想したとしよう。この見方（もちろん、こうしたアナリストの意見の影響を受けている）がアップルに関するマスコミ報道で何度も繰り返される。この「エコーチェンバー（反響室）現象」が多くの投資家を刺激してアップル株買いに走らせる。一方、中国との貿易戦争がアップルに破壊的な影響を及ぼすかもしれないという記事もある。しかし、投資家たちはアップル株についてすでに熱狂してしまっているので、こうした悪材料には目をつぶり、楽観的な予想に合うニュースに注目する。

確証バイアスをどう克服するか　確証バイアスは、生活のあらゆる面における物の捉え方と判断に影響を及ぼすので、その結果投資家が最適ではない選択をしてしまうことも多い。投資家がこれを避けるには、できるだけ多くの異なる意見を求めるべきだ。[60]あなたが同意しない見方を積極的に追い求め、じっくりと耳を傾けよう。自問自答を続け、他の人たちの反対意見も無視しないこと。これは、バフェットはマンガーにあえて反対意見を述べてほしいと思っている理由の一つだ。弱いリーダーであれば、部下たちが自分のあらゆる意見に同意することを求め、少しでも異論を唱えると反抗の兆候と捉えるだろう。バフェットはちがう。全体として最高の投資判断をするために誠実に反対意見を出してくれるパートナーを求めたのだ。

後知恵バイアス

後知恵バイアスは、事実が起きた後に「知っていたよ」と考える心理的傾向のことだ。考えられる複数の可能性を検討したときに、間違いが含まれていることはよくある。ところが、後で正しいことが判明した可能性も考えていたため、自分は将来を予見できた思い込んでしまう。[61] 後知恵バイアスは、投資家の間によくある誤りで、自信過剰に結びつくことも多い。このため、行動経済学では注目される分野である。[62] 後知恵バイアスは、何か事が起きる前に、我々が知っていたり考えたりした記憶を歪めることさえあり得る。

後知恵バイアスの例 バフェットは、投資候補先企業のいくつかで生じた後知恵バイアスについて話したことがある。それはグーグルとアマゾンだ。バフェットとマンガーは、グーグルに投資しないという大失敗を自分たちが犯していたことについて語ったことがある。グーグルの創業者であるセルゲイ・ブリンとラリー・ペイジは、創業後間もなく、バフェットとマンガーからの投資資金の注入を求めて自分たちの会社を売り込んだが、二人はそれを却下したのだ。この時の経験を振り返った時、「グーグルへの広告を通じてガイコのビジネスは大きく伸びていたのだから、自分たちはその価値を理解しているべきでした」と二人は述べた。[63]

もう一つの間違いは、アマゾンにもっと早くから投資していなかったことだ。バークシャーが投資を始めたのは2019年になってからだったのだ。バフェットは、アマゾンの創業者であるジェフ・ベゾスを「この時代で最も傑出したビジネスパーソン」と呼んだ。[64]

どちらの失敗も、恐らくバフェットがハイテク企業への投資に慎重だったからだと思われる。

後知恵バイアスをどう克服するか

後知恵バイアスを抑えるために、私は自分の投資銘柄とそれを購入した日を書き入れたスプレッドシートを作成した。そうして、自分の思考の歪みを矯正するために、時間をかけて記録を残し続けている。たとえば、私がある会社（アップルなど）に投資しようという素晴らしいアイデアを思いついたとする。私もバフェットと同じように、投資を決める前には、じっくりと会社を調べたいと思っている。バフェットは、株を購入する前に10年間待つこともあると言う。私は自分が大丈夫だと判断したバリュエーションでその銘柄を買う。

メンタルアカウンティング・バイアス

メンタルアカウンティングとは、人々がお金にどのような価値を置くかということで、「心の会計」とも呼ばれている。このコンセプトは、1999年にセイラーによって提唱された。人々が手持ちの資金をさまざまな形で、しかも非合理に分類する結果、間違いを犯し、お金に関して不適切な判断をしてしまうバイアスのことを指す。[65] たとえば、自分のお金を高金利の借金の返済に充てるのではなく、低金利の定期預金に預けてしまう人々がいる。実際には金を返したほうが自分の懐にはよいはずなのだ。

メンタルアカウンティングが対象とするのは、予算策定と費用区分だ。たとえば、自分の資金を①家の費用（住宅の購入または住宅の補修用など）と、②それ以外の経費（ガソリン代、衣料費、電気水道ガス代など）の二つに分類する人がいる。[66] 人々は、同じ資金源から複数のメンタル口座を持つことも多い。たとえば食料品の費用として月決めの予算を使いながら、レストランの食事費用として別の口座を持つようなケースだ。ある種の購入を予算がなくなったからと言って切り詰めながら、別の費用は好きなだけ使う人も多いが、実はどちらも同じ代替可能な元手（収入）から引き出しているのだ。[67]

メンタルアカウンティングは、ほとんどの人々がお金を2種類に分けて考えることを前提としている。一つは贈与やボーナス、あるいはカジノでの賞金などの予期せぬ臨時収入で、これは自由に使ってよい資金とされる。もう一つは、労働から得た資金だ。「失ってもよい口座」と「失っては困る口座」とを分けて考える人もいる。[68] こうした考え方は、「失ってもよい口座」では多くのリスクを取り過ぎてしまい、法外な損失を招きかねない。[69]

しかし実のところ、「金に色はついていない」のだ。[70] メンタルアカウンティング・バイアスを避けるには、それがどのような「口座」に分類されるにしても、すべての資金を同じように扱うべきだ。[71]

メンタルアカウンティング・バイアスの例　カーネマンとトヴェルスキーは、彼らの画期的な損失回避に関する理論の中で、メンタルアカウンティング・バイアスがどのように作用しているかを示唆した。彼らが両者をどう関連付けたかについての例を示す。ある投資家が敗者と勝者の２つの株式を保有している。前者が損失、後者は利益となっている。投資家は現金が必要なので、どちらかの株式を売る必要がある。損失回避バイアスとメンタルアカウンティング・バイアスの影響で、投資家は利益の出ている「勝者」銘柄のほうを売るだろう。しかし、これは間違った判断だ！　敗者、つまり損を出している銘柄を売却すれば税控除を受けられる。失敗した投資を切り、優れた銘柄を保有し続けることもできる。[72]この投資家が勝者を売るのは、損失の痛みに耐えられないからだ。こうした行動は、損失回避バイアスが非合理な判断に結びつきかねないことを示している。[73]

もう一つの例は、カジノで勝ったお金を、さまざまな費用への支払いに充てるのではなく、新車のスポーツカーの購入に充てるような場合である。

メンタルアカウンティング・バイアスをどう克服するか　メンタルアカウンティング・バイアスを克服するにはできることがいくつかある。まず、出所が贈与か、カジノか、税還付か、賃金かにかかわらず、「お金はお金」なので、資金をさまざまなカテゴリーに分けるのは避けるべきだ。出所がどこであっても、資金は利益を最大化し、損失を最小化すべく知的かつ論理的に使う必要がある。私は自分のすべての口座を一つのスプレッドシートで記録している。そうすることで、私はすべての資金を一つの資源として見るようになり、それが意思決定に役立っている。

まとめ

投資家が意識すべき行動バイアスにはいろいろなものがある。本章では、投資のときに最も陥りやすい7つのバイアスを取り上げた。バフェットとマンガーの二人は、どちらも投資のときには「正しい気質」を持つことが重要だと強調する。自分のバイアスを理解すれば、自分自身の気質をよりよくコントロールするのに役立つはずである。

第III部

バークシャー・ハサウェイの歴史

第8章 バークシャー・ハサウェイ：1967〜2009年

他人が貪欲なときに恐れ、他人が恐怖に駆られているときに貪欲になれ。[1]

――ウォーレン・バフェット

コーポレート・ベンチャリング（企業内起業）

インディアナ大学特任教授のドナルド・F・クラトコ博士は、バフェットと起業家精神について次のように語った。「バフェットは起業家として必要とされる伝統的な資質と能力の多くを持っていると思います。しかし、彼がバークシャー・ハサウェイを成長させ、多くの取引を手掛けるにつれ、むしろ企業内起業家に近い存在となっていきました」[2]

バフェットは古典的な起業家であったばかりでなく、企業内起業家でもあったことは間違いない。彼は、バークシャーの経営資源と企業を評価する類まれな能力を駆使して企業を買収し、株式投資をはじめとするさまざまな取引を行っている。本章と次章では、バークシャーの歴史を振り返ってこの点を詳しく説明したい。

バフェットが企業内起業家精神を発揮する一つの方法は、自身がアクティビストになることだ。企業に莫大な投資を行うばかりでなく、取締役会の席を占めることも多い（コカ・コーラやソロモン・ブラザーズ）。現在のアクティビストは通常、企業の売却（または少なくとも大きな事業再編）を追求するのが通例だが、バフェットは忍耐強く、協力的で、経営陣を支えながら、取締役会への影響を通じて自分の投資価値を積極的に守った。

さらに、ソロモン・ブラザーズへの投資では、取締役会議長と最高経営責任者（CEO）に就任し、困難で賛否の分かれるリスクの高い状況を進んで引き受けた（これは続く数章で詳しく述べる）。繰り返しになるが、これもまた企業内起業家および企業内アクティビストの一形態であって、バフェットはこれが流行するはるか以前から実践していた。バフェットには公平で透明性を保つという定評がある。これに対し、他の企業内起業家／アクティビストは闘争と強制を旨とし、視点は当然短期的だ。

バークシャーの分権化した無駄のない《リーン》企業哲学は健全で株主によい結果をもたらしてきた一方で、バフェットが主要投資先の経営にも積極的に関与したことも違いをもたらしたのではないだろうか。

バークシャーの概観

バフェットは現在、オマハに拠点を置きながら世界的にビジネスを展開するバークシャー・ハサウェイを、わずか25人の本社スタッフで管理している。7540億ドルの時価総額を擁し、多くの中規模国よりも大きな経済的影響力を持つ企業であれば、その本社は世界規模の帝国のようではないかと想像したくなるかもしれない。だが実際には、バフェットが1962年に引っ越しして以来、この世界的企業はその自宅から車で数分の所にあるオマハのキーウィット・プラザの同じ建物にずっととどまっている。

バークシャーのオフィスは、ピーター・キーウィット・ビルの1フロアを占めているにすぎない。フィナンシャル・タイムズ紙は、この投資の魔術のメッカをこう表現した。「そのつり天井、せまい廊下、くたびれたカーペットは、数十億ドル規模を運営する帝国というよりも、コミュニティー・カレッジの管理事務所と呼ぶほうがお似合いだろう。25名のスタッフは普段着である。どの机にも家族の写真やグリーティングカード、チャッチキーズ（小さなアクセサリーやお土産）で飾られている。待合室からのドアにかかっているプラカードには次の文句が書いてある。『今日、チャンピオンのように投資せよ！』」[3]

バフェットは、最高の人々を雇って自由に力を発揮させるという経営哲学をずっと維持している。プロフェッショナルたちは細かくあれこれ指示されるのを望んでおらず、バフェットはそのことをよくわかっている。さらに、自由が起業家たちにとっての大きな動機づけになることも承知している。バークシャー・ハサウェイを起業家精神のメッカではなく、単なる投資会社だとみる外部の人間もいるかもしれないが、バフェットは常に自分の仕事を起業家的な視点で捉えてきた。つまり、創造性とイノベーションを重視し、従業員が最高の力を発揮できるための自由を与えるということだ。

もちろん、この小さな本社はバークシャーが世界に及ぼしている影響を反映したものではない。同社が保有する関連会社62社の従業員をすべて数えるとおよそ36万人になる。2021年の第3四半期（7〜9月期）の総売上高は2687億ドルで、純利益は859億ドルだった。バークシャーの株式ポートフォリオの価値はおよそ3300億ドルだった。さらに、およそ1500億ドル分の現金と短期投資証券も保有していた。バフェットは同社の議決権の30・7％を維持している。

バリュエーションについて一言申し添えておく。2018年、米国財務会計基準審議会（FASB）が策定した新しい「一般に公正妥当と認められる会計基準（GAAP）」のルールにより、すべての企業は、その時点で資産を売却した場合に受け取ることのできる金額、または軽減された場合に支払うべき金額に基づいて、証券の価値を評価することが義務付けられた。これは「公正価値会計」として知られている。それ以前の規則では、企業は保有する資産と負債を取得原価で計上することが認められていた。これは企業が計上する資産と負債の価値を歪めるとして多くの批判を浴びていた慣習である。

しかし、バフェットは、新しい会計手法はバークシャーの企業全体としての健全性を歪めると考

表8-1

バークシャー・ハサウェイの主要保有銘柄リスト（時価評価順、2022年6月17日現在）

No.	証券コード	企業	産業	持株比率	持株数	時価評価額*
1	AAPL	アップル	家電製品	5.6%	911,347,617	131.6
2	BAC	バンク・オブ・アメリカ	グローバル銀行	12.8%	1,032,852,006	33.0
3	KO	コカ・コーラ	ノンアルコール飲料	9.2%	400,000,000	23.8
4	CVX	シェブロン	石油・ガス統合企業	8.1%	159,178,117	23.6
5	AXP	アメリカン・エキスプレス	金融サービス	20.1%	151,610,700	21.9
6	KHC	クラフト・ハインツ	包装食品	26.6%	325,634,818	11.6
7	OXY	オキシデンタル・ペトロリアム	石油・天然ガスの採掘・製造	16.3%	152,713,846	8.8
8	BYDDF	BYD	電気自動車	7.7%	225,000,000	8.4
9	USB	USバンコープ	米国の地域銀行	9.7%	144,046,330	6.5
10	MCO	ムーディーズ	資本市場	13.4%	24,669,778	6.3

*単位：十億米ドル

出所：CNBC バークシャー・ハサウェイ・ポートフォリオ・トラッカー（米国証券取引委員会の登録資料のデータ）

えている。その主な理由は、今や企業各社は四半期ごとに保有する証券の価値を再評価・調整する必要がでてきたからだ。この短期の方式は、バフェットの長期投資思考とは対照的だ。さらに、いわゆる時価会計導入されたことで、バフェットの投資アプローチを導く主要な信念が浮き彫りになった。すなわち、ビジネスの経済的側面を理解することは、所与の四半期でそれがどの水準で取引されているかを理解することよりもずっと重要だ、という点である。[4]

表8－1はバークシャー・ハサウェイが株を保有している上場企業の社名、産業、バークシャーの持株比率(%)、持株数、時価評価額を示している。

バークシャー・ハサウェイが年々成長するに従い、保有ポートフォリオは4つのカテゴリーに分かれてきた。

・保険
・エネルギーと公益事業
・製造業、サービス業、小売り
・金融および金融商品

成長の方法には買収、普通株と優先株の購入その他の投資が含まれる。バフェットはこうしたディール（取引）の追求にあたって、時に極端なまでに起業家精神を発揮していた。以下はそのハイライトだ。

バークシャー・ハサウェイ：1967～2007年

第2章で説明したように、バフェットは1956年、25歳の時に投資会社を開業した。彼はその会社をバフェット・アソシエイツ・リミテッドと名付け、友人および家族6人からの拠出金で運営を始めた。7人目の創業メンバーはホーマー・ドッジだ。バーモント州の大学で物理学を講じていた教授で、バフェットの才能を聞いただけで、オマハまで車を走らせ、老後のためにためておいた資金をバフェットに預けた。1957年から1961年まで、ダウ平均は75％上昇したが、その間にこのパートナーシップは251％の利益を上げた。[5] 金融界では、その次に起きたことが伝説となっている。

1967年◆ナショナル・インデムニティとナショナル・ファイア&マリン

1967年3月に、バークシャーはナショナル・インデムニティとナショナル・ファイア&マリンを860万ドルで買収した。ナショナル・インデムニティは現在もバークシャーの子会社で、2004年に、バフェットはこの保険会社が彼の成功の礎となってきたと株主に語った。「もしナショナル・インデムニティを買っていなかったら、バークシャーの時価総額は、運が良くても今の半分になっているでしょう」[6]

バークシャーが買収した時点で、同社の有形純資産（総資産－総負債－無形資産）は670万ドルだった。バフェットは、長期的な財務分析が重要であるとの信念を守り、この保険会社に190万ドルのプレミアムを喜んで支払った。というのも同社は毎年保険引受に伴う利益があったからだ。[7]

今日、バークシャー・ハサウェイは、70社を超える国内外の企業を通じて保険と再保険ビジネスを展開している。

＊　＊　＊

1970年から1998年まで、バークシャー・ハサウェイは驚くほどの成長を遂げた。その多くはシーズ・キャンディーズ、ネブラスカ・ファニチャー・マート、ボーシャイムズ、ワシントン・ポストをはじめとする買収した企業から生まれたものである。

1970〜1983年 ◆ ブルーチップ・スタンプス

ブルーチップ・スタンプスは、クレジットカードや航空会社のマイレージのようなロイヤリティー・プログラムを提供する会社だった。消費者は一定の額のお金を使うとスタンプを受け取る。スタンプが一定の数に達すると、参加している店舗に応じてダイニング・テーブルや芝生用のガーデン家具といった商品と交換できた。1970年に、バークシャー・ハサウェイはブルーチップ・スタンプスへの投資を始め、持株比率を1977年の36・5%から1979年には60%まで引き上げた。そして1983年には株式交換によって合併した。[8] ブルーチップ・スタンプスを取得するとともにシーズ・キャンディーズとウェスコ・フィナンシャル・コーポレーションの持ち分も獲得した話は有名だ。

1972年 ◆ シーズ・キャンディーズ

1972年1月、ブルーチップ・スタンプスはシーズ・キャンディーズ・ショップスの経営権を取得した。ブルーチップは後に同社の持ち分の100%を総コスト2500万ドルで取得した。当時、シーズの税引前利益は400万ドルだった。すでに紹介した通り、シーズはバフェットのお気に入り銘柄の一つだった。力強いブランド力と潤沢なキャッシュフロー、資本増強の必要がないこと、さらにインフレとともに値上げをできる価格決定力を持っていたからだ。こうした特徴がシーズの周囲に「堀《モート》」をつくり出し、バフェットはその点を評価していた。商品であるキャンディーの品質は高く、自社店舗で高価格を維持できる。ビジネス用語では、これを「差別化戦略」という。

バフェットとチャーリー・マンガーは、シーズ・キャンディーズを、これまでの買収案件の中で最も成功した部類に入ると称賛し続けてきた。バークシャー・ハサウェイの2019年年次株主総会で、バフェットは次のように述べた。「私たちは同社に2500万ドルを投じましたが、現在の税引前利益は20億ドル強、いや20億ドルを大幅に上回っています[9]」

バフェットとマンガーは、毎年の株主総会でシーズのピーナッツブリトルをつまんでいる。シーズはバークシャーの非公式なマスコット・ブランド、バフェットとマンガーを取り囲む熱狂的な集団の注目の的、そして彼らの健全なイメージのシンボルになっている。

1973年◆ワシントン・ポスト

バフェットは、かつては新聞業界を気に入っていた。第1章で論じたように、彼の両親はネブラスカ大学リンカーン校の大学新聞で働いている時に出会い、母親の両親は印刷所を経営していて、バフェットは小さい頃に新聞配達の経験があった。

成人すると、バフェットは出版人になりたいと思った。そこで、1973年に、ワシントン・ポスト・カンパニーの株式を買い始めた。当初の1060万ドル分の持ち分は1985年末には2億2100万ドルまで成長していた[10]。その結果、年率リターンは16・8％となった。

1977年には、バッファロー・ニュースも買収した。新聞業界自体は、バークシャーのポートフォリオ全体からは小さな部分にすぎなかったが、2012年にバフェットが63社の地方紙を買収し、[11]これを新たに設立し「BHメディア・グループ」と彼が名付けた会社に組み入れた。

しかし、その後まもなく、バフェットは新聞業界が深刻な業績不振に見舞われており、子どもの頃からのニュースや情報に対する愛情をもってしても、少なくとも財務的には維持できない事実を目の当たりにした。2014年、バフェットはバークシャー・ハサウェイが保有するワシントン・ポスト・カンパニー（社名はグレアム・ホールディングズに変わっていた）の持ち分28％を売却した。[12]2019年に、彼はいくぶん物悲しい様子でこの時のことについて話した。「郷土意識の強い町や都市にとって、地元紙ほど重要な媒体はないのです[13][14]」。しかし新聞業界の財務体質の悪化は否定しようがなかった。「この業界は凋落しています。そこではもう事実上利益を上げることはできないでしょう」

一方、ジェフ・ベゾスはワシントン・ポストを現金2億5000万ドルで買収し、[15]同社はこれまでにないほど強靭になったように見える。バフェットがアマゾンの創業者を史上最高の経営者だと呼んだのも不思議ではない。

2020年、バフェットは新聞業界関連の資産をすべてリー・エンタープライズに1億4000万ドルで売却した。広告料収入が不振だから、というのが売却の理由である。

1976年◆ガイコ

第6章で詳しく紹介したように、バフェットは公務員保険会社（ガイコ）を当初から偉大な会社と認識していたが、売るのが早過ぎるという失敗を犯した。その後、正しいタイミングを見つけて再び購入するまでには25年かかった。

ガイコは、1970年代半ばには破産寸前になっていたが、1976年に精力的な新CEO、ジョン・バーンを招いた。バーンは当時43歳。トラベラーズ・コーポレーションでマーケティング部門の担当役員をしていた。そしてこの移籍がバフェットの関心を引いた。彼はバーンとのミーティングを求め、ミーティングの翌朝にガイコ株を1株当たり2・125ドルで50万株購入した。総投資額は1900万ドルになった。

その後もバフェットはガイコ株を買い続け、1980年までにはバークシャーは同社株の33%を保有していた[16]。それから5年以内に持ち分の価値は5億9600万ドルになっており、さらに10年後の1995年8月には23億ドルでガイコを買収し[17]、バークシャー・ハサウェイの完全子会社にした。

1979年 ◆ キャピタル・シティーズ／ABC

バフェットは、自分よりも賢い人々と過ごすことの重要性をよく強調する。キャピタル・シティーズ／ABCの取締役とCEOを務めたトム・マーフィーと、マーフィーの長年のビジネスパートナーであるダン・バークは、どちらもバフェットが「自分より賢い」と認める人々のリストに載っている。マーフィーとバークが発展させた経営哲学をよく調べると、バフェットへの影響がはっきりと見て取れるだろう。

・意思決定を分権化せよ。
・できる限り優秀な人を採用し、彼らの自主性に任せよ。
・厳格なコスト管理を徹底せよ。
・注目を浴びないように努めよ。
・見込み顧客との関係づくりには数年をかけよ。
・株式で資金調達するのではなく、内部で生み出した資金または3年以内に返済できる負債で済ませるようにせよ。
・企業のオーナーと直接交渉すること。敵対的買収に乗り出したり、入札を通じて買収したりしてはならない。
・リターン要件：10年以上にわたって2桁の自己資本利益率を達成せよ。
・オーナーに最高の価格を提示するよう仕向け、すぐに対案を提示し、すぐに合意できなければ次の手を考えよ。[18]

1979年、バークシャー・ハサウェイはアメリカン・ブロードキャスティング・コーポレーション（ABC）の株式を取得し始めた。そして1985年、バフェットはABCを買収するために32億ドルを必要としていたキャピタル・シティーズに5億5000万ドルを提供した。[19] 1996年、バークが引退すると、マーフィーは、バフェットの提案に従ってキャピタル・シティーズをディズニーに売却した。バークシャーも自ら保有するキャピタル・シティー株を25億ドルで売却した。[20]

2022年、今や96歳になったマーフィーは、バークシャー・ハサウェイの取締役を退任した。[21]

1983年◈ウェスコ・フィナンシャル・コーポレーション

ウェスコ・フィナンシャル・コーポレーションは、カリフォルニア州パサディナに本社を構える総合金融会社で、株式の大半をブルーチップ・スタンプが所有していた。バークシャーは1983年、ブルーチップを合併した時にウェスコを獲得し、マンガーは1984年から2011年まで同社の会長兼CEOを務めた。ウェスコは現在もバークシャーの一部である。

1983年◈ネブラスカ・ファニチャー・マート

1983年に、バークシャーの株価は1000ドルを超えていた。この年、バークシャーは、一度の握手と2ページにも満たない契約書で、全米最大の民間家具店、ネブラスカ・ファニチャー・マート株の80%を5500万ドルで購入した。[22] 同社はその46年前の1937年にロシア系ユダヤ人移民のローズ・ブラムキンによってオマハに設立された。創業者のブラムキンは当時読み書きができなかった。

この買収は、バフェットの投資戦略にとって重要ないくつかの柱を具現化している。投資しようとする企業のビジネス（この場合は小売業）を理解せよ、そして経営者が正直であると確信したときに限って投資せよ、というものだ。

「ミセスB」（ブラムキンはそう呼ばれていた）は、6歳の時からベラルーシの首都ミンスクで母親の食料品店で働いていたので学校に通ったことがなかった。10年後、16歳の時には6人の従業員を管理する立場になっていた。

23歳の時に、徴兵を逃れて国外脱出をした夫に合流しようとアメリカ合衆国に移住した。パスポートもチケットも持たずにシベリア鉄道に無理に乗り込んだ。国境監視員に「帰ってきたらブランデーをお持ちします」と言って中ロ国境を通過したが、戻ってくることはなく……。

アイオワ州に行ってそこに住む夫と落ち合い、夫婦でネブラスカに引っ越した。ミセスBはそこで中古衣料品の販売をし、4人の子どもを育てて故郷に残っていた家族に資金を送り、彼らもアメリカ合衆国に逃げ出すことができた。[23]

1937年、43歳の時に、わずか500ドルの現金と夫の経営する質屋の地下から持ち出した2000ドル相当の商品で中古家具販売店を開業した。ミセスBが週に70時間働くことに加えて立てた主な戦略は、競合他社よりも安く売るということだった。その結果、彼女の店のボイコット運動が起こり、公正取引法に違反していると訴えられた。そのうちの一つの裁判で、ミセスBはすべての商品に原価よりも10%上の値段をつけることで黒字転換したと説明した。裁判官は彼女を無罪放免とし、その翌日にネブラスカ・ファニチャー・マートから1400ドル相当の絨毯を購入した。[24]

1987年◆ソロモン・ブラザーズ

1986年には、バフェット個人の純資産は14億ドルになっていた。そして1987年に、バークシャー・ハサウェイは、ニューヨークの投資銀行、ソロモン・ブラザーズ株の12%を7億ドルで取得した。バフェットはマンガーとともに同社の取締役を務めた。[25]

1990年に、バフェットはソロモン・ブラザーズの違法取引に関する電話を受けた。あるトレーダーが、米財務省が認める量以上の財務省証券の入札に申し込んでいた。当時のCEO、ジョン・グットフロインドはそのトレーダーを処分しなかったのだ。[26]

アメリカ政府は、ソロモンが米財務省証券の入札に直接参加することを禁止すると警告した。もしそうなれば同社は大きく傾いていたはずである。バフェットは財務省と話し、財務省は禁止の判断を覆すことに同意した（とはいえ、ソロモンは2億9000万ドルの罰金を科せられた）。罰金にもかかわらず、バークシャー・ハサウェイが1997年に同社をトラベラーズに売却した時には、持ち分の価値は倍以上になっていた。

この出来事はバフェットに大きな影響を与えた。短期間ではあったが投資銀行の経営に関与し、グットフロインドを辞任させた。ソロモンの従業員たちに次の話をしたことは有名な話である。

「会社のために損をしたら私は理解するでしょう。しかし会社の評判をほんの少しでも汚したら、私は容赦しないでしょう」[27]

バフェットは議会でも同じ趣旨の証言をした。バークシャー・ハサウェイの毎年の株主総会でこの証言の映像が流れると称賛の拍手が起こる。

1988年◆コカ・コーラ

1987年10月9日の月曜日、ダウ・ジョーンズ工業株価平均は1日で22・6％下落した。これは1日当たりの下落率としては当時の株式市場で史上最大で、「ブラックマンデー」として知られている。

バフェットは積極的に行動を開始した。彼は常に次のような考え方を信じていた。他人が恐怖に駆られているときに貪欲になれ[28]。そしてそれを実践したのだ。1988年から1989年まで、バークシャーはコカ・コーラの株を2300万株購入した[29]。1994年までに、バークシャーはこの世界的飲料メーカーの株を1億株保有していた。今日、バークシャーはコカ・コーラ株を4億株（株式分割調整後）保有しており、持株比率は9・4％になる。バフェットは同社株を1株も売ったことがない[30]。

バフェットは「経営状態の悪い銘柄を圧倒的な安値で購入する」というベンジャミン・グレアムの古い助言を変更し[31]、新しい戦略として「優良銘柄を適切な価格で買う」を目指した[32]。

1989年◆ボルシェイムス・ファイン・ジュエリー

ボルシェイムス・ファイン・ジュエリー・ストアは、1870年にオマハの中心地でルイ・ボルシェイムによって設立された。10万点以上の時計やジュエリーを取り扱う、およそ5800平方メートル（中学校の校庭程度の広さ）の店舗を構えるボルシェイムスは、全米最大の独立した宝石商だ[33]。

1989年、バークシャーは同社株の80％を購入し、従業員を動機づけるために20％を残しておいた。

2009年に、私の学生がバフェットを訪問するためにオマハに来た際は、カレン・ゴラッキーが彼らのために店内を案内し、講演してくれた。ゴラッキーは２０１３年に同社のＣＥＯになった人物である。[34] 彼女は経営者として自分が成功した原因を、自分になじみのない業務を社内で率先して引き受けてきたことにあると言った。この姿勢が彼女の経験と専門知識を広げたばかりでなく、実地体験のよさを重視するバフェットの哲学にちょうど合っているのだ。

１９９１年◆ビル・ゲイツ

バフェットとビル・ゲイツは長年にわたって世界で最も裕福な層の仲間入りをしていたが、二人は１９９１年の夕食会まで会ったことがなかった。長くテクノロジー銘柄を避けていたバフェットは、ゲイツの知性とユーモアにたちまち魅了された。だが、ハイテク株にはずっと慎重で、マイクロソフトへの投資も控えていた。

その理由は簡単だ。バフェットは、

- 自分が理解できるものにしか投資しない。そして
- ゲイツとの友情から自分がインサイダー情報を得ていると疑われたくなかったからだ。

その後、バフェットはマイクロソフトに投資しなかったことを自分のキャリアで最大の失敗の一つだったと認めることになる。ところが、１９９０年代の初めには、まだそのことに気づいていなかったのだ。１９９２年11月には、バークシャーの株は1株当たり1万ドルを超え、時価総額は１

49億ドルに達していた。

1996年◆クラスB株（ベビー・バークシャー）

1996年には、バフェットはバークシャー・ハサウェイによる投資で巨額の資産を獲得し、個人資産は150億ドルになっていた。同年2月、彼は株主が高価格のクラスA株式を新しい普通株であるクラスB株（「ベビー・バークシャー」という愛称で知られている）30株に転換することを認めた。

1996年の株主宛書簡で、彼は次のように書いている。「以前にも申し上げましたように、私たちは、バークシャーの類似品としてマーケティングされかねないユニット・トラスト（投資信託の一種）が作られそうだという動きを受けてこの株式を販売することにしました。彼らはその投資信託を作る過程で、私たちの過去の、絶対再現できない実績を利用して、純真な小口投資家を誘惑し、彼らから高い手数料を取っていたはずです[35,36]」。そのようなトラストを買った株主は不幸になり、ひいてはバークシャーの評判を傷つけると懸念したのである。そのトラストはバークシャーの投資行動を真似して高い手数料を弱小投資家に課しかねない。

5月に、クラスB株式は1株当たり1100ドルで取引が始まった。1998年1月にクラスA株式の株価は初めて5万ドルを超えて、時価総額は764億ドルになった。

1998年◆デイリークイーン

1940年、イリノイ州ジョリエットに設立されたインターナショナル・デイリークイーン（I

DQ）は、バフェットが立ち寄る大好きな外食店の一つで、自分の孫たちを頻繁に連れていく。デイリークイーンはソフトクリームを最初に販売し、現在は世界中に7000店舗以上を出店している。[37]

マクドナルドと同じくフランチャイズ方式を採用し、フランチャイジーのオーナーからロイヤルティを徴収する。このビジネスモデルによって、同社は最低限の資本投資で収益を稼ぎ出している。

1998年に、バークシャーはデイリークイーンを5億8500万ドルで買収した。今日、デイリークイーンはオレンジ・ジュリアス（フルーツドリンク小売チェーン）とカーメルコーン（ポップコーン小売チェーン）も所有している。[38]

1998年◆ネットジェッツ

ネットジェッツは、1964年にエグゼクティブ・ジェット・エアウェイズとして設立されたアメリカ企業で、プライベート・ビジネスジェット機の部分所有権を販売している（飛行機のスペースを賃貸することを「フラクショナル・オーナーシップ」と呼ぶ）。[39] 1987年に、ネットジェッツ・プログラムが正式に発表され、史上初めてフラクショナル・エアクラフト・オーナーシップ（1機の航空機を複数の所有者が共有し、リース、運用する）というビジネスモデルが始まった。1995年に、最初にクォーターシェアー（4分の1）のオーナーとなった企業の一つがバークシャー・ハサウェイだった。[40] バフェットはジェット機の部分所有権の可能性にすぐに気がつき、1998年に、バークシャー・ハサウェイは同社を7億2500万ドルで買収した。[41]

２０２０年6月には、ネットジェッツは、ネットジェッツ・ヨーロッパとエギュゼキュティブ・ジェット・マネジメントも合わせて７５０機を超える航空機を所有していた。この数字は、世界中で稼働しているプライベート・ジェット機の３・５％にも満たない数値である。[42] パンデミック期間中には、プライベート・ジェットは、一般の航空会社よりもはるかに好調な業績を上げた。乗客が混雑する飛行機や空港を避けることによって新型コロナウイルスのリスクを低減できたためである。

１９９８年◆ジェネラル・リー

バークシャーは、ネットジェッツとデイリークイーンを買収した年に、再保険会社のジェネラル・リーも２３５億ドルで買収した。[43] ジェネラル・リーは生命保険、事故保険、健康保険、さらに国際的な損害再保険も提供している。バークシャーにとってこの買収の利点の一つは、この投資会社の「フロート」（フロートは、第6章で説明した概念だ）の増加に果した役割である。

今日、ジェネラル・リーは再保険や再保険関連事業を多数擁する持株会社だ。それに加え、ジェネラル・リー・グループの保険会社、再保険会社、資産運用会社にはジェン・リー・インターミディエリーズ、GR-NEAM、ジェネラル・スター、ジェネシス、ＵＳゴールド・コープ（ＵＳＡＵとしての知名度のほうが高い）、ファラディなどがある。[44] この買収については第10章でさらに分析する。

１９９９年◆バークシャー・ハサウェイ・エナジー

バークシャー・ハサウェイ・エナジー（２０１４年まではミッドアメリカン・エナジー・ホールディン

グス・カンパニーとして知られていた）は、バークシャー・ハサウェイが株式の90％を保有し、グレッグ・エイベルが経営している。1999年に、バークシャー・ハサウェイは、ミッドアメリカンの会長兼CEOのデービッド・ソコルおよびその最大の株主、ウォルター・スコットと協力して、同社株が21％下落したのを受けて買収した。[45]バフェットは当時こう指摘した。「私たちは、傑出した経営陣と力強い成長可能性を秘めた優良企業を適正価格で購入します。そして、その可能性が実現するのを楽しみに、一部の投資家よりもじっくりと待つんです」[46]

バークシャーがこの投資からリターンを得るまでにはしばらく時間がかかった。だがその動きは、バークシャーをエネルギー・セクターにとどまらせるほどの成果を上げた。バークシャー・ハサウェイ・エナジーは現在ミッドアメリカ・エナジー・カンパニー、パシフィコープ、ノーザン・パワーグリッド、カルエナジー・ジェネレーション、ホームサービシーズ・オブ・アメリカ、BYDカンパニー、NVエナジーを保有している。

2001年◆ショー・インダストリーズ・グループ

ボルシェイムスやネブラスカ・ファニチャー・マート、シーズ・キャンディーズの買収にも見られるように、バフェットは長く小売業や製造業を得意としてきた。2001年1月4日、バークシャー・ハサウェイはカーペット・メーカーのショー・インダストリーズ・グループを21億ドルで買収した。[47]今日、ショー・インダストリーズは年間売上高60億ドルを誇る世界最大級のカーペット・メーカーに成長し、世界中の従業員数は約2万2300人である。[48]

2002年◆フルーツ・オブ・ザ・ルーム

会社の財務諸表には問題があっても、強力なブランド力がそれを凌駕することが時々ある。フルーツ・オブ・ザ・ルームがまさにその例で、2002年に株価が97%急落した際に、バークシャー・ハサウェイはわずか8億3500万ドルの現金で同社を買収して破産状態から救い出した。[49]

バフェットは買収の主な理由を二つ挙げた。「ブランド力の強さと、CEOであるジョン・ホランドの経営の才能です」[50]。この直観は正しかった。今日、フルーツ・オブ・ザ・ルームは、ラッセル・アスレチックやスポルディングといったブランドも擁し、従業員は3万4200人を数える。

2003年◆クレイトン・ホームズ

テネシー州メアリービルに本社を構えるクレイトン・ホームズは、プレハブ住宅とモジュラー住宅〔工場で大量生産され、現地で組み立てられるプレハブ住宅の一種。各部分は「モジュール」または「パネル」と呼ばれるセクションに分割されている〕で全米最大の建築業者だ。[51] バフェットは同社のことを少しは知っていたが、テネシー州ノックスビルにあるテネシー大学でファイナンス専攻の学生グループから、同校の卒業生でクレイトン・ホームズの創業者でもあるジム・クレイトンの自叙伝を贈られて興味を抱くようになった。

バークシャーの株主に語ったように、クレイトンの本を読み、ジムの息子で当時CEOを務めていたケヴィンと話をした後に、バフェットはクレイトンの財務状況を検討して同社を17億ドルで買収した。[52] この買収を行った2003年には、クレイトンの直近5年間の税引前利益率は平均19・2

%で、バークシャーの11・2%よりもはるかに高かった。

2015年、同社は少数民族の顧客に対する略奪的な貸し付けと人種差別を許容する社内文化が非難された。クレイトンは声明を発表し、そうした主張を「断固かつ毅然として」否定した。[53] バークシャーの2015年株主総会で、バフェットは同社を擁護し、クレイトンの貸付業務について「一切謝罪しません」と述べた。[54] 同社は3万8000ドルの罰金を支払い、70万ドルの返金に応じた。それでも、クレイトンは好調な業績を維持している。2018年、クレイトン・ホームズの売上高は36億ドルと推定されている。[55]

2006年◆ブルックス・スポーツ

ブルックス・ランニングとしても知られる同社は、シアトルに本社を置くアメリカ企業で、男性用・女性用の高性能ランニング・シューズ、ランニングウェア、および付属品のデザインと販売を手がけている。ブルックスの製品は世界60カ国で入手できる。[56]
創業は1914年で、元々はさまざまなスポーツ用シューズを製造していた。1970年代まではうまく成長を続けていたが、製造工程管理と品質管理の問題が発生して1981年に連邦破産法第11条に基づく再建手続きを申請した。[57][58]
2001年に新CEOとしてジム・ウェーバーが就任し、業績を好転させた。彼は50%以上の製品ラインを廃止して、同社のブランドをほぼ全面的に設計し直してランニング・シューズに特化したのだ。ブルックスは、パフォーマンスを向上させることを重視してデザインのイノベーションを行った。
2004年には、同社はラッセル・アスレチックに買収された。そして、すでに述べたように、ラッセル自身は2006年にフルーツ・オブ・ザ・ルームに買収された。その結果、ブルックスはフルーツ・オブ・ザ・ルームの親会社、バークシャー・ハサウェイの子会社になった。2011年に、ブルックス・ランニングは専門ランニング・シューズ市場のトップブランドとなった。[59,60]

2012年、ウォーレン・バフェットは……ブルックスのポテンシャルを認識した。同社は当時、バークシャー・ハサウェイの所有するフルーツ・オブ・ザ・ルームの子会社だったが、バフェットは個人的にブルックスを独立した企業とみなすことにした。そして今や、ウェーバーがバフェットに直接報告する立場になったわけだ……彼は自分の上司からこれほど信頼されていると感じたことはないし、これ以上の責任を感じたこともない。[61]

私はジム・ウェーバーにインタビューし、バフェットとの関係について尋ねたところ、こう答えてくれた。「ウォーレン・バフェットとじかに会って話すときには、彼はこちらのいうことに熱心に耳を傾けてくれます……電話やテレビ、コンピュータはなかったですし、邪魔も一切入りませんでした。先日彼のオフィスで会った時には3時間話し込み、その後オマハでランチに出掛けましたよ。彼は暖かく、寛容で、何にでも興味を示し、情熱的でした[62]」

2001年にウェーバーがCEOに就任して以来、ブルックスは毎年成長を続けてきた。ブルックスや他の会社に対するバフェットの経営スタイルは、彼の成功と大いに関係ある。つまり、各社の経営陣に自由に経営を任せながら、説明責任を果たさせるということだ。バークシャーが大昔につくり上げた、分権化した意思決定システムは非常に起業家的であり、各社の経営者に多くの自由を与えることで、彼らの創造力を刺激している。

ウェーバーはバフェットについて次のように語っている。

　ダートマス大学のＭＢＡコースで学んでいた時に、私はウォーレン・バフェットの手紙を発見してむさぼるように読み始めました。私はリーダーになれる方法だけでなく、自分はどのようなリーダーになりたいのか深く理解するようになりました。誰でも価格を下げて安い商品を売ることができるが、真の挑戦は持続性のあるビジネスを築くことだ、ということをバフェットは私に教えてくれました。ビジネスを長続きさせるには、ブランド力が強く顧客の忠誠心《カスタマー・ロイヤリティー》が高いだけでなく、高い自己資本利益率を上げる必要があります。私はシアトルで最高の仕事をしているとよく人に言っています。この業界で最高の仕事をさせてもらっています。私は今、とっても楽しい時を過ごしています。[63]

２００６年◆ＩＳＣＡＲメタルワーキング・カンパニーズ

ＩＳＣＡＲメタルワーキング・カンパニーズ（ＩＭＣグループ）は１９５２年、イスラエルのナハリヤでステフ・ヴェルトハイマーが自宅の裏庭に設立した。ヴェルトハイマーは、ナチスドイツからの避難民で、[64]ジェットエンジン向けの精密ブレード（切断作業に使用される高品質の刃物）を製作することでまず有名になった。今日、ＩＳＣＡＲカンパニーズは、世界中の主要産業向けの工作および製造に用いる「高精密の超硬金属加工工具」全般を提供している。[65]

２００6年5月、バフェットは残り20％をバークシャー・ハサウェイはＩＳＣＡＲの80％を40億ドルで購入し、[66]２０１３年に、バフェットは残り20％を20億５０００万ドルで取得した。２０２１年時点で、ヴェルトハイマーはイスラエルで第2位の富豪であり、彼の会社は自動車、航空宇宙、金型産業の世界的企業として、65カ国に1万３０００人以上の従業員を抱えている。[67]

２００７年◆マーモン・ホールディングス

２００７年、バークシャー・ハサウェイは45億ドルを支払ってマーモン・ホールディングス株の60％を取得した。同社は国際的な複合企業で、１９５３年にジェイ・プリツカーとロバート・プリツカーによって設立された。[68]マーモンは、食品サービス・テクノロジー、水テクノロジー、インターモーダル（国際）コンテナ、電気製品など13の事業セクターに従事している。マーモンは１００を超える自律的な製造およびサービス事業を展開しており、世界中で1万９０００人の従業員数を雇用している。[69]

２０１１年から２０１３年にかけて、バークシャーはマーモンの残り40％の株式を購入した。[70]２０２１年時点で、同社の売上高は１００億ドルを超えている。

バークシャー・ハサウェイと大不況

バフェットと企業内起業(スタートアップ)

バフェットの起業家精神は大不況の期間中に発揮された。大半の人々が何をするのにも恐れをなしていた頃、バフェットは機会を見いだしていた。これは起業家としての重要な特性である。危機の期間中にバフェットがどのようにして機会を生み出したかの実例をいくつかご紹介しよう。

大不況(2007〜2009年)

全米経済研究所(NBER)によると、大不況は2007年12月から2009年6月まで続いた。[71][72]この期間のアメリカ合衆国は、大恐慌以来で最悪の景気停滞を経験した。金融危機の一因となったのは、「デリバティブ(派生商品)」として知られる金融取引の乱用で、買い手も売り手も住宅ローンのデフォルト(債務不履行)がどこまで進むかに賭けることができた。2007年、アメリカ住宅市場の価値は20兆ドルを超えており、その半分近くが何らかの住宅ローンによって支えられていた。ところが、サブプライムローン(信用力の低い人を対象にした高金利の住宅ローン)を手掛ける金融機関が25社以上倒産し、多くのサブプライム住宅ローンがデフォルトに陥った。その結果、S&P500株価指数は57%下落し、アメリカの家庭は純資産を平均40%失い、失業率は10%に達した。

バークシャー・ハサウェイ株は、2007年12月10日に1株当たり14万9200ドルでピークを打ち、金融危機の最悪期には51％下落し[73]、2009年3月9日に7万3195ドルで底打ちした。当時、バークシャーおよび関連企業の従業員数は22万3000人を超えていた。

危機期間中のバークシャーの投資

こうした危機にもかかわらず、バフェットはそこから利益を得る方法を見つけ出した。これはまったく驚くに当たらない。なぜなら、バフェットの投資戦略の大黒柱は、他の人たちが皆売っているときに買うことだからだ。「アメリカを買おう。私は買っている」。2008年10月15日付ニューヨーク・タイムズ紙のコラムに彼はこう書いた。S&P500株価指数は年初来からこの日までに38％下がっていた。

株を購入するにあたってのルールは簡単だ。他人が貪欲なときに恐れ、他人が恐怖に駆られているときに貪欲になれ、ということだ。そして今や恐怖が広がっていて、経験豊富な投資家さえも苦しめている。これはほとんど間違いない。確かに、投資家が負債比率の高い企業や競争力の弱い企業を警戒するのは当然である。だが、わが国の多くの健全な企業の長期的な繁栄を不安がるのは意味がない。むろん、こうした企業の収益が一時的に落ち込むことはあるだろうが、それはこれまでもたびたびあったことだ。だが、大半の主要企業は、5年後、10年後、20年後には最高益を更新しているだろう。[74]

バフェットは、1カ月後あるいは1年後に株価がどうなっているかを予言する方法などはないが、経済全体が好転するずっと前に株価が大幅に回復していることは間違いないと述べた。だからこそ、自分の個人口座では、全額を国債に投じていたが、株価がまだ下降線をたどればすぐに100％をアメリカ株に投じると付け加えた。結果的に、バフェットの見極めは市場よりも数カ月早く、実際には2009年3月に市場は底打ちした。しかし、彼の意見表明は、市場センチメントに（一時的ではあるものの）好影響を及ぼした。

彼の戦略はまたしても正しかった。金融危機の期間中、バフェットの起業家的な直観はさえわたり、ゴールドマン・サックス、ゼネラル・エレクトリック（GE）、リグレー／マース（世界的な食品会社）、スイス・リー、ダウ・ケミカルなどに100億ドル以上の利益を上げた。

それでは、大不況時におけるバフェットの大きな投資内容を説明しよう。バークシャーの手持ちの資金と名声が有利な立場での値引き交渉を可能にした。

2008年◆ゴールドマン・サックス　バフェットは、リーマン・ブラザーズが倒産した後で50億ドルをゴールドマン・サックスに投資した。この莫大な投資は同社に対するバフェットの自信を示すもので、株価は上昇した。バークシャーは配当利回りが年率10％の永久優先株を50億ドル分購入した。さらに、「1株当たり115ドルの行使価格で50億ドル分の普通株式を購入できるワラント」[75]も受け取り、このワラントの行使期間は5年間だった。[76]

2011年3月に、ゴールドマンはバークシャーに56億5000万ドルを支払って優先株式を償還した。[77] 2013年には、ゴールドマンの株価は160ドルを超えたので、バフェットはワラントを行使したいと考えた。しかし、その引き金を引く前にゴールドマンが再交渉に応じ、バークシャーに1310万株と20億ドルを与えた。[78] ゴールドマンの全株式を獲得する代わりに、バフェットはこの提案に同意した。バークシャーのポートフォリオが銀行株への配分目標をすでに超えていたからだ。結局、バフェットはこの投資で30億ドルを超える利益をバークシャーにもたらした。具体的には優先株への5億ドルのプレミアム、12億ドルの配当、そして2020年に彼が同社株の大半を売却した際の少なくとも14億ドルがその内訳である。[79]

2008年◆ゼネラル・エレクトリック（GE）

2008年にGEの株価が42％下落したことを受けて、バークシャー・ハサウェイは新規発行のGEの永久優先株に30億ドル投資することを決定した。この優先株の配当利回りは年率10％で、3年後には10％のプレミアムで償還できた。バークシャーは、1株当たり22・25ドルの行使価格で30億ドル分の普通株を取得するワラントも獲得した。行使期間は5年、つまりその間いつでも行使可能という条件である。バフェットは、優先株が償還される日が来るまでか、投資の日から3年が経過するまで、同社が保有していた普通株の10％以上を売却するのを控えるべきだと主張した。この取引は2008年10月16日に成立したが、当日のGEの株価は19・29ドルだった。[80]

GEの普通株の株価は、バークシャーの投資後の5カ月にわたって下落を続けた。2009年3月5日、株価は6・66ドルの底値をつけた。だが、バフェットは最終的にかなりの利益を上げた。

この取引でバークシャーは33億ドルの返済を受け、さらに毎年3億ドルの配当を受け取ことができた。さらにバフェットはワラントを利用してGE株を22・25ドルで購入する権利を5年間維持できた。

2011年に、GEはバークシャーに33億ドルを支払ってこのローンを返済した。しかも、3年間にわたって毎年3億ドルの配当金すべてを支払った。その結果、バークシャー・ハサウェイは12億ドルの利益を得た。

2013年、GE株を購入するバフェットのワラントの権利行使期限が迫り、GEの株価が22・25ドルを上回っていた時期に、両社はバークシャーが同社株を買うために30億ドルを支払う必要がないとの合意に達した。その結果、GEは30億ドルを受け取ることなくバークシャーに自社株1070万株を提供した。これはワラントの行使価格22・25ドルを上回ってバークシャーが受け取るはずの総額に相当した。バフェットはバークシャーが保有していたGE株をすべて2017年第2四半期中に売却した。その価値は3億1500万ドルだったと推定される。

結局、バークシャーはGEに30億ドルを3年間貸し付けた対価としておよそ15億4500万ドルを得た[81]。内訳は、彼が同社株を保有している間に支払われた約3000万ドルの普通配当と2011年からの12億ドルの利益であり、GEとの取引は大きな利益をもたらしたことになる。2021年にGEは8対1の株式併合を行い、2022年3月には、GEは1株当たり89ドルで取引されていた。

２００８年◆リグレー／マーズ　バークシャーは、マーズがチューインガム・メーカーとして最大手のウィリアム・リグレー・ジュニア・カンパニーを２３０億ドルで買収した時に資金調達を支援した。[82] マーズ自身が11億ドルを支払い、ゴールドマン・サックスから57億ドルの融資を受け、バークシャーに残りの資金の提供を要請した。[83] バークシャーはリグレーの優先株を21億ドルで購入した。優先株の年間配当利回りは５％だった。この取引で、バークシャーはリグレーの10％の持ち分を得た。[84] そして、リグレーの社債（利率11・45％、２０１８年満期債）も44億ドルで購入した。[85] 債券と株式の値上がり益と金利および配当収入を合わせて、バフェットはリグリーへの投資から約65億ドルの利益を得た。[86]

２００９年◆スイス・リー　チューリッヒに本拠を置く巨大保険会社、スイス・リーは大不況下の金融市場での取引から、保有するストラクチャード・クレジット・デフォルト・スワップ（ＣＤＳ）取引で20億スイスフランの評価損を含む60億スイスフランの損失を計上した。[87] この損失によって、スイス・リーはＡＡの信用格付けを失う危険に陥り、[88] バフェットに資金支援を打診した。

バークシャーはすでにスイス・リーの事業にかなり関与していた。２００８年１月に、バークシャーはスイス・リーとの間に比例再保険特約を締結し、スイス・リーの新規および更新された財産・傷害保険事業の20％を取得するとともに、株式の３％を取得した。[89] ２００９年３月、バークシャーは26億ドル（30億スイスフラン）を投資した上で、市場の状況次第でさらに20億スイスフランの投資も検討した。

情報ウェブサイトのザ・ラショナル・ウォークによると、

この投資は12％の利息を生んだものの、スイス・リーには利払いを遅らせる権利があり、現金ではなく株式を用いて利払いできるという選択肢もあった。この投資はバークシャーに転換権を与えたが、取引時点での転換価格がスイス・リーの当時の株価よりも高かった。また、将来の希薄化を防ぐため、スイス・リーがプレミアム価格で償還する権利を留保していた。[90]

バークシャーはこの投資で成功した。30億スイスフランの投資は、「金利支払い、償還プレミアムに元本の返済分を合わせて44億2000万スイスフランになった」（ザ・ラショナル・ウォーク）という。[91] ここから推定される内部収益率は、スイスフラン建てで25・8％、米ドル建てで37％となった。[92]

2009年◆ダウ・ケミカル　バークシャー・ハサウェイはダウ・ケミカルに莫大な投資を行い、そのおかげでダウはローム・アンド・ハースを買収できた。2009年4月1日、バークシャーはダウの優先株式（年間配当利回りが8・5％）を30億ドルで300万株購入した。[93] ダウはバフェットに毎年2億5500万ドルの配当金を支払い、2009年から2015年までのバークシャーの総利益18億ドルに貢献した。[94]

２００９年◆バーリントン・ノーザン・サンタフェ　２００９年11月3日、バークシャーはバーリントン・ノーザン・サンタフェ（ＢＮＳＦ）を1株当たり１００ドルで買収すると発表した。同社は現在、バークシャーの完全子会社となっている。

２０１０年2月に、バークシャーは現金と株式交換で総額２６５億ドルを支払い、まだ保有していなかった発行済み株式を購入して買収を完了した。[95] 買収にかかったコストは、現金１５９億ドルと新規発行された１０６億ドル相当のバークシャーの普通株式である。[96] バークシャーは、法人としておよそ80億ドルの借り入れを起こし、ほぼ同額の手元資金をこの取引の現金部分に充当した。[97] アメリカ経済は将来も成長を続ける見込みなので、財と輸送への需要は今後高まるだけだろう、というのがＢＮＳＦ買収にあたってのバフェットの理屈だった。どの競合他社にとっても参入障壁が高いというＢＮＳＦの持続的な競争優位も、バフェットにとってこの取引の価値を高めた。

バークシャーがＢＮＳＦを買収した２００９年末時点は、同社の売上高と純利益は１４０億ドルと17億ドルだったが、２０２１年には、それぞれ２３３億ドルと59億９０００万ドルになっていた。

間近で見たバフェット

私がバフェットに初めて会ったのは、彼がＢＮＳＦを購入した直後だった。私はバークシャー・ハサウェイについてのケーススタディを執筆し、私と私の学生たちに訪問の機会を与えられないか、と思いながらバフェットの事務所にそれを送っていた。うれしいことに、まさに希望していたことが実現した！　バフェットは私と27名の学生をオマハに招待してくれ、我々は彼と1日を過ごすことができた。それが実現したのは、バフェットがＢＮＳＦの買収を発表した２００９年11月のまさにその日だった。どこもかしこもマスコミに追いかけまわされるという環境下で、バフェットは我々のグループのためにかなりの時間を割いてくれた。彼は自分の好きなことをして楽しんでいた。それはものを教え、若者たちと時を過ごすことだった。質疑応答の時間には、自分は小さいころからおもちゃの列車セットとともに育ったので、ずっと鉄道会社を保有したかったのだと言った。私たちがバフェットを訪ねた時の話は第12章で紹介しよう。

第9章

バークシャー・ハサウェイ：2010～2020年

ビジネスの世界で最も成功するのは、大好きなことをしている人々です。自分が熱烈に愛せる仕事を探し続けてください。[1]

——ウォーレン・バフェット

バークシャーにとっての新たな10年

フィリップ・フィッシャーの経営哲学は、バフェットにとっては非常に有益で、彼は長年これを守り続けた。基本的な戦略は、最高の人材を探し求めたらあとは自由にやってもらうことだった。2010年代が始まるとともに、80歳のバフェットと86歳のマンガーは、彼らが築いた会社の将来、つまり引退後に備えた体制を整え始めた。最初に手がけたのは、トッド・コームズとテッド・ウェシュラーを共同最高投資責任者（CIO）として雇うことだった。二人ともバフェットとマンガーよりも数十歳若く、世の中の技術の発展の中で大人になった世代であり、彼らの物の見方はバークシャー・ハサウェイでの投資に間違いなく影響を及ぼした。要するに、こういうことだ。コームズとウェシェラーが入社する前は、バークシャーはハイテク企業にほとんど見向きもしなかった。バフェットがアマゾン株を購入し、「もっと早く飛びつかなかった自分はあまりに浅はかだった」と言ったのは、二人が仲間に加わった後のことである。さらに、バフェットはアップルをバークシャーのポートフォリオ全体の中で最大の保有銘柄にした。2020年にもこの方針は続き、バークシャーはクラウド・データ企業スノーフレークに投資した。同社が新規株式公開（IPO）をした際に、バフェットはスノーフレークの株式を7億3000万ドル保有していた。[2]株式公開初日が引けた時には、バークシャーには8億ドル以上の利益が出ていた。[3]

私はこの株式取得をバフェットが独りで決めたとは思っていない。そしてバークシャーは今後数十年にわたってテクノロジー株をポートフォリオに組み入れ続けると予想している。

バフェットがトッド・コームズを雇ったのは2010年、コームズが39歳の時である。コームズはフロリダ州サラソータ生まれ。フロリダ州立大学では金融論と国際ビジネスで学士号を取得し、その後バフェットの母校コロンビアに入り、高名なバリュー投資プログラムに参加した。これはバフェットが何十年も前に学んでいたのと同じプログラムである。[4]そして2002年に経営学修士（MBA）を取得して卒業した。

バークシャーに入社する前に、コームズはキャッスル・ポイント・キャピタルというヘッジファンドを設立した。もし彼がそのファンドを運用し続けていれば現在よりも多くの金を儲けていたかもしれない。[5] バフェットは言った。「コームズはその能力と知性の高さがあったからバークシャーに向いていたわけではありません。私たちのシンプルでストレートな文化《カルチャー》に100%はまったからです。私たちは、創業者がいない時でも揺るがない、バークシャー・ハサウェイの人や組織に深く根付いた文化《カルチャー》を必要としています。トッドは、この文化を維持・実践できるピッタリの人物なのです[6]」

2年後の2012年に入社したテッド・ウェシュラーもヘッジファンドの創業者だった。ニューヨーク州バッファロー出身の52歳で、現在はバージニア州シャーロッツビルに住んでいる。バフェットを敬愛するあまり、2010年にバフェットとランチを共にするための私的なオークションを262万6311ドルで落札したほどである（この資金は寄付に充てられた）。翌年もオークションに参加したのだが、他の参加者の落札の最高額が昨年の自分よりも低かったにもかかわらず、[7] ウェシュラーは、自分の師と仰ぐ相手との昼食をもう一度勝ち取るために、入札額を262万6411ドルへと1000ドル上乗せした。[8]

ウェシュラーはペンシルベニア大学ウォートン・スクールで経済学を専攻して1989年に卒業し、その10年後にペニンスラ・キャピタル・アドバイザーズというヘッジファンドを立ち上げた。[9] ペニンスラの20億ドルのファンドは1236%のリターンを上げたのだが、バフェットに雇われたのでウェシュラーはファンドを閉鎖した。[10]

当初、バフェットはウェシュラーとコームズに10億ドルずつを与え、二人に別々に運用させた。その後彼らの能力に自信を深めるとともに任せる金額を少しずつ大きくしていった。二人とも投資判断をする前に誰にも相談する必要はなかったが、バフェットはパフォーマンスを毎月チェックし続けた。2020年になる頃には、二人ともおよそ150億ドルの株式ポートフォリオを運用していた。それぞれが自分のポートフォリオの運用成果の80％と相手の成果の20％を受け取る。これは、バフェットがチームワークと責任の分担を促す一つの方法だ。

「彼らは優れた『ビジネスマインド』を持っていて、さまざまなビジネスの将来を決定しそうな経済要因を把握できるのです」。2016年にバフェットは新しいファンド・マネジャーたちについてこう語った。「二人とも何が予想可能で、何が知り得ないかをわかっていて、それが彼らの思考を助けています」[11]

自分とマンガーが行った最良の判断の一つがこの二人を仲間に迎えたことだ、とバフェットは後に語っている。「我々と同じくらい物を読んでいるのは彼ら二人ぐらいしかいなかったんですよ」とバフェットは半ば冗談でこう呟いた。[12]

ここからはしばらく、バークシャー・ハサウェイがこの10年で行った最も重要な買収を紹介しよう。

2011年◆ルーブリゾール・コーポレーション

2011年3月、バークシャー・ハサウェイは、ルーブリゾール・コーポレーションを現金97億ドルで買収した。[13] ルーブリゾールは1928年にオハイオ州クリーブランドで設立された。現在は同州内のウィクリフ近郊に本社を構え、エンジニアード・ポリマー、コーティング、工業用潤滑油、エンジンオイル添加剤、特殊化学製品などの化学製品に特化しており、配管システムの分野にも強い。

本書をここまで読んできた読者であれば、バフェットがなぜこの会社に惹かれたかをすぐにおわかりになるだろう。

- 自己資本利益率（ＲＯＥ）が34％。
- 保有する特許は１６００件と「堀《モート》」（競争優位）が広く深い。
- 価格決定力を持っている。バフェットはこれを企業を評価するときに最も重要な要素と言っている。
- 配当金が２００５年の１株当たり１・04ドルから２０１０年の１・39ドルまで着実に伸びている。
- 売上高の３分の2をアメリカ合衆国以外から得ている。
- 組合組織率が低い。
- 株価バリュエーションが妥当（バフェットは1株値１３５ドル、ＰＥＲは今期の利益ベースで13倍、来年の予想ベースで12倍）。
- 優秀で安定した経営陣。[14]

2011年◆バンク・オブ・アメリカ

2011年になっても、バンク・オブ・アメリカ（BoA）は大不況による低迷から抜け出せていなかった。とりわけ、メリル・リンチを通じて割高の住宅ローン担保証券（MBS）を販売したとして、アメリカの大手保険会社アメリカン・インターナショナル・グループ（AIG）から100億ドルの訴訟を起こされていた。[15] その年は、BoAの業績低迷にもかかわらず、バフェットは同行の優先株式（年間配当利回りは6％）に50億ドルを投資した。彼はまた、バークシャーが2021年末まで行使価格7・14ドルで7億株を購入できるワラントも受け取った。BoAは、優先株を5％のプレミアムでいつでも買い戻せるオプションを持っていた。[16]

バークシャー・ハサウェイは2017年にワラントを行使して7億株を購入した。同日の株価の終値は23・58ドルだったので、1株当たり7・14ドルというのは大幅なディスカウントとなった。つまり、バークシャーは2011年に購入したBoAの優先株を使って、160億ドル以上の価値のある普通株式と交換したのだ。[17] 今日、BoAはアップルに次いで2番目に多いバークシャーの保有株式となっている。2022年6月に、バークシャーはBoAの株式を10億株以上、時価総額にしておよそ343億ドル分を保有していた。

2011年◆IBM

バフェットは当初、IBMのビジネス・サービスと経常収益、そして市場トップクラスの地位に関心を持っていた。ところが、この最古参のハイテク企業への投資はバフェットには珍しく失敗だったことが判明する。

2011年、バークシャー・ハサウェイは1株当たり平均170ドルでIBM株式を6400万株購入した（総額107億ドル）[18]。6年後の2017年に、バフェットは、特にアップルと比較した場合の同社の将来性について懸念を表明し始め、それから6カ月もたたないうちに、IBM株の売却を開始した。株価がまだ180ドル以上を維持しているうちに「妥当な量の株を」急いで処分したのである[19]。ところが、売却を完全に終了する頃には、IBMの株価は約140ドルになっていた[20]。自分が理解できる企業のみに投資するという保守的な哲学、他の状況では何度となくうまくいってきたこの投資哲学が、今回ばかりは不利な方向に働いたのかもしれない。IBMはわかりやすいテクノロジー企業の一角に名を連ねているものの、企業のライフサイクルとしてはすでに最盛期を過ぎているのかもしれない（このような問題含みの投資とそれがどのようにバフェットの思考を形成したかについては、第10章「バフェットの失敗」で取り上げることにする）。

2012年◈オリエンタル・トレーディング・カンパニー

オリエンタル・トレーディング・カンパニーは、美術品や工芸品、おもちゃ、小物、文具に加えて、パーティー用品を手頃な価格で販売している[21]。1932年に、アメリカで最初の卸売問屋の一つとして設立され、オマハに本社を構えている。

2010年8月24日、同社はOTCホールディングス・コープを通じて米連邦破産法第11章による保護を宣言した[22]。ところが、CEOのサム・テイラーは会社を破産状態から脱却させ、バフェットを説得して同社を買うことに同意させた。２０１２年11月2日、バークシャー・ハサウェイは5億ドルで買収して同社を救済すると発表した。[23] ２０１７年、テイラーは脳腫瘍のため56歳で他界した。今日、オリエンタル・トレーディングは社長兼ＣＥＯのスティーブ・メンデリックによって経営されている。

２０１３年◆Ｈ・Ｊ・ハインツ

２０１３年2月14日、バークシャーと３Ｇキャピタルは Ｈ・Ｊ・ハインツを２８０億ドルで買収した。ハインツはバフェットの投資哲学にピタリと当てはまる。バークシャーは２０１３年時点でコカ・コーラとＩＢＭの株式を大量に保有していたが、ハインツは両社に負けないほどの世界的ブランドを擁している。財務実績も健全だった。「私たち向きの会社です」[24]とバフェットはＣＮＢＣとのインタビューでこう語り、ハインツをフルーツ・オブ・ザ・ルームやバーリントン・ノーザン鉄道のような「トロフィーアセット」と見ていることを示唆した。[25]

実はバフェットはハインツの買収にプレミアムを支払っていた。報道によると、「取引の条件に従い、バークシャーは72・5ドルを支払った。これは終値よりも20％高く史上最高値よりも19％高かった」のだ。[26]

バークシャーと３Ｇはハインツに現金およそ40億ドル支払ったが、バークシャーはさらに優先株式にも80億ドル支払った。この優先株の配当利回りは年間およそ９％だった。[27]

この買収については第10章でさらに分析する。

2014年◆自動車販売会社

2014年、バークシャー・ハサウェイは78社の独立販売会社を持つバン・タイル・グループを買収した。同社は株式非公開の自動車ディーラーとしてアメリカ最大手の販売会社グループで、売上高は80億ドルだ。[28] バークシャーはずっと自動車産業を避けてきたので、この買収はその基準からはややそれていた。支払った額は41億ドルだった。

バン・タイル・グループは元々アリゾナ州フェニックスを拠点にしていたが、その後テキサス州ダラスに本社を移した。だが当時のCEOラリー・バン・タイルはトップの座を維持し、バークシャー・ハサウェイ・オートモーティブの会長になった。これは、買収先の経営陣と彼らの専門知識を活かすという彼のよく知られたパターンに沿った行動だ。「ラリーの経営手腕をもってすれば、同社は現状よりもさらに拡大できると思います」とバフェットはCNBCのインタビューで答えている。[29]

2014～2016年◆デュラセル

1989年、バークシャー・ハサウェイはジレットの転換優先株式を6億ドル相当購入した。2005年に、プロクター・アンド・ギャンブル（P&G）がジレットを540億ドルで買収することに同意した。2014年、バークシャーは2005年のP&Gによるジレット買収の対価として取得した47億ドル分のP&G株式を、デュラセルの買収のためにP&Gに引き渡した。[30]

バフェットによると、「私は一人の消費者として、またP＆Gとジレットへの長期投資家として、常にデュラセルに感銘を受けてきました〔当時、デュラセルはジレットの子会社だった〕。この会社は、電池メーカーとして世界的にトップブランドの地位を確立しており、バークシャー・ハサウェイの基準にちょうど当てはまる。[31] この取引はバークシャーのポートフォリオにうまく当てはまった。特にバフェットは同社の買収に株式を用い、税金を大幅に節約できた。デュラセル株と交換でP＆G株を手放したので、現金で売却していたら必要だったはずのキャピタルゲイン課税を避けることができたのである。[32]

2015年◆クラフト・フーズとH・J・ハインツ

2015年、3Gキャピタルとバークシャー・ハサウェイはそれぞれ100億ドルずつを投資し、クラフト・フーズとH・J・ハインツとの合併が成立した。株価を基にして計算したクラフトの時価総額（負債控除後）は約460億ドルだった。[33] この取引の結果、ハインツが発行済み株式の51％を得たので、当時のクラフトの株主の持ち分は49％となった。[34] この合併により、ブランド価値総額が5億ドルを超える13のブランドが合同した。[35] 新たに発足したこの巨大企業の2014年の売上高はおよそ280億ドルだったが、業界トップのペプシコの売上高はその倍以上だった。[36] しかし、2019年2月には、クラフトハインツ・カンパニーは予想外の悪材料を発表した。無形資産の評価で150億ドルの償却を行い、オスカー・マイヤーやクラフトといった有名なブランドの商標価値が割高であったことを認めたのである。[37]

クラフトハインツ・カンパニーは、会計不正の疑いでの調査も受けていた。株価は1日で30％下落し、2015年の合併以降で時価総額は半分を下回った。その結果、バークシャー・ハサウェイは40億ドルの損失を出した。バフェットによると、コストコのカークランドシグネチャーのようなプライベート・ブランドとの競争が減収の主な理由である。[38]

バフェットは現在、クラフトに対するいくつかの判断を誤った可能性があり、高い買い物をしてしまったと認めている。「約70億ドルの有形資産を使い、60億ドルの税引前利益を稼いでいる素晴らしい企業です。……しかし……私たちは有形資産に1000億ドル支払ってしまったのです。したがって、適切なリターンを得るには、同社が使っている70億ドルでは全く足りません。1070億ドルぐらいは稼がなければならないというわけです[39]」

2016年◆プレシジョン・キャストパーツ・コーポレーション

2016年、バークシャー・ハサウェイはプレシジョン・キャストパーツ・コーポレーションを321億ドルで買収した。これは、バークシャーがそれまでに行った中で最大の取引額となった。[40]

コームズは、オレゴン州を拠点に航空機と航空宇宙部品を製造するこの会社の株を買い始めてから間もなく、この件をバフェットに報告した。その後、バークシャーは同社の全株式を取得した。[41]

プレシジョン・キャストパーツは、大型航空機用ファスナー（部品を結合するための留め具類）やタービンブレード（航空機エンジンや発電機のタービン部を構成する羽根上の部品）、あるいは発電所や石油・天然ガスセクターで用いられるパイプなど航空機に欠かせない部品の世界的メーカーだ。部品の大半はOEM（相手先ブランド）供給用製品だが、補助部品も同社のビジネスモデルにとっては重要な一角を占めている。同社の製品は複数年契約で提供されることも多く、これがビジネスの強固な強みとなっている。[42,43]

2016年◆アップル

第6章で詳述した通り、バークシャーは2016年5月に10億ドル相当のアップル株を購入した。その後1年もたたない2017年2月に、バークシャーはアップル株を1億3300万株、時価で170億ドル（アップルの2・5％）保有し、自社で2番目に大きい保有株であると発表した。[44]バークシャーによる、この最先端ハイテク企業への高い関心は冷めなかった。2019年10月に、2億4958万9329株、時価で589億6000万ドル以上のアップル株を保有していた。そして2021年末には9億7555万9761株、時価1457億ドルとなって、アップルはバークシャーの最大保有銘柄となっていた。[45]

2016～2020年◆航空会社

2016年11月に、バークシャーはアメリカン航空、ユナイテッド航空、デルタ航空、サウスウエスト航空の4社の航空会社に投資した。この動きは驚きをもって迎えられた。バフェットはかつて民間航空会社への投資で苦汁をなめており、そこから学んでいないように見えたからだ。

1989年から1996年までの年次書簡のほとんどで、バフェットはUSエアウェイズへの投資が失敗だったことを認めてきたが、2007年にも、航空会社への投資に対する否定的な見解をあらためて示した。「急速に成長し、成長を生むために多額の資本を必要とし、ほとんど、あるいは全く利益を生まないのが最悪のビジネスです。航空会社について考えてみましょう。ライト兄弟の時代からずっと、この業界では競争優位がつかみにくいことがわかっていました。実際、ライト兄弟が初めての有人飛行に成功したキティホークにもし先見の明のある資本家が現れて、オーヴィル・ライトを撃ち落としていれば、投資家の後継者たちは大いに恩恵を受けていたでしょう」[46]

2002年のインタビューで、バフェットは同じ趣旨のことを述べている。

1900年代の初めに、キティホークでオーヴィル・ライトが初飛行をした時に、もし資本家がそこにいたなら、オーヴィルを撃ち落とすべきでした。そうすれば、彼の子孫の資産を守れたはずです。けれども冗談はさておき、航空産業はこれまで非常に特異な発展を遂げてきました。この1世紀間にわたって、他の産業ではとても追いつかないほどの資本を使い果たしてきました。なぜなら人々が何度も戻って来ては新鮮な資金を投入しているように見えるからです。莫大な固定費がかかり、強力な労働組合を抱え、コモディティ価格の変動にもさらされてきました。これは成功に向けた正しい方法とは言えません。私は航空株中毒患者向けの無料相談電話番号を知っていますので、どうしても航空株を買いたくなったら電話します。たとえば午前2時に電話して、こう言うのです。「私の名前はウォーレンです。航空会社中毒《エアロホリック》です」すると、彼らは私を止めてくれるというわけです。[47]

しかし、自分自身の助言に逆らう形で、バフェット、コームズ、ウェシュラーの3人は、2019年10月から数十億ドルを使って航空株を買い始めた。内訳は次の通りである。

・サウスウエスト航空を5364万9213株（28億9276万5565ドル）
・デルタ航空を7091万456株（37億5470万8645ドル）
・アメリカン航空を4370万株（11億9563万2000ドル）
・ユナイテッド航空を2193万8642株（19億1195万2650ドル）

バークシャー・ハサウェイによる航空会社への累積投資額は97億5505万8860ドルとなり、これは同社のポートフォリオの時価総額2166億2114万8782ドルの4・5％にあたる。

バフェットはどうして考えを変えたのだろう？　おそらくそれは、コームスとウェシュラーの影響だろう。あるいは、航空業界内の統合で、収益性が改善する兆候が現れたのかもしれない。どのような理由であれ、バフェットの楽観主義は新型コロナウイルスのパンデミックによって裏切られ、航空株は大打撃をこうむった。2020年3月に、バークシャーは航空業界関連株を売り始めた。デルタ航空の持株比率は11・1％に達していたが、そのうち18％、3億1400万ドル分を売却した。さらに、サウスウエスト航空株も10・4％を保有していたが、保有分の4％（7400万ドル）を売却した。[48]

2020年の株主総会で、バフェットはパンデミックを受けて航空会社株を全株（総額で61億ドル分）処分する決断をしたと発表した。航空業をめぐる不透明感は空席、航空券価格の下落、そして収益性の低下を招いたとバフェットは説明した。

アメリカン航空の元ＣＥＯであるロバート・クランドールは、航空業界のために働くことは楽しかったと話しているが、同時に「不愉快で、腐った業界」とも呼び、部下の従業員たちに航空業界は儲からないので自社株を買わないようにと述べた。[49] 高い資本コスト、労働組合、燃料価格や予測不可能なものも含め、航空業界への障害に結びつく要素は多い。

２０１８年◆ヘイブン

２０１８年1月、バフェットとアマゾンのＣＥＯであるジェフ・ベゾス、ＪＰモルガンのＣＥＯ、ジェイミー・ディモンは、「ヘイブン」というパートナーシップを新たに設立し、アメリカのヘルスケアのコスト削減に専念させると発表した。

バフェットは、際限なく膨れ上がっているアメリカのヘルスケア費用を「アメリカのビジネスとその競争力にとりつくサナダムシ（寄生虫）」と呼び[50]、彼が敬服し信頼する二人のビジネスパーソンと共に、コスト効率的なヘルスケア・サービス提供の新モデル生み出せるかどうかを検討したいと述べた。

とはいえ、新たに健康保険会社を始めるわけではない、とバフェットは投資家に保証した。そして、このパートナーシップを始めた主な動機は「利益を追求することではありませんでした」[51] とも付け加えた。だがそれ以上の詳細は明らかにせず、国民一人当たりの年間医療費支出が１９６０年の170ドルから今日1万ドルへと大幅上昇したのは滑稽だと述べるにとどめた。[52]「私たちは、従業員が現在よりも低コストで優れた医療サービスを受けられるようにしたいのです。現在よりも劣るサービスを提供するつもりはさらさらありません[53]」

三つの組織の連合体は、合わせて100万人以上を雇用しているので、ヘルスケア・サービスの提供において、ある種の新しいコスト削減モデルを構想できるかもしれない。具体案が不足していたものの、バフェットは、彼らのモデルが節約を目指し、広く採用されることを期待していると明確にした。「抵抗は相当あると思いますが、仮に失敗しても、少なくとも試したことになるのですから[54]」。結局この発言が正鵠を射ていた。

究極の目標は、全米で適用できるヘルスケア費用の新たなモデルの策定をヘイブンが鼓舞することであり、これは非常に難しいことをバフェットは認めた。彼は約束をしないよう気をつけていた。3人はパートナーシップ契約のような正式な文書さえ交わさなかった。だが、バフェットは3人の取り組みについての自分の希望と野心を隠せなかった。「私たちが何か非常に重要なことをできるというチャンスはあります。誰も数値化はできませんが、私たちはほとんどの人たちよりもそれを試せる立場にいるわけです。そして、確かに私たちは正しいパートナーを得ました。試しにやってみて、どうなるかを見極めたいと思います[55]」。2021年2月、ヘイブンは解散を発表した。アメリカのヘルスケア産業は、あまりにも複雑に凝り固まった仕組みで動いているため、大きな社会混乱でも起きない限り変革することが困難だった。

2019年◆アマゾン・ドットコム

2019年5月2日、バークシャー・ハサウェイの年次株主総会の前日に、バフェットはCNBCに出演し、バークシャーの投資マネジャーのうちの一人、つまりコームズかウェシュラーのどちらかがアマゾンの株式を購入したと述べた。「私はアマゾンのファンの一人で、これまで同社株を買わなかったのは愚かでした」と彼は認めた。しかし長い間ずっとテクノロジー株を避けてきたことで有名なバフェット自身に、大きな価値観の変化は起きていないとテレビの視聴者に保証した[56]。しかし、そのざっくばらんな姿勢は、この投資に対して彼がいかに関心を持っているかを少し控えめに伝えていたかもしれない。同じ日に、バークシャー・ハサウェイは証券取引委員会に対し、前四半期末にアマゾン株を48万3300株保有していると届け出た。2021年末には、バークシャーの持ち分はおよそ20億ドル、アマゾンの発行済み株式の0・1%になっていた。

2019年◆アナダルコ・ペトロリアム

2019年までの数年間、バフェットは石油株にそれほど関心を示してこなかったが、オキシデンタル・ペトロリアムがアナダルコ・ペトロリアムを買収する際にバークシャー・ハサウェイが100億ドルの拠出を約束し、方針転換を明らかにした。アナダルコは、テキサス州とニューメキシコ州の境界に位置するパーミアン盆地で主導的な地位を占めていた。この盆地は世界で最も生産性の高い油田の一つである。バークシャーは、総額100億ドルで、年間配当利回り8%の同社の優先株を10万株購入した[57]。バークシャーは1株当たり62・5ドルで最大8000万株のオキシデンタル株を購入できるワラントも受領した。[58] 両社の買収契約では、オキシデンタル・ペトロリアムは「アナダルコの普通株式1株に対する対価として現金59ドルと、オキシデンタルの普通株式0・2934株を提供して、発行済み株式をすべて」取得した。[59]

その数年前から、バフェットは保有する電力株を風力発電や水力発電のような再生可能エネルギーに移しているように見えていた。[60] オキシデンタルへの投資は、彼が石油産業に自信を持っており、また、市場がまだオキシデンタル／アナダルコを合わせた資産基盤と生産能力を十分に理解していないと考えていることを示唆した。

2020年◆クローガー

2020年、バークシャーは5億4900万ドルを支払って、クローガーの株式1900万株（持株比率は2・3％）を取得した。[61] この取引でバークシャーは支配株主にはならなかったが、上位10名の大株主には入った。[62] とはいえ、祖父の食料品店の倉庫番として働き始めた少年にとっては夢のようなポジションではあった。2022年現在、バークシャーはクローガー株式6180万株、時価28億7000万ドル相当を保有している。

2020年◆日本の総合商社

2020年、バフェットは、バークシャーが住友商事、三菱商事、伊藤忠、三井物産、丸紅の各5％、合計60億ドル相当を保有していることを明らかにした。[63] この投資判断にはいくつかの理由がある。まず、バフェットの分散投資戦略の一つだ。米ドル高が進んでアメリカ合衆国の資産が割高になってきたからだ。その結果、今後ドル安が進行すると、(ドル建てでの)配当金と株価が上昇することになる。2021年下期の時点で、バフェットは30%を超える利益を得ていた。

2020年◆第3四半期の投資活動

2020年第3四半期は、バークシャーはクラウド・データ企業のスノーフレークに投資した。スノーフレーク新規株式公開(IPO)で、バークシャーは約7億3000万ドルを同社株式に投資した。スノーフレークは1株当たり120ドルで上場した。取引日初日が終了するまでには、株価は253・93ドルまで(111%)上昇し、バークシャーに8億ドル以上の利益をもたらした。[64] 2022年3月には、株価は197・42ドルになっていた。

2020年第3四半期には、ワクチンやコロナ関連の利益を見込んで、バークシャーは医薬品企業に57億ドルを投資した。投資先はアッヴィ(2130万株)、ブリストル マイヤーズ スクイブ(3000万株)、メルク(2240万株)、ファイザー(370万株)の4社である。バークシャーは保有するコストコの全株、バリック・ゴールドのポジションのうち44%、そしてアップル・ホールディングスの40億ドル分を売却した。[65]

2020年◆第4四半期の投資活動

2020年第4四半期に、バークシャーはシェブロン株を41億ドル、ベライゾン株を86億ドル購入した。そしてＪＰモルガン・チェース、ＰＮＣファイナンシャル・サービシズ・グループ、Ｍ＆Ｔバンク、ファイザー、バリック・ゴールド株を全株処分した。さらに、アップル、ウェルス・ファーゴ、サンコア・エナジー、ゼネラル・モーターズ（ＧＭ）の持ち分のそれぞれ６％、59％、28％、９％を削減した。[66]

第10章 バフェットの過ち

企業が今後1〜2年でどうなるかを予測して購入タイミングを計ろうとする考え方は、投資家が犯す最も大きな過ちだと思う。なぜなら、確実な投資などというものはこの世に存在しないからだ。「今は不確実性の時代だ」と人々は言うが、2001年9月10日の時点で翌日何が起きるかなんて誰もわかってはいなかった。人々は単に知らなかっただけだ。日々が不確実の連続なのだ。したがって、不確実性は投資に必ず付いて回るものだと捉えたほうがよい。だが不確実性は味方にもなれる。つまり、人々がおびえているときにはものの値段が安くなるからだ。我々は適切な価格を見極めようとするが、タイミングを計ろうとすることは決してない。[1]

——ウォーレン・バフェット

誰もが過ちを犯す。ウォーレン・バフェットも例外ではない。しかし、彼が過ちについてひどく悩むことはない。多くの投資家は自分の判断の誤りを認めたり検証したりすることを拒否するが、バフェットは違う。自ら進んで自分の判断を検証し、予想通りに行かなかったことから学ぼうとするのだ。２００９年に私がバフェットを訪ねた時に話してくれたのは、メジャーリーグの歴史上、打率が４割を超えたバッターはわずか一人（１９４１年のテッド・ウィリアムズの4割6厘だった）だが、そんな大打者でも60％近くが凡打に終わっている、ということだった。バフェットの見方では、空振りよりも悪いのは、チャンスを見逃すことだ。「最も重要な過ちは見落としです。当社の財務諸表には現れない機会損失なのです。する必要があって、やろうと思えばできたのにしなかったことが、私の人生において最も大きな過ちになるでしょう」と彼は言った。

本章では、失敗した購入と捉えられなかった機会を両方取り上げ、バフェットが投資で犯した過ちのいくつかを検証する。

１９４２年◆シティーズ・サービス

バフェットは11歳の時に初めて株式投資に手を染めた。シティーズ・サービス（天然ガス会社）[2]の優先株６株（自分用に3株、姉のドリス用に3株）を1株当たり38ドルで購入したのだが[3]、残念なことに株価はすぐに27ドルまで下がってしまった。バフェットは姉に損をさせたくなかったのでかなり焦ったが、幸い株価は40ドルに戻り、そこで売り抜けることができた。ところが、その後２００ドルまで上昇してしまい、彼はただ見守るしかなかったのである[4]。これが、株式市場への投資からバフェットが学んだ最初の教訓である。「忍耐強く構え、ミスター・マーケットの気まぐれに左右されることなかれ」ということだ。

1952年◆シンクレア・ガスステーション

バフェットがそのキャリアの初期に犯した過ちの一つに、21歳の時に行ったシンクレア・ガスステーションへの投資が挙げられる。オマハの友人と一緒に2000ドル（当時の資産の20％）を投じて購入したのだが、その後間もなく、通りを隔てた向かい側にあるテキサコのガソリンスタンドの売上が常にシンクレアを上回っていることを知った。テキサコのほうがよく知られたブランドで、顧客の忠誠心も高かったからだ。バフェットにとってこの取引の機会損失は、現在の価値では60億ドルに相当する。

この経験はバフェットにとって初期の教訓となった。彼は、ブランド認知度がいかに強いかを学んだ。[5] さらに、投資する前に企業の帳簿を研究することがいかに大切なことか、ということも。彼は常にブランディングの重要性を重視し、バークシャーのすべての従業員にもその大切さを強調して理解を求めている。

1952年◆ガイコ

1951年、バフェットは自分の資産の50％以上をガイコに投資した（これは1株当たり29・375ドルで、総コストは1万281・25ドルだった）。1951年末までに株価は28％上昇し、彼の資産の65％になっていた。バフェットはこの短期的な成功に興奮しすぎて、深刻な過ちを犯してしまう。1952年に、ガイコをすべて売却し、ウエスタン・インシュアランス・セキュリティーズに乗り換えたのだ。バフェットはグレアムから安値拾いの重要性を叩き込まれていた。その目から見ると、ウエスタン・インシュアランスはいかにもお買い得に見えた。だがその後の20年間で、バフェットはかつて手放したガイコの価値が100万ドルをはるかに超えるまで急騰するという現実に直面することになる。バフェットは引き金を早く引きすぎたのだ。この経験は、バフェットにその後の投資行動に大きな影響を与える教訓となった。素晴らしい会社は長く持つことが必要だということを身をもって学んだ。

1964年◆アメリカン・エキスプレス

1963年、アメリカン・エキスプレスはある詐欺事件に関与し、1億8000万ドルの損失を出した。これは今日の価値で15億2000万ドルに相当する[6]（第2章を参照）。その結果、株価は50%以上下落した。

バフェットは、フィッシャーの「スカトルバット手法」を用いて、この事件が同社に及ぼす影響を調べた。すると、消費者はレストランでの食事や買い物に依然としてアメリカン・エキスプレスのカードを使っており、旅行ではアメリカン・エキスプレスのトラベラーズ・チェックを使っていた。そこで、財務状況も評価した上で、1964年にパートナーシップの資産の25%をアメリカン・エキスプレスに投資した。2年後に売却した時には株価は2倍となっていた。この取引でバフェットは投資家に2000万ドルの利益をもたらした。

もちろん、これは見事な投資である。ところが、もし彼がこの株を持ち続けていれば、今頃は数十億ドルになっていたはずである。ここでも、素晴らしい会社は長く持つことが必要だということを学んだのである。

1962〜1964年◆バークシャー・ハサウェイ

第2章で述べたように、バフェットは当初（1960年代のことである）、バークシャー・ハサウェイとして知られている繊維会社に自分の同社持ち分を1株当たり11・5ドルで売却することに同意した。ところが、買い付け価格を1株当たり11・375ドルにするという郵便が届くと、彼は激怒して会社全体を買収してそれまでのオーナーを首にした。バフェットは、その後20年にわたって繊維事業を継続しようと努力したが、事業は赤字を出し続けた。

ここでの教訓は非常に明らかだった。投資をする時には感情的になってはいけない、ということだ。バフェットは、バークシャー・ハサウェイ株の購入を彼の人生で最大の過ちだったと呼んだ。今日の価値で数十億ドルもの損失を被ったのだから。投資において最も重要なスキルは自分の感情をコントロールすることだ、という彼の主張を裏付ける恰好の事例である。バフェットが失敗した会社の名前を自分の投資事業会社に残している理由の一つは、この怒りの行動をいつまでも忘れないためではないかと私は考えている。もし同じ金額を保険会社に投じていれば、投資会社としてのバークシャー・ハサウェイの価値は、現在よりも2000億ドル高くなっていただろうと彼は試算している。バフェットは次のように述べている。「経営者の名声がいかに高くとも、事業がうまくいかないと、残るのはその悪評のほうだ[7]」

1966年◆ホックシールド・コーン

バフェットが最初に企業を直接買収したのは、未上場のボルティモアの百貨店、ホックシールド・コーンだった。1966年、彼と二人のパートナーであるチャーリー・マンガーとサンディー・ゴッテスマンとともに、同社株を全株取得した。[8] 彼らは、①純資産を下回る価格で取引されており、②優れた経営陣を擁し、③本来の価値が帳簿に反映されていない不動産を持ち、④LIFO在庫を大量に保有する会社を手に入れたのである。[9] LIFO（後入先出法）は、何年も前に購入した低コストの在庫がいつまでも残るので、帳簿上の在庫価値を低く見積るという傾向がある。

以上の特徴はすべて付加価値があると思われた。ところが、この会社は何よりもまず小売業者であり、小売は非常に厳しいセクターとしてよく知られていた。[10] 問題は、消費者の嗜好と販売チャネルが常に変化していることで、競争優位性を維持することが難しいという点である。従来型の小売店舗は参入障壁が低いことも、競争力の維持をいちだんと難しくしている。多くの投資家が手痛い経験を通じてこの事実を学んできた。小売りの巨大企業として長く君臨していたシアーズ・ローバックとJCペニーは、今日では死に体にあると言ってよい。本稿執筆時点で、新型コロナウイルスの世界的流行による店舗閉鎖の影響で、他の全米小売りチェーンは破綻の危機に追い込まれている。そこにテクノロジーの影響が追い打ちをかけているのだ。私たちが買い物をする方法は劇的に、しかも急速に変わっている。アマゾンやEコマースが従来の実店舗型の企業を次々と押しつぶしている。これは新型コロナウイルスによるシャットダウン（店舗閉鎖）期間中に特に加速した。こんなことになろうとは誰も、おそらくジェフ・ベゾスですら予想もしていなかった。これは、小売セクターにはすでに存在していた過剰生産のコストに圧力をかけ、従来の販売網全体の利益を縮小させた。[11]

消費者の嗜好の変化、ロケーションの悪さ、低い参入障壁といったトレンドの変化がホックシールド・コーンを窮地に追い込んだ。バフェットがこの小売株を3年後に売却した時、当初の投資分は戻ってきたが、それだけだった。彼が学んだ教訓は次の通りだ。「素晴らしい会社を適正価格で買うことのほうが、素晴らしい価格で適正な会社を買う」よりも望ましいということだ。[12] マンガーはバークシャー・ハサウェイに加わったときにこの考え方を強調し、これはその後間もなく投資に対するバフェットのアプローチの中核を成すようになった。

1966年と1995年◆ウォルト・ディズニー・カンパニー

１９６６年、バークシャーはパートナーシップの資金の5％、４００万ドルをウォルト・ディズニー・カンパニーに投じた。[13] それから1年以内に６２０万ドルで売却し、かなりの儲け（２２０万ドル）になった。しかし残念なことに、この投資もまたバフェットの投資キャリアにおいて最大の失敗の一つだったことが明らかとなる。この売却でバフェットのパートナーシップは将来の１７０億ドル分の上昇と10億ドル分の配当金を手放したのだ。[14] 彼が失った機会利益について考えてみてほしい。それだけの金があればバフェットはさまざまなことができていたはずだ。１９９８年の株主総会で、バフェットはこう述べた。「確かに、ディズニー株の売却は大きな過ちでした。私は持ち続けるべきだったのです」[15]

彼は1995年にも同じ失敗をしている。バークシャーはキャピタル・シティーズ／ABCの株式を持っていたのだが、ディズニーがシティーズ／ABCを買収すると発表した時、バークシャーはディズニー株をいきなり2100万株取得した。ところが、2000年末には、バークシャーはその全株を売ってしまったのだ。もしバフェットがディズニーを持ち続けていれば、同社株は今日139億ドルになっていたはずである。[16]

1968年◆インテル・コーポレーション

インテルは1968年に半導体の専門家であるロバート・ノイスとゴードン・ムーアによって設立され、[17]その後、世界トップのテクノロジー企業の一つに成長する。バフェットが1968年に同社に投資する機会を得たのは、アイオワ州にあるグリネル・カレッジの評議員をノイスとともに務めていた縁があったからだ。ノイスはバフェットの親友であるジョー・ローゼンタールとグリネル大学の投資ファンドを説得し、両者は10万ドルずつを同社に投資したが、バフェットは「安全余裕度」がないとして断った。これはバフェットが投資で犯した最大の失敗の一つとなった。しかし、この経験を経てバフェットはハイテク株や安全余裕度を持たない企業への投資を控えるようになった。

1975年◆ワウンベック・テキスタイル・カンパニー

バフェットは、業績の上がらない繊維会社バークシャー・ハサウェイの買収を後悔したにもかかわらず、その13年後に同じ失敗をした。ニュー・イングランドにある別の繊維会社、ワウンベック・テキスタイル・カンパニーを買収したのだ。彼は、必要な教訓を部分的にしか学んでいなかったようだ。感情に任せての投資は避けるべきだが、バフェットは安さだけに惹かれる投資のリスクも学ぶ必要があった。

「1975年に、私はニュー・イングランドにあるもう一つの繊維会社ワウンベックを買収しました。皆さん信じられますか？」と彼は2014年のバークシャー・ハサウェイ株主宛書簡で書いた。「もちろん、私たちが得た資産とバークシャーの既存の繊維事業とのシナジー効果を考えると購入価格は『お買い得』でした。ところが、全く驚くべきことに、ワウンベックの業績は散々だったのです。数年後には工場を閉鎖しなければならなかったのですから」[18]

バフェットはようやく理解した。「最初に成功しなければ、新たな戦略に乗り出さなければなりません」と2017年に彼はCNBCに話している。[19]バフェットは、利益率が圧縮されがちな製品やサービスに依存する企業を保有することの不利も学んだ。

1980〜1990年代◆マイクロソフト

バフェットがマイクロソフトに投資する機会を逃したのは有名な話である。すでに見たように、彼は自分が理解できる企業か業界に投資することでしか満足を感じない。このルールに従ったために、マイクロソフトの初期の時代に投資できなかったのだ。その後、マイクロソフトの共同創業者であるビル・ゲイツとの友情を深める中で、バフェットはゲイツの会社に投資すると二人の友情にひびが入るのではないかと感じた。また、規制当局が二人によるインサイダー情報の共有を疑う可能性も懸念された。バフェットにとっての機会損失は数十億ドルになった。

２０１０年にトッド・コームズ、２０１２年にテッド・ウェシュラーをファンド・マネジャーとして雇ったことで、バフェットは自分がハイテク企業について無知であることがバークシャーにとって負担であり、そのことにもう耐えられないことを認めた。

私の得た教訓：自分が優位性を持たない分野について自らを教育することを恐れず、そうでなければ、自分より知識のある者に任せる覚悟を持つべきだ。

１９８９年◆USエアウェイズ

バフェットは航空会社への投資ではずっと華々しい成果を上げられなかった。ところが、彼は何度も航空株に投資したあげく、ついに自分は「航空会社中毒《エアロホリック》」だと冗談を言うようになった。[20]

初めて航空会社に関わったのは１９８９年、ＵＳエアウェイズの最高経営責任者（ＣＥＯ）だったエド・コロドニーから、ヘッジファンドによる敵対的買収を防ぐために自社の株を購入することを説得された時だ。バフェットは年率配当利回り9・25％の転換社債型の優先株を3億５８００万ドル購入した。[21] 行使価格（普通株式を購入できる価格）は60ドルで、当時の株価は52ドルだった。だが、バフェットはその権利を行使できなかった。株価が60ドルに到達することがなかったからである。コロドニーは、バフェットがなるべく早く投資分を現金化して、元本は戻ったもののそれ以上を得ることなく去ったことを覚えている。[22]

２００２年のインタビューで、バフェットは航空会社株で大やけどをしがちな自分の嗜好を認めた上で、航空業界が「この1世紀間にわたって、他の産業ではとても追いつかないほどの資本を使い果たしてきました。なぜなら人々が何度も戻って来ては新鮮な資金を投入しているように見えるからです」と認めた。[23]

航空会社の莫大な固定費用、強力な労働組合、コモディティのように変動する価格設定が組み合わさって、成功の方程式を立てることが非常に難しくなっている、というのだ。しかし、USエアウェイズの経験を経ても彼は懲りなかった。バフェットは２０１６年から２０２０年までに他の4社の航空会社株にも手を出したのである。

「私は航空株中毒患者向けの無料相談電話番号を知っていますので、どうしても航空株を買いたくなったら電話します。たとえば午前2時に電話して、こう言うのです。『私の名前はウォーレンです。航空会社中毒《エアロホリック》です』。すると、彼らは私を止めてくれるというわけです」[24]

バフェットが航空会社株に投資しようと決断したのは、航空業界内での企業統合の動きが収益性の向上につながるのではないかと期待したからだ。さらに、高い参入障壁があることの利点を、株主へ魅力的なリターンを提供する持続的な手段として強調しすぎていたのかもしれない。

１９９１年◆ソロモン・ブラザーズ

バフェットにとって最悪の結果となった投資の一つがソロモン・ブラザーズだ。１９９０年代初めに次々と起きたスキャンダルによって破綻寸前まで追い込まれた同社を、バフェットは緊急救済措置として買収した。彼はすでにソロモンに7億ドルを保有していた。これは1987年に購入した分で、持株比率は12%だった。[25]

スキャンダルの一つが、1990年末にトレーダーの一人が起こした財務省証券への不正入札である。彼はアメリカ財務省証券の入札で、一人のトレーダーが許されている35%の上限を超えて応札し、市場を独占しようとしたのだ。[26]同社の内部調査委員会は、5年物財務省証券の入札で60億ドル分の違法な応札があったことを突き止めた。[27]しかし、この事件が明らかになった後も、トレーダー本人は解雇されなかった。翌年、1991年5月に、ソロモンは同じ操作を行って、財務省証券市場を独占した。しかしこの時は、証券取引委員会が見逃さなかった。ソロモンは2億9000万ドルの罰金を科せられ、CEOのジョン・グットフロインドは辞任に追い込まれた。[28]二つの不正を行ったトレーダーは、規制当局に嘘をついた罪で有罪判決を受け、軽警備の刑務所に4カ月服役した。[29]

この非合法の活動を受けて、バフェットも議会証言を余儀なくされた。議会では、まず同社の不祥事について詫び、ソロモンの大半の従業員は尊敬できる人々であることを強調し、連邦政府によるいかなる調査にも誠心誠意協力することを約束した。「結局のところ、法令順守の精神は、それに関するどんな言葉にも匹敵するくらい、いやそれ以上に重要なのです」と言った上で次のように続けた。

私は、会社経営において、誤解を避けるために正確な言葉を使う必要があると考えています。また、企業が透明性と倫理を守るために、完全な内部統制を整えることも必要だと思っています。しかし同時に、ソロモンの従業員一人ひとりが自分自身のコンプライアンス・オフィサーであってほしいのです。従業員の皆さんには、まず全てのルールを守った上で、自分がしようとしている行動が、経験豊かで批判的な記者の記事として翌日の地元紙の一面に掲載され、配偶者や子どもたちや友人たちに読まれてもよいかどうかを自問してもらいたいのです。彼らがこのテストに合格すれば、私からの他のメッセージを恐れる必要はありません。会社のために損をしても私は理解するでしょう。しかし会社の評判をほんの少しでも汚したら、私は容赦しないでしょう。[30]

バフェットは、1997年にトラベラーズがソロモン・ブラザーズを90億ドルで買収した時にこの件全体から手を引いた。バフェットの取り分は17億ドルだった。したがって彼はこの取引で10億ドルの利益を得たことになる。[31]純粋に損得だけを見ると、バフェットはソロモンへの投資で失敗したわけではなかった。だが、バフェットにとってこの経験の後味は悪かった。その理由は、彼が昔からどんなブランドにも正直さと誠実さを何よりも重視してきたからだ。

1993年◆デクスター・シュー・カンパニー

1993年、バフェットはバークシャーの株式を4億3300万ドル分使用してデクスター・シユー・カンパニー株を購入した[32]。当時、デクスターは世界で最も評判のよい靴メーカーだった。しかし、バフェットは自信過剰バイアスに屈したのではないか、というのが私の感覚である。つまり、諸外国の安い労務費の影響と、ブランドに立脚したデクスターの競争優位がそれによって揺るがされた可能性を見落としていたのではないだろうか。

バフェットは2015年の株主総会で次のように述べている。「かつて隆盛を誇ったデクスターの業務は失敗してしまい、小さなメイン州に住む1600名の従業員は失業してしまいました。彼らの多くは、もはや別の職業を学ぼうにもできない年齢になってしまったのです。私たちは投資全額を失いましたが、それでも何とかなります。しかし多くの労働者は取り換えの効かない生活手段を失ったのです」[33]。当時バークシャーが同社に支払った自社株の価値は、現在であればおよそ90億ドルになっている[34]。だが、それ以上に重要なのは機会利益だ。つまりその90億ドルを他にどう使えたか、ということなのだ。

1998年◆ジェネラル再保険

1998年、バークシャーは27万2200株の普通株式を発行して、再保険会社のジェネラル再保険を買収した。その結果、バークシャーの発行済株式は21・8%増加した[35]。この取引では2つのことがうまくいかなかった。ジェネラル再保険は金融派生証券への過度な露出に加え、評判がよくなかった。2009年のバークシャーの年次株主総会で、バフェットは次のように述べた。「私は完全に間違っていました。1998年に買収した時、私は同社が保険業界で超一流という15年前の評判を信じていたのです」[36]

バフェットは、彼の幅広いビジネス経験で悲惨な状況を免れた。派生証券については、ジェネラル再保険の経営陣に対して、なるべく多くのポジションをなるべく早く処分するように指導した。これは、状況がよくなるまで様子を見るのではなく、悲惨な状況に陥った場合の影響を限定するためのバフェットの素早い動きであり、2020年3月に航空会社株に行っていた処置とまさに同じである。[37]彼はトップ経営陣も入れ替えた。「私の失敗によって、バークシャーの株主は『得たものよりはるかに多くのものを失う』ことになりました」(「受けるよりは与えるほうが幸いである」という聖書の教えにもかかわらず、企業買収という行為が祝福されるとは限らないのです)。[38]

簡単に言うと、バフェットはこの失敗によって、2001年にバークシャーの株主に8億ドルの損失をもたらした。ここでの教訓は何だろうか？　どんな時にも最悪シナリオ分析を行って、どのような行動が損を招くかを決断せよ。[39]さらに、何かがうまくいかなかったときには、損失を出してなるべく早く撤退せよ。さらに、事業の成功には優れた経営者が鍵となる、ということだ。[40]

1998年～現在◆グーグル

時に目の前のチャンスに気づかないことがある。[41]グーグルの共同創業者のセルゲイ・ブリンとラリー・ペイジは2000年代後半にバフェットに近づいて自分たちの会社への投資を提案したが、バフェットはその提案を却下した。グーグルを強力な広告媒体としてではなく、単なるもう一つの検索エンジンとみなしてしまったのである。彼は思慮が足りなかった。なぜならバークシャー・ハサウェイは以前にガイコの広告でグーグルのビジネスモデルを利用しており、すでにそれをよく知っていたからだ。ここでも、バフェットとマンガーは、数十億ドルを儲けられたかもしれないハイテク企業への投資機会を逃してしまったのだった。

2003年◆ウォルマート

1990年代、バフェットはウォルマート株を買い続けていた。目標は1株当たり23ドルで1億株を手に入れることだった。しかし、購入を進めるうちに、株価が狙っていた価格を数セント上まで上昇したため、2003年に購入を止めた。[42] 2004年の株主総会で、バフェットは次のように述べた。

私の判断で、当社はウォルマートに約100億ドルを投じました。チャーリーは私の思いついた中で最悪のアイデアだとは思えないと言ってくれましたが、これは彼にしては驚くべき称賛でした。そして、皆さんご存じのように、ウォルマートを少し買ったところ、株価が少し上がりました。

私は当時、「まあ、もしかしたら、株価はまた戻ってくるかもしれない」と思っていましたが、実際は何を考えていたかは自分でもわかりません。まあ、私の精神科医ぐらいしかわからないでしょうね。そうして指をくわえてためらっているうちに、結果として現在の機会損失が100億ドルに達したというわけです。[43]

2019年時点で、1億株はおよそ120億ドルに相当する。そしてこの価値に過去20年間で支払われた配当金は含まれていない。したがって、トータルリターンは相当高いはずだ。2004年以降のウォルマート株の株主に対するトータルリターンは年率7・5%だ。[44]

この投資の失敗からの主な教訓は、自分の投資アイデアを正しいと考えるなら、質のためには多少高くても買うべきだ、ということだ。完璧な価格など存在しないのだから。株価が割安だと考えれば、5%多めに払ったところで致命的にはならないはずである。[45]

2006〜2014年◆テスコ

バフェットは2006年にイギリス最大の食料品店チェーン、テスコの株を初めて買った。だが、経営陣の変更が影響を及ぼし始め、それとともに同社の収益性は着実に落ちた。バフェットはこの兆候を無視した。2012年に業績の下方修正が発表されたにもかかわらず、バフェットはテスコの持株比率を5%以上に引き上げた。翌年、彼はついに同社経営陣に失望し、保有していた4億1500万株のうち1億1400万株を手放した。

この時のバフェットの失敗は、完全に全株を売却できたはずのときに、おそらく実現損を回避するために持ち続けたことだろう。テスコの問題は改善せず、市場シェアは縮小を続け、利益率は圧迫され、さらに会計問題も浮上し始めた。

バフェットはテスコ株式の売却を続け、最終的な税引後の損失は総額で4億4400万ドルとなった。これはバークシャーの純資産の1％の5分の1、すなわち0・2％に相当する。[46] この経験から得られた教訓は何か？　経営陣に問題があるとの最初の兆候で撤退するか、そうでなければ経営陣を交代させよ、ということだ。

「売却の決断が遅いと高い代償を払うことがあるのです。チャーリーは私のこのような態度を『指をくわえる行為』と形容します（それがどのような損失をもたらすかということを考えると、彼は実に親切なのです）」とバフェットは後に認めた。「ビジネスの世界では、悪材料が次々と表面化します。台所にゴキブリを見つけると、数日のうちに彼の親戚もぞろぞろ出てくるものです。それと同じことです[47]」

2008年◆コノコフィリップス

第7章で「群衆バイアス」について詳しく説明したように、バフェットは、市場がパニックに陥っている時こそ買い時だという自分の経験に基づく鉄則を無視した。自分の感情を優先して、原油価格が最高値に近い時にコノコフィリップス株を購入したのだ。その結果、バークシャーは数十億ドルの損失を被った。

2011年◆ルーブリゾール・コーポレーション

2011年1月、バークシャーの役員であるデービッド・ソコルは、個人としてルーブリゾール株を大量に購入し、その事実をバフェットに報告した。「これは魅力的な買い物ですよ」とソコルは言った。バークシャーはその助言を受けて、2011年3月に約90億ドルでルーブリゾールを買収した。この取引によってソコルの持株の価値は300万ドル増えたのだが、この事実をマスコミに気づかれた。

ソコルはその後退任した。[48] バフェットは、ルーブリゾールを買収した時に十分な事前調査をしなかったことに気がついたが、時すでに遅かった。バフェットが得た教訓は何か。自分の評判こそが最も価値ある資産だ、ということだ。必要だと思える以上に多くの質問をして、自分の評判を守るべくできる限りのことをすべきなのだ。[49]

2011〜2018年◆IBM

2011年、バークシャー・ハサウェイはIBM株6400万株を107億ドルで購入した（平均購入価格は170ドル）。[50] 当時、バフェットはIBMのコンピュータ（ハードウェア）よりも、それに関連するオフィス・サービスに関心があった。当時、IBMは情報技術のアウトソーシング事業で圧倒的な地位を占めていたため、ビジネス・サービスは安定と成長をもたらすと思われた。だが数年後、クラウド・コンピューティングが始まると、IBMの地位は劇的に低下した。

2017年になると、バフェットはIBMよりもアップルの将来を楽観視するようになっていた。IT業界の変化の中でIBMが間違った側にいることが次第に明らかになるにつれて、バフェットのIBMへの信頼はますます揺らいでいった。「株価が180ドルを超えた時に、実際ある程度の持株を売りました」[51] と当時語っている。2018年5月までに140ドル半ばぐらいの価格で全株を売却していた。[52]

２０１３年◆エナジー・フューチャー・ホールディングス

エナジー・フューチャー・ホールディングス（ＥＦＨ）は２００７年、資本金は80億ドルの資本金と、多額の債務を抱えて設立された。設立目的はテキサス州の発電所施設の購入である。バフェットはＥＦＨの債券を約20億ドル購入した。これはマンガーに相談せずに行った。２０１３年の株主宛書簡で、バフェットはこの過ちを認めている。これは、彼が大きな優位性を保つために長く用いてきた基本原則の重要性を裏づける。「自分のアイデアに対して率直に意見を述べ、反対することを恐れない誰かを右腕に持て」ということだ。バフェットはマンガーに相談せずに投資を決めたために、バークシャーに８億７３００万ドルの損失をもたらした可能性がある。「これは大きな過ちでした。次はマンガーに連絡します」とバフェットは株主に語った。[53][54]

２０１５年◆クラフト・フーズとＨ・Ｊ・ハインツ

２０１３年2月14日、バークシャーと３Ｇキャピタルは H・J・ハインツを２８０億ドルで買収した。２０１５年には両社は合わせて１００億ドルを投資して、クラフト・フーズとH・J・ハインツを合併させた。この取引でクラフトの時価は約４６０億ドルとなった。[55]

しかし、クラフト・ハインツの事業ポートフォリオは、主に「店舗の中心部」（加工食品や缶詰、シリアルなど）であったのに対し、消費者の嗜好は急速に店舗の周辺部分（肉、魚、野菜、果物など）

やオーガニック（有機食品）に向かっていた。これは、主にコストコの「カークランド」のようなプライベート・ブランドの増加による競争に押された動きである。ウォルマート、ターゲット、クローガーを初めとする食品小売りチェーンも各社のプライベート・ブランドを拡大している。たとえば、クローガーの「シンプル・トゥルース」オーガニック食品は現在、売上高30億ドルのブランドである。[56]

バフェットは消費者の嗜好がこのように変化することも、他の食料品小売店がそれに対応していたことも予想できなかった。競争の激化、売上高の減少、利益率の低下の結果、２０１９年にクラフトは１５４億ドルの損失を計上し、配当金も１株当たり２・５ドルから１・６ドルへと36％の減配となった。[57]

プライベート・ブランドは市場シェアを拡大し続けている。２０２０年のパンデミック前の市場シェアは16％で、２０１４年から２％ポイント上昇していた。パンデミックが始まって以降、従来型製品の売上高は24％増加したが、プライベート・ブランドは29％増とそのペースを上回った。[58]

「同社は今でも素晴らしい企業です。約70億ドルの有形資産を使い、60億ドルの税引前利益を稼いでいるのですから」とバフェットはＣＮＢＣで語った。だが、当時を振り返った上でクラフトについては高値買いだったと認めた。「私たちは有形資産に１０００億ドル支払ってしまったのです。したがって、私たちが適切なリターンを得るには、同社が使っている70億ドルでは全く足りません。１０７０億ドルぐらいは稼がなければならないというわけです[59]」

2015～2016年◆プレシジョン・キャストパーツ・コーポレーション

2016年、バークシャー・ハサウェイはプレシジョン・キャストパーツを321億ドルで買収した。[60] 同社は、大型航空機用ファスナー（部品を結合するための留め具類）やタービンブレード（航空機エンジンや発電機のタービン部を構成する羽根上の部品）、あるいは発電所や石油・天然ガスセクター用のパイプなど、航空機の主要部品の世界的メーカーだ。

プレシジョン・キャストパーツの子会社の一つがドイツ企業のシュルツ・ホールディングで、2017年に8億7000万ドルで買収していた。ところが、この取引が完了した後、プレシジョン・キャストパーツは、シュルツが不正な会計操作で自社の価値を大幅に水増ししていたことを発見した。

仲裁人もこれに同意した。2020年、プレシジョン・キャストパーツは本件に関する6億9600万ドルの訴訟に勝利し、バフェットは帳簿上の判断ミスを認めた。バフェットは次のように書いている。「私は間違っていました……将来の収益の平均額と、その結果として同社に支払うべき適正な価格の計算を誤っていたのです。（プレシジョン・キャストパーツは）この種のことでは私の最初の誤りでは決してありませんが、大きな誤りです。私は将来にもっと過ちを犯すでしょう。それに賭けてもいいくらいです[61]」

2019年◆アマゾン

バフェットはベゾスの興した革命的企業に2019年まで投資していなかった。「アマゾンを買わなかった私は本当に愚かでした」とバフェットはCNBCに語るとともに、この方針を変えると発表した。[62]

バークシャーは2019年からアマゾン株を買い集め始めた。2022年3月時点で、バークシャーは1株当たり2910ドルで53万3300株、15億5000万ドル分を保有していた。アマゾンは最近1対20の株式分割を発表し、2022年5月の株主総会で了承された。これは、投資家が1株を所有していると、新たに19株が割り当てられることを意味する。所有する金額は変わらない。その分だけ安くなった株式を多く持てるようになる、ということにすぎない。つまり、アマゾン株を買える投資家の数が増えることになる。2022年第2四半期末の時点で、バークシャーはアマゾンの1066万6000株を保有していた。2022年8月末時点での時価総額は14億3000万ドルとなっている。

2016〜2020年◆航空会社

本章と第9章ですでに述べたように、バークシャーは2016年11月にアメリカン航空、ユナイテッド航空、デルタ航空、サウスウエスト航空に投資した。その後、2020年の株主総会で、新型コロナウイルスのパンデミックを受けて、バークシャーが航空会社の610億ドルのポジションを売却していたことをバフェットが発表した。この結果、2020年第1四半期にバークシャー・ハサウェイは500億ドルの赤字を計上した。これは四半期の赤字額として同社過去最大である。航空会社株への投資が失敗だったという私の判断に同意できない読者もいるかもしれない。航空会社が大幅な損失を計上したのは、各社の経営判断やビジネスの内容ではなく、新型コロナウイルスの影響だったのだ、と。だが私はその意見に与しない。バフェットは以前の投資経験から航空業界への投資は危険だということを知っていたものの、彼は自分自身の苦い教訓を無視したのである。パンデミックがあろうとなかろうと、航空産業は景気の波に敏感である。バフェットはこのことを知っており、その固定コストの高さと組織率の高い労働組合に泣かされた経験があった。それにもかかわらず、バークシャーのポートフォリオ資産総額の4・5％に当たる97億5505万8860ドルを航空会社株の購入に費やしたのだ。

過去の経験からいろいろ学んだはずなのに、この失敗はなぜ起きたのか？　業界内での企業統合で航空券価格の企業間競争が低下したため、これまでとは異なり、今後は魅力的なリターンを株主に返せそうだとバフェットが確信したからではないか、というのが私の見立てである。それは正しかったかもしれない。しかし、コロナウイルスの感染拡大によって、航空業界がいかに気まぐれか、が明らかになったのだ。

まとめ

「生涯を通じて投資で成功するためには、知能指数がずば抜けて高い必要もなければ、人並外れた洞察力を持つことも、内部情報に通じてる必要もありません。必要なのは、意思決定のための適切かつ知的なフレームワークと、感情に流されずにそれを一定に保つことができる能力です」とバフェットは『賢明なる投資家』の序文で書いている。[63]

バフェットが過ちを犯すのは、その大半が意思決定に際して自分の知的な枠組みを守れなかった時に起きている。広範囲にわたるこうした失敗にもかかわらず、バークシャー・ハサウェイの実績は、かつてないほどの高いリターンを上げてきた。バフェット自身も、投資における過ちは避けがたいと信じている。重要なことは過ちから学び、それを繰り返さないことである。

それを実現するために投資家がなすべき最も信頼できる方法は、意思決定において生じるさまざまなバイアスを十分意識することだ。我々は誰もがこれを持っている。バフェットとて例外ではない。しかし、自分の過ちを記録して反省すれば、盲点を見極めてこれを修正することは可能なのだ。

第Ⅳ部

ウォーレン・バフェットの人物像

第11章

株主総会、人生への助言、慈善事業

私は何人の人が私を愛しているかで成功の度合いを測ります。そして愛されるための最高の方法は、それにふさわしい人間になることです。[1]

——ウォーレン・バフェット

バフェットは「自分は1万ドルを持っていた時と同じくらい今が楽しい」と語ってきた。人生における満足とはお金ではなく、持っているもので何をなしたかで決まる、と彼は信じている。したがって、バフェットは、金のためだけに仕事を選んではいけないとし、最も重視すべきはその仕事が好きかどうかだ、と学生たちに助言している。どこにでも好きなところへ行き、自分のしたいことをできるだけの金を持った男が、幸せの源は「関係」だと言う。関係とは、家族や愛する人たちとの関係であり、彼が「毎日が休暇」とみなす仕事との関係のことだ。2019年に、バフェットはフィナンシャル・タイムズ紙の記者に次のように述べた。「私は時間を買えません。愛を買うこともできません。しかしお金があればそれ以外の何でも、いくらでもできるのです。それではどうして私は毎日目が覚めてベッドから飛び出し、ワクワクドキドキしているのでしょうか。それは、私は自分がしていることが大好きだし、それを一緒にしている人たちを愛しているからです」[2]

お金と幸福

本書で読者がすでにお気づきだと思うが、バフェットは倹約家であり、企業の装飾や格式に興味を示さない。スケジュールもミーティングも、企業の儀式も、人々を管理することも毛嫌いしている。彼のオフィスは、簡素なキーウィット・プラザにあるが、もう30年以上どこにも移っていない。この億万長者の投資家は、企業の最高経営責任者（CEO）の報酬が天文学的に高額となっている現在の風潮を支持していない。

私が学生のグループと一緒に訪問した時、バフェットはこの慣行をスポーツにたとえた。「4割打者に高い報酬を払うのは理解できます。しかし、2割4分の打者にそれを払うのは無理な相談です。にもかかわらず、今やとんでもない報酬を得ている2割4分の打者が多すぎるのです」とバフェットは言った。

1980年以降、バフェットがバークシャー・ハサウェイから得ている給与は毎年10万ドルで、それ以外に年間28万9000ドルの報酬を受け取っている。この金額は、2018年のバークシャーの社員が得ている年間報酬の中間値の2倍よりも少ないが[3]、自分が生活するには十分な金額だ、とバフェットは述べている。アメリカでは経営陣の給与があまりにも膨れ上がり、貧富の差が拡大しているのはよくないと常々公言している。彼はまた、バークシャーの株式を個人的な利用のために売却したことがかつて一度もない。

「ｘよりも２ｘのほうがずっと幸せだと皆さんが考えているなら、おそらく間違っています。10ｘとか20ｘになれば幸せになれると考えていると困難に直面するでしょう。なぜなら皆さんはすべきことではないこと、たとえば手順を端折るといったことをしているからです」とバフェットは２００９年、私が学生たちと訪問した時に、こう彼らに助言してくれた。また、人は自分が大好きな仕事をしている時に最もよい結果を出すとも強調した。「一緒にいると胃が痛くなるような相手と仕事をすれば1億ドル稼げますよ、と言われたら、私は『ノー』と言うでしょう」[4]。バフェットは１９５７年、３万１５００ドルでオマハに購入した家に現在も住んでいる[5]。１９７１年、彼と最初の妻、スーザンはカリフォルニア州の南西部に位置するラグーナビーチに、15万ドルで２番目の家を購入した。彼女が亡くなると、バフェットはその家を７５０万ドルで売却した。

バフェットは長年にわたって（娘のスージーに止められるまで）、リンカーン・タウンカーに乗っていた。ナンバープレートにはTHRIFTY（倹約家）と書かれていた[6]。今日、バフェットはキャデラックＸＴＳ２０１４年型を運転している。しかし、自動車に関するこの贅沢を除けば、バフェットは簡素さを中心的な価値として生活している。彼は多くの家や自動車、ボートその他のおもちゃを持つことを支持しない。そうしたものは生活を必要以上に複雑にするのだ、と彼は語ったことがある。「私のスーツは古く、財布も古く、自動車も古く、そして私は１９５７年から同じ家に住んでいます。私は物を大切にする性格でしてね」[7]

バークシャー・ハサウェイの年次株主総会

バークシャー・ハサウェイの株主総会は昔から、倹約家バフェットの日頃の行いには似つかわしくないほどのかなり贅沢なパーティーだ。私はこれまで12回参加してきたが、いつもロックショーか宗教イベントの雰囲気が漂っている（もっとも、バフェット自身は不可知論者で、神の存在について確信は持っていない）。

バークシャー・ハサウェイの最初の株主総会が開かれたのは1965年で、場所はとあるカフェ、参加者は12人だった。現在、このイベントには毎回4万人以上の聴衆が集まる。近隣のホテルの部屋は数年前からの予約でいっぱいとなり、オマハ空港はプライベート・ジェットでひしめき合う。バフェットはこの総会を「資本主義者たちにとってのウッドストック・フェスティバル」〔1969年夏に開催された大規模なロックを中心とした野外コンサート〕と呼んでいる。なぜなら、人々は会場のCHIヘルス・センター・オマハが午前7時に開くと、最もよい席を確保するため、夜通し並ぶ（または眠る）ことを何とも思わないからだ。この株主総会は世界中の株主の関心を集めており、バークシャーの成功を祝うとともに、同社を率いるバフェットとチャーリー・マンガーがビジネスと人生について語り合う対話に耳を傾ける。

新型コロナウイルスのパンデミック期間中、株主総会はライブストリームで放送され、多くの人々が総会を視聴できるようになった。しかしその結果、私が最も楽しみにしていた、世界中の経済に詳しい人々と直接対話する機会が失われた。会場に入ろうと待っている間に、私は多くの投資家や老夫人、法律家、ブローカー、学生と話してきたからだ。私の記憶に最も鮮明に残っているのは、私のようにバフェットの教えを学んでいた人との会話である。彼は「グーグル」という新しい、注目すべき株について話してくれた。それは２０１６年のことで、世界で最も強力な検索エンジン企業の株価はおよそ７００ドルだった。今日、グーグル株は1株当たり３０００ドル前後で取引されている〔２０２２年半ば、グーグルの親会社であるアルファベットは、1対20の株式分割を行った〕。実際、バフェットの株主総会に行く時の大きな楽しみの一つは、他の出席者と打ち解けて話し、いろいろなことを学べることなのだ。

猛ダッシュ

ＣＨＩヘルス・センター・オマハのドアが開くや否や、ピンク・フロイドの歌「マネー」がガンガンの音量で流れる中、私は前列の席を目指して猛ダッシュした。壇上にはバークシャーの取締役が並んでおり、そこにはマイクロソフトの共同創業者、ビル・ゲイツもいた。そして、その日の議題に入る前に、我々出席者は無料のコンチネンタル・ブレックファストを食べるか、シーズ・キャンディー、ブルックス・ブラザーズ、フルーツ・オブ・ザ・ルーム、パンパード・シェフ、ボルシェイムスなど20社ほどのバークシャー・ハサウェイの子会社についての展示会場を訪ねることができた。どこも自社製品を販売しており、出席者は全員、20％割引の特典を受けられた。

同時に開催されていたブックフェアでは、バフェットについて書いた数人の起業家が自著にサインし、私たち参加者と話した。２０１０年には、マイクロソフトの共同創業者の父親、ビル・ゲイツ・シニアが自著『人生で大切にすること』にサインをしていた。

お祭りのような気分を盛り上げたのは、バフェットの少年時代のアルバイトに敬意を表して行われた新聞投げ入れ競争だった。ホールの中に置いてある移動住宅の玄関ドアに最も近い所に新聞を投げた人が優勝した。もっとも、まずはバフェットに勝たなければならなかったのだが。

映画

株主総会は通常、1時間の映画から始まる。内容はコメディとビジネスが半々で、バフェットが自らの人生の教訓について語るシーンもある。マンガーもほとんどすべての映画に出演する。アーノルド・シュワルツェネッガー、ジミー・バフェット（バフェットと姻戚関係はない）、スーザン・ルッチ（アメリカの女優、テレビ司会者）、アーニー・バンクス（元プロ野球選手）などと共演することも多い。ある年には、レブロン・ジェームズ（プロバスケットボール選手）が出演したこともあった。その他のサプライズゲストとして、ボブ・アイガー（ウォルト・ディズニー・カンパニーの取締役会長）、スーザン・デッカー（元ヤフー・インク社長）、キャシー・アイアランド（スーパーモデル、女優、実業家）などが出演していた。

最後に、ネブラスカ大学のチアリーダーたちがポンポンを振って会場を盛り上げることも多い。

質疑応答セッション

そして、いよいよ株主総会のメインイベント、5時間に及ぶ株主からの質疑応答セッションが始まる。マンガーとバフェットがテーブルの中央に陣取り、取締役たちに向き合って座り、CNBC

のジャーナリスト、保険、鉄道、エネルギーの専門家、そしてバークシャー・ハサウェイの株主からの質問に答える。質問者は13本のマイクの後ろに並んで、有名な「オマハの神託」からの貴重な英知を探り出そうとする。

このセッションの間中、バフェットとマンガーはお決まりのユーモアを発揮し、質問に答えながら互いに冗談を言い合い、シーズ・キャンディー製のチョコレート菓子とピーナッツブリトルをボリボリかじっては、コカ・コーラで流し込む。

数万人の聴衆が集まっているにもかかわらず、バフェットとマンガーが話す時には、一言も聞き逃すまいと会場は完全な静寂に包まれる。2016年の聴衆には中国からの来訪者3000人が含まれており、彼らは別室で通訳を介して参加した。

「人生で、幸せになるために別のことをしていればよかったということはありますか」とある参加者が尋ねた。

バフェットはこう答えた。「若い頃に、私は自分の好きな雇用主は自分自身だと決めました。ですから、ありません」。この簡単で率直な答えで、彼は自分自身が、根っからの起業家であると明かしたのだった。

他の質問は、ビジネスと経済から個人の成長、成功に関するバフェットとマンガーの考え、そして充実した人生を生きる方法などありとあらゆる話題に及んだ。

バフェットの価値観とその成功への鍵

バフェットは昔から、自分の成功の多くが最初の妻、スーザン・トンプソン・バフェットのおかげだと公言してきた。彼女の影響で、バフェットは共和党から民主党に乗り換え、人権、平等、多様性が重要であるとの意識を高めたのだ。彼女のおかげで自分は一人前になれた、とバフェットは語ってきた。

だが、1950年に二人が出会った時、スーザンはバフェットが少し気取った人だと思った。父親は彼女に、桁外れの知能を持ったこの若い金融マンは並みの人間ではないと説明した。話題によっては話がなかなか通じないかもしれないが、彼には思いやりがある、と。スーザンは父親の話に納得し、1952年、バフェットが育った場所からそう遠くないオマハのダンデー・プレスビテリアン教会でウォーレンと結婚した。

二人は1977年に別居したものの、婚姻関係は2004年、彼女が口腔がんで亡くなるまで続いた。2006年、バフェットは2番目の妻、アストリッド・メンクスと結婚した。ストリッドはスーザンの良き友人だった。バフェットはいつもスーザンから受けた影響を強調した。彼女が自分の心の空白を埋めてくれたのだ、と。

父ハワード・バフェットの価値観

価値観はバフェットにとって信念の基盤であり、彼の魅力、言ってみれば彼のブランドとしても鍵となる要素である。当初、彼は父親であるハワードの価値観を模倣していた。ハワードは二つの基準で自分のありようを計っていた。まずは、自分の内面を観察した。「私は善良な人間として存在しているか？　私は正しいことをしているか？　私は人々に正しく接しているか？　私は正直か？」と常に自問していた。

二つ目の基準は、外面的なスコアカードで、たとえば「自分の家はどれだけ大きいか？　私の車や服装はどれだけ立派か？　私はどれだけ稼いでいるか？　人々は私のことをどう思っているか？」といったことだった。[8]

もちろん、ハワード・バフェットにとっては、内面のスコアカードのほうが常に重要だった。

バフェットの子育て

バフェットの3人の子どもはオマハの公立学校に通った。子どもたちが成長するにつれて、バフェットは家族の莫大な富が子どもの成長を妨げないようにすることが次第に重要になっていった。

理想的な相続財産とは、「子どもたちが何でもできると感じる程度には十分である必要があるが、何もできないほど多くになってはいけない」とバフェットは述べている。[9] 彼は、成功しようとする意欲を彼らに植え付けることが必要不可欠だと感じていた。

たとえば、1977年に、バフェットの末の息子であるピーターはスタンフォード大学に入学した。バフェットは、19歳の息子が受け取る唯一の相続財産と考えて、9万ドル相当のバークシャーの株式を与えた。この9万ドル（現在価値では42万1360ドルとなる。なお、株価の上昇は考慮していない）は、バフェットが祖父の農場を売却し、その資金を、バークシャー・ハサウェイの株式に転換したものである。[10]

ピーターは昔から音楽家兼音楽プロデューサーになりたいと思っていたので、考えに考えた後でスタンフォードを退学し、いくつかの器具を購入して、自分の芸術に打ち込み始めた。ピーターは父親の後を継いでとてつもなく裕福になることもできたはずだ。だが、彼は自分の選択を後悔したことがないと言う。「私はお金よりもはるかに価値のあるものを買うために自分の貯蓄を使いました。それは時間です[11]」

ピーターは父親から自分が愛するものを追求する大切さを学んだ。そして自分がそれをできるのは普通ではありえない特権、「私が持っていなかった贈り物」だったと回想録 *Life Is What You Make It: Find Your Own Path to Fulfillment*（人生は自分で切り開くもの：達成に向けた自分自身の道を切り開け）に書いている。[12] ピーターはこう書いている。「お金か、精神的な支援か、何らかのユニークな才能あるいは機会に恵まれた人は多い。しかし、彼らは時間の価値を理解していない。録音器具を使って遊んだ何百時間にも及んだ無償の時間がなければ、私は自分のサウンドも自分なりの方法も見つけられなかったろう[13]」

ピーターは一生を音楽に費やせるだけのお金を持っていたが、彼にとっての価値とは、彼が一生働く必要がないということではなかった。「私はあの苦しい時期に私自身と私の回復力について、山のような金を持ち一生金ぴかの生活を送っていた場合よりも多くのことを学んだ。正直に言うと、父が私に安易な道を歩ませなかったのは、愛の行為だったと今は感じている。『私は君を愛している、君は私の支援を必要としていない』と言ってくれたのだ[14]」

バフェットが自分の子どもたちのことを気遣っていることは明らかにせよ、子どもたちのほうは彼をやや近寄りがたい存在と見ていた。もちろん家にはいつもいたが、常に何かを考えてるか読書をしていたので、彼の注意を引くことは難しかった。「君はウォーレン・バフェットの息子かい？でも、全然普通に見えるね」。ピーターはよくこう言われたとのこと。彼は書いている。「私はいつもこうしたコメントを褒め言葉と捉えていた。私自身にではなく、私の家族に対する称賛だ。……なぜなら、私たちにとっての『普通』とは、他人とよく交流し、彼らに受け入れられることにほかならない。別の言い方をすると、普通とは、人が自分自身の人生を最高に活かす可能な限り最高の機会を得られたことを意味するのだ[15]」

ピーター・バフェットは、自分が家庭で身につけた価値観が、普通の人として社会で活動する力の基礎になったと考えている。その価値観の最上位に来るのは信頼感、つまり世界とそこで暮らす人々が本質的に善良であり、改善する価値があるという信念だ。「人々は、金と特権による安易な人生を想像するだろう。だが私が得た本当の支援や特権は、私が何でもできると信じ、そう言い続けてくれた両親がいてこそ得られたのだ。それは小切手の形で与えられたのではなく、自分なりの道を見つけ、失敗し、自分を立ち上がらせる方法を模索する私たちへの愛、養育、尊敬という形で与えられたのだ[16]」

バフェットの他の子どもたち、ハワードとスーザンは、ピーターよりも父親の足取りに近い道を選んだ。詳しくは後述する。

誠実さと性格

バークシャー・ハサウェイで新たに人を雇う場合、バフェットは候補者の性格が最も重要だと考えている。バフェット自身、敵対的買収には一切参加しないことで、誠実さという価値観を実践している。彼は、疑わしいやり方で行動するよりも、たとえ利益が少なくなっても正直に物事を進めたほうがよいと主張する。この特徴があるために、バフェットは重要な経済問題について意見を求められる存在になった。バフェットは自分が雇う人のことを信じる。そして、社員には自分の承認や許可を求めずに物事を決める権限を与えている。しかし、悪いニュースがある場合には、すぐ自身に伝え、決して隠そうとしないでほしいと言っている。

バークシャー・ハサウェイが所有する65社の従業員は36万人を超えている。これほど多くの人がいれば、どこかで誰かが非合法なことを行う可能性があることをバフェットは認めている。それを止めることはできないが、防ぐ手段は持っている。

その筆頭に来るのがバークシャーの5ページに及ぶ「事業行動・倫理規範」で、インサイダー取引、資産の保護と適切な利用、利益相反、秘密保持、法令順守、規則および規制、適時かつ真実の情報公開、不適切な会計処理に対処するとともに、特に同社の評判の重要性が強調されている。

何か疑いが生じたときには、この基本原則を思い出すように、とバフェットは言う。「従業員の皆さんには、自分がしようとしている行動が、経験豊かで批判的な記者の記事として翌日の地元紙の一面に掲載され、配偶者や子どもたちや友人たちに読まれてもよいかどうかを自問してもらいたいのです[17]」

コミュニケーションと創造的思考の価値

ビジネスで成功するために必要な資質は何か、を人生の後半で尋ねられた時、バフェットは忍耐、創造性、そして「型にはまらない」思考だと強調した[18]。その他に称賛するべき特徴としては、寛容さ、他の人々と手柄を分かちあう姿勢、そして強力なリーダーシップを挙げる。バフェットは、誰かのことを称賛するのであれば、その人の行動を見習うべきだと考えている。

しかし、私が学生たちと訪問した時、彼が協調したのは別のことだった。「皆さんにはぜひ、話すことと書くことを通じたコミュニケーション能力を磨いてほしいと思います。そうすれば、給料が少なくとも50%は増えるでしょう。こうしたスキルはビジネススクールでは教わらないはずです。よいアイデアをよく伝えられれば人生は大いに豊かになるはずです」。バークシャー・ハサウェイで人を募集するときには、「私が出会う人のうち80%は、自分のアイデアを説明する能力を向上させせほしいと思います」とバフェットは言った[19]。

富の不平等

アメリカ経済を観察する多くの人々と同じく、この国のビジネスパーソンは国内の貧富の格差拡大への懸念を深めている。バフェットはこの問題に非常に敏感で、解決のために更なる税金を支払ってもよいくらいだと述べている。

2011年、ある学生が「ウォール街を占拠せよ」運動（2011年にアメリカから始まった若者を中心とした反格差運動）について質問したところ、バフェットはその怒りの原因を理解できると答えた。

アメリカの税法は、間違いなく「金持ち優遇になっている」と彼は言った。「1992年に、年間所得上位400人の平均は4000万ドルでした。2011年には、それが2億2000万ドルと5倍にもなったのです。ところが、この期間に税率は7%低下しました。私の税率は40〜50年前よりも低いのです」

しかし、バフェットはベーシック・インカム制度のように労働者に金を与えるのは、彼が指摘する構造的な問題の解決にはならないと考えている。バフェットは、金持ちには経済的に自立できない人々の面倒を見る責任があると信じている。

何かをしなければ、貧富の格差が持続不可能な水準まで拡大し続けるとみている。解決策の一つとして、労働者に再教育を施せば、ハイテク中心のグローバル経済に参加できる人々を増やせるはずだと提案しているが、同時に何事も行き過ぎはよくないと警告する。「問題は、善良な市民が市場で求められるスキルを身につけていないとどうなるか、ということです。そして、私たちはそれを解決できるのです」と、2019年にバフェットはCNBCに語っている。「たとえばある裕福な家族があって、子どもが6人いるのですが、そのうちの一人が市場のスキルが足りないけれども、人柄は良いとします。その家族は、他の兄弟姉妹が彼の面倒を見るでしょう。現在、アメリカ合衆国の国民一人当たりGDPは6万ドルです。これは実質的に私が生まれた時の6倍です。ですから、私たちは人々の面倒を見ることができるし、そうすべきなのです。しかし、市場システムを乱してはいけません。ですからベーシック・インカムには慎重であるべきです[20]」

バフェットと相続、慈善活動

バフェットは自分の子どもたちに資産の大半を相続させない、と言っており、富の世襲に反対の立場を取っている。その代わり、財産のほとんどは慈善事業に寄付される。彼は次のように説明している。

私はお金について罪悪感を一切持っておりません。自分のお金については、社会への莫大な額の権利証だと見ているのです。消費に変えられる紙の束を持っているようなものです。もし私が望めば、1万人の人を雇って、私が死ぬまで毎日私の絵を描き続けることに専念してもらうこともできるでしょう。そうすれば、国民総生産（GNP）も増えるはずなのです。しかし、どれだけ絵を描いてもらっても何の価値もありませんから、1万人の人々にはAIDSの研究に携わってもらったり、教員になってもらったり、介護職についてもらったりするのです。私はそういう仕事はしませんけれども。私はそうした権利証をそんなに多く使いません。私には、欲しくてたまらない物などありません。ですから、妻と私が死んだら、この権利証の事実上すべてを慈善事業に寄付するつもりです。[21]

バフェットは、もともと自分の資産を使って何かの活動に関わるつもりは全くなかった。彼は、妻のスーザンが自分よりも長く生き、自分の残した資金を使って慈善事業に携わるだろうと考えていた。だが、人生はそう思い通りにいかないものだ。スーザンは夫よりも早く亡くなり、その頃には、二人は数十年にわたって別居していたからだ。

そこで、バフェットは慈善事業への寄付によって自分の価値観を実現しなければならなくなった。いつもの通り、ここでも彼の謙虚さが勝った。バフェットは自分の名前を建物に掲げることがよしとは考えない。[22] 2009年、私の学生たちに次のように話した。「建物に自分の名前を掲げる人よりも、日曜日に慈善活動にお金を寄付する家政婦を尊敬します」

だが、彼はすでに、自分の金をすべて寄付すると決めている。2018年と2019年に、総額で70億ドル相当のバークシャー株式を寄付するというとてつもない方法で、この決心を実行に移し始めた。その最大の受領者となったビル&メリンダ・ゲイツ財団は、2006年にバフェットから360億ドルを受領した。またスーザン・トンプソン・バフェット財団（亡くなった妻、スーザンの名を冠した）、シャーウッド財団（娘スーザンが創設者）、ハワード・G・バフェット財団（長男が創設者）、およびノボ財団（次男ピーターとその妻ジェニファーが設立）など、自分の子どもたちが運営している財団にも寄付をした。

バフェットは、自分の株式の80％をゲイツ財団に寄付するという決断を説明し、自分の過剰な富を賢明かつ勤勉で活発な人たちに寄付することが正しいと考える、とバークシャーの株主たちに語った。[23] バフェットは2006年以降、毎年慈善団体に寄付を続けてきており、今後もその姿勢を続けるつもりである。2022年時点で、バフェットがさまざまな慈善団体に寄付した金額は総額で461億ドルに達している。[24] バフェットは、自分の財産の99％以上を死ぬまでに慈善団体に寄付するつもりだ。[25]

ビル＆メリンダ・ゲイツ財団

バフェットが2006年に行ったビル＆メリンダ・ゲイツ財団への寄付360億ドルは、個人の寄付額としては史上最高額で、歴史をつくった。ゲイツ財団は、特に少女を対象に、ヘルスケアと教育分野への資金提供を通じて世界的な貧困の根絶を目指している。

スーザン・トンプソン・バフェット財団とシャーウッド財団

バフェットの長女、スージーは、スーザン・トンプソン・バフェット財団とシャーウッド財団を運営している。どちらもオマハに拠点を置いている。1964年に創設されたスーザン・トンプソン・バフェット財団は教育に特化しており、ネブラスカ州の高校を卒業し、州内の大学で学位取得を目指す学生向けに4000の大学奨学金を提供している。シャーウッド財団は公教育、ヒューマンサービス〔個人や家族の生活の質を向上させるためのサービスや支援活動。福祉、保健、メンタルヘルスなど、広範な分野を含む〕、社会正義分野へのコミュニティー投資を通じて、児童福祉や家庭福祉の改善に力を注いでいる。スーザンはバークシャー・ハサウェイの取締役も務めている。

彼女とのインタビューの際、私は友人の一人が奨学金を得られたことに感謝の意を述べた。友人には子どもが5人もいるため大変助かったと伝えたのである。スーザンはそれを聞いてとても喜んでくれた。彼女は、いつも誰かしら人がやってきてはお礼を言ってくれると述べた。彼女の人生最大の喜びの一つは他の人々を支援することのようだ。

ハワード・G・バフェット財団

バフェットの長男、ハワードが理事長を務めるハワード・G・バフェット財団は農業、栄養学、自然保護、紛争問題の人道的な支援を行っている。ハワードはバークシャー・ハサウェイの取締役も務めている。

ノボ財団

バフェットの末息子であるピーターは、2009年と2010年にバロンズ紙の「最も優れた慈善家」のリストに名を連ねた。ピーターはノボ財団を率いている。この財団は女性に対する暴力の防止、社会的・情操的な学び、思春期の少女の権利、そして北米の先住民コミュニティーを支援している。

グライド財団

バフェットは、グライド財団など他の慈善団体にも寄付をしている。グライド財団は、サンフランシスコのホームレスやその他の貧困問題に取り組んでいる。毎年、グライド財団に寄付するために自分自身とのチャリティーランチをオークション形式で行っている。2019年に落札したのは28歳の仮想通貨の起業家で、落札額は460万ドルだった。2022年、バフェットは、この年をもってこのイベントを最後にすると発表した。匿名の人物が落札した金額は1900万100ドル26セントだった。[26]

ギビング・プレッジ

バフェットは他の億万長者たちにも、ギビング・プレッジを通じて、自分やビル・ゲイツと同様に資産の大半を寄付することを促してきた。この活動は、2010年にバフェットとゲイツによって始められ、これまでに、世界中から231人以上の億万長者が参加し、6000億ドルを寄付することを約束（プレッジ）している。参加者には、ラリー・エリソン（オラクルの共同設立者）、マイケル・ブルームバーグ、マーク・ザッカーバーグ、プリシラ・チャン（小児科医、慈善活動家で、ザッカーバーグの妻）、カール・アイカーン（投資家）、レイ・ダリオ（投資家）、イーロン・マスク、ジョン・ドーア（ベンチャーキャピタリスト）、レオン・クーパーマン（投資家）、ウォルター・スコット・ジュニア（フォーチュン500企業の未上場建設会社キーウィット・コーポレーションの元社長、土木技師）、デイヴィッド・ロックフェラー、バロン・ヒルトン（ヒルトン・ホテルズ・オーポレーション元会長）、テッド・ターナー（ＣＮＮ創業者）、シェリル・サンドバーグ（フェイスブック元ＣＥＯ、同社初の女性役員）、セス・クラーマン（投資家、作家）、サラ・ブレイクリー（アパレル企業スパンクス創業者）、Ｔ・ブーン・ピケンズ（実業家）などがいる。

莫大な財産を持つこと以外に、このグループの最も驚くべき事実は、リベラルな民主党員であるターナーと硬派の右翼であるピケンズを両翼に、政治的には非常に多様な意見を持っている人々が集まっていることだ。これこそバフェットの誠実さと彼の忍耐力の証にほかならない。

ガールズ・インク・オブ・オマハ

２０１５年に、バフェットは走行距離2万３１０マイル（約3万２７００キロ）の２００６年式のキャデラックＤＴＳをあるチャリティー・オークションに出品した。落札額は12万２５００ドルだった。これはブルーブック（中古車の市場価格を示す指標）に掲載されたこの車の価格の10倍以上に相当する。この売上金はバフェット家が長年支援してきた慈善団体であるガールズ・インク・オブ・オマハに寄付された。[27] ガールズ・インクは、ロボティクスやスピーチ、金融リテラシー、ヨガなどスキルを教える教育およびフィットネス・プログラムを通じて、オマハの少女たちの自立を後押ししている。[28]

慈善事業の目指すもの

バフェットの慈善事業の背後にある考え方はシンプルだが、実現は容易ではない。社会にとって重要でありながら、通常の資金調達では資金を集めにくい大胆な取り組みを探しているのだ。彼はこのような資金の使い方について、「彼らがもし50万ドルをこの病院に寄付し、100万ドルをあの大学に寄付する、といった一般的な資金の使い方を始めたら、私は戻ってきて彼らにつきまとうでしょう[29]」と語る。

バフェットと幸福

運が日常生活で大きな役割を果たすことは明らかであり、バフェットもそれを認めている。彼は、教育に価値を置く安定した家庭に生まれたことを自分の幸運だと感じている。しかし、アメリカの価値観も強く信じている。つまり、どんな人でも、初めはどんな境遇にあろうとも、努力を続ければのし上がっていけると考えているのだ。

実際、アメリカ合衆国のほとんどの人々は、中流かそれより少し下の階級の家庭に生まれている。私たちの共通点は、アメリカが依然として努力に報いる国であり、アメリカ市民が前進できるかに限界を設けていない、ということだ。

バフェットは、この考え方を土台にして、富を追い求めるのではなく、自分の好きな仕事を懸命に頑張ることの重要さを説いているのだ。彼は人々に与え、教え、それ以外の方法で支援している時が最も幸せだと主張する。こうした価値観こそが、バフェットの歴史的成功の主な理由である。

莫大な資産に次いでバフェットを有名にしているもう一つの要素は、充実した人生を送るための彼の名言だ。ここにそのいくつかを紹介しよう。

自分より優れた人と付き合うようにせよ

バフェットとマンガーは、どの分野で努力するにせよ、自分よりも成功しているか能力の高い人と付き合うことが重要だと強調する。あなたが尊敬し、あなたの意見にあえて異を唱え、教えてくれる人、これまでに成し遂げてきたことを超えて進むよう鼓舞してくれる人のために働くべきだ。朝にベッドから飛び起きて、一緒に働きたくなるような人を見つけよう。[30]

人生で最も重要な意思決定

バフェットは、人生を左右する最も大きな意思決定は、どの学校に入るかやどのようなキャリアを選ぶかではないと繰り返し言ってきた。そして２００９年、２０１１年、２０１８年に行ったいくつかの大学の学生との対話の中で、次のような興味深い宣言をした。「人生で最も重要な判断は誰と結婚するかということです[31]」

人生で犯しやすい最悪の失敗

逆もまた真実だ。バフェットによれば、人生で犯しがちな最悪の判断は、自分が思っていたほどには人々を理解していないことだ。彼はこの考えを自分の最初の結婚を根拠にしている。妻のスーザンが１９７７年に彼のもとを去り、サンフランシスコで彼女自身のキャリアを追求し始めた後のことだ。しかし、バフェットの彼女に対する尊敬はその後も変わることはなかった。二人は離婚せず、彼女が2004年に亡くなるまで、公の場には一緒に姿を見せていたからだ。

幸せへの鍵について尋ねられると、バフェットは購入できる物や経験について話すことはない。彼が強調するのは、自分を愛してくれる人々に囲まれることの重要性だけだ。そして、世界で自分ほど幸運な者はいないと語る。大好きな仕事をし、自分を愛する人々に囲まれているからだ。彼は、この無条件の愛こそが、人生で最も強力な力であると説明している。

愛される人になるために

- 自分を愛し、他人も無条件に愛する。
- 常に前向きな姿勢を保ち、他人の気持ちに寄り添い、理解するようにする。誰に対しても親切に接し、常に誠実に。
- にっこり笑い、相手の目をしっかりと見て、よい聞き手になる。
- 自分がなりたいようなタイプの友人になり、他の人を助ける。ありのままの自分でいて、自分の弱さを受け入れる。
- 感謝の気持ちを育てる。
- 自分が不完全であることを認め、自分自身を笑える余裕を持つ。
- 人生を楽しむ（楽しんでいる人には人が引き寄せられる）。友人たちと過ごす時間を大切にする。
- 仕事を楽しむ努力をする。[32]

要するに、自分のしていることを愛しなさい、ということだ。お金を持つことは魅力的だが、真の幸福はそれだけでは得られないことを忘れてはならない。[33]

第12章

バフェットとの一日

単なる成功者と真の成功者の違いは、真の成功者はほとんどすべてのことに「ノー」と言うことだ。[1]

――ウォーレン・バフェット

オマハを訪れてバフェットに会う

バフェットは、キャリアの大半で世界中を頻繁に旅し、多くの大学で自分のビジネスのアイデア、価値観、そして人生観について講演を行ってきた。しかし、2005年に方針を転換し、いくつかの学校から学生たちをオマハに招待して、自分と会ってもらうほうが効率的だと判断した。

私は幸運にも、2009年、2011年、2018年に自分の学生たちをつれてこうした機会に参加する栄誉を得た。オマハに住む私のいとこからこの機会について聞いていたが、2007年に初めて応募した時には落選してしまった。しかも、バフェットの秘書からは、待機リストに載せることさえ難しいほど多くの人が待っていると言われた。しかし、私は諦めなかった。「オマハの賢人」として知られる、史上最も卓越したビジネスマインドの持ち主の一人について、できる限り多く学びたいという強い思いがあったからだ。しかし、同じように考えている多くの人々の中で、どうやって注目してもらえるだろうか。私は自分を際立たせるプロジェクトやキャンペーンのような何かが必要だと考えた。そこで、2008年から2009年にかけて、バフェットとバークシャー・ハサウェイが大不況にどう対処したかを検証するケーススタディを執筆した。それは定評ある学術誌への掲載が認められ、私はそのコピーをバフェットのオフィスに送って訪問のリクエストを添えた。

2009年の招待

10日もたたないうちに、私はバフェット本人から手紙を受け取った。それによれば、私の学校であるアクロン大学が2009年11月のセッションに招待される学校リストのトップに移動され、27名の学生を招待したいとのことだった。これは、大不況の直後だったので、特に意義深く感じられた。というのも、大不況では何が起きたのか、そして将来はどうなりそうかについてバフェットから学ぶ機会を得ることになるからだ。私たちは、その日のために選ばれた6つの学校の一つだった（その年度中、バフェットは6日または7日間にわたって、毎日162名の学生と会った）。

私たちは木曜日の夕方に飛行機でオマハに到着した。翌朝は、バフェットが愛するネブラスカ・ファニチャー・マートの見学から始まった。この見学会は、同社の伝説的な創業者ミセスBの孫が案内してくれた。そして、当日のメインイベントである、オマハの賢人との2時間にわたる質疑応答セッションへと進んだ。この年の面会場所はバークシャーの本社だった。

私たちと同席したのは、イリノイ大学、テキサス・クリスチャン大学、ボストン・カレッジ、トロント大学、サウス・ダコタ大学のビジネススクールの学生たちだった。学生たちの質問は主に経済やバフェットの投資手法、彼の価値観に関するものだったが、なぜ彼らをオマハに招待したのかという理由など、彼の心情に迫るものもあった。バフェットによれば、彼がそれまでに出会った人々の中で非常に成功したビジネスパーソンがアイビーリーグの卒業生であることはあまりなく、むしろ豊富なビジネス経験、粘り強さ、現状を打破するほどのアイデアを追求する意欲を持った人々だったという。

写真を撮ったり録音したりすることは禁じられていたが、だれもが詳細なノートを取り、私に見せてくれた。次に紹介するのは、その時の質疑応答の一部である（詳細については、付録4を参照されたい）。

企業を評価するときに、特に注意する点は何ですか？

もしある企業の100株が気に入ったら、その会社全体を買いたいと思うべきです。私は自分が理解できる会社だけを調べます。過去10年間の実績を確認し、その会社が今後10年から20年でどのように展開していくかを知りたいのです。さらに、特定の分野に絞ってチェックするのが好きです。

私はバスケットボールのチームに選手を選ぶように投資を行います。私は「セブンフッター」、つまり身長が7フィート（2メートル13センチ）を超える長身選手を探しています。身長が高いだけでなく、ボールもうまく扱えなければなりません。持続可能な競争優位、いわば「堀《モート》」を持つ企業が好きです。たとえば、リングリーは1891年に、そしてコカ・コーラは1886年に設立されました。今日、コカ・コーラは世界中で8オンス（約237ミリリットル）の飲料が毎日16億本販売されています。1本当たり1セントを加えると、1日で1600万ドル、1年で60億ドルになります。

私は、今後あまり多くが変わらない物や状況が好きなのです。私はまた、熱意と倫理観の高い優秀な経営陣も求めています。最後に、私は価格が妥当なときにしか買いません。バークシャーが現在抱えている問題は規模が大き過ぎることです。私たちの会社に合った優れたアイデアはそれほど多くありません。

私は最近アマゾン・ドットコムで1951年版『ムーディーズ・マニュアル』（上場企業情報本）を購入しました。この中で、そんなことをする人をどれくらい知っていますか？　私は企業情報のページを隅から隅まで目を遠し、購入や投資をしたくなる会社がないかどうかをチェックしました。これは、私が投資を始めた頃にまさにやっていたことです。利益の伸び、株価、業界情報などを見て、これらの基準をクリアした企業の経営者にインタビューして、彼らが正直かどうかを判断したものです。

的確なタイミングでバットを振った例を教えてください。

タイミングが良かった例は、1988年にコカ・コーラの6%を購入した時です。何も悪いことが起こる可能性はありませんでした。売上高は毎年着実に伸びていました。同社は資本もほとんど必要としていませんでした。ただシロップをつくっていればよかったのです。金持ちになるには、それほど多くのアイデアは必要ありません。良いアイデアが5つあれば十分です。

オマハに学生を招待することにしたのはなぜですか？　この試みに何を期待していますか？

私は1950年、19歳の時にネブラスカ大学リンカーン校を卒業しました。その後、ハーバードのMBAプログラムに出願しましたが、不合格でした。あれは同校と同校の資金調達部にとっての失敗でした。その後、ベンジャミン・グレアムの『賢明なる投資家』を読んで、コロンビア大学で彼に学びたいと思うようになったのです。そこで、彼に直接手紙を送ったところ、コロンビアから入学を許可されました。

グレアムは私にとってのよきお手本であり、コロンビアの教授でもありました。彼はコロンビアで授業を一つ担当し、その報酬を学校に寄付していました。つまり、自分の時間を無償で提供して社会に貢献していたわけです。そして彼は私を指導してくれました。そこで、私も同じことをすることにしたのです。もし私が少数でも学生を助けられるなら、喜んでそれをしたいと思います。私はこれをすることが本当に好きです。

質疑応答セッションの後、バフェットは私たちをランチに連れ出してくれた。4人の学生を選んで自分の旧式キャデラックに乗せて行ってくれたのだが、そのナンバープレートにはTHRIFTY（倹約家）と書かれていた。運よく（あるいは自己主張の結果かもしれないが）、私の学生の一人がバフェットの隣に座ることができた。ランチの席では、私も同様の幸運に恵まれ、バフェットの真正面からこう尋ねた。「企業をどのように評価するのですか？」

「割引キャッシュフロー法です」と、誰にでもできると言うかのように、バフェットはあっさり答えた。

バフェットはお気に入りのレストランの一つ、サウス・オマハの「ピッコロ・ピーツ」にも連れて行ってくれた。彼の有名な倹約癖は、他の分野と同様に、食事でも大いに発揮された。バフェットの典型的な朝食は、マクドナルドの朝食用サンドイッチで、価格はわずか3ドルである（エッグマフィンをソーセージ付きにするかどうかは、その日の株式市場の状況次第だ）。バフェットはマクドナルドの大ファンで、少なくとも週に3回はチキン・マックナゲットを食べている。[2] だから、実際のレストランで、チキンパルメザン〔鶏ムネ肉をお好みのパスタソースとチーズと一緒にオーブンで焼くだけの簡単レシピのメニュー〕を食べられたことは幸運だったと思う。

私たちがランチをしたのは、偶然にもバフェットがバーリントン・ノーザン・サンタフェ鉄道の買収を発表した日だったので、レポーターとカメラマンが至る所で彼を追いかけまわしていた。しかし、驚いたことに、バフェットはマスコミを巧みに避けて、訪問中の学生たちだけに注意を向けていた。昼食会が終わるころ、ウェイトレスがデザート、ルートビアフロート（バニラアイスクリームが浮かんだ炭酸飲料）を持ってきた。私たちに配られたのは通常サイズ（20センチ）のものだったが、バフェットの分は違った。それはかなり大きく、高さは30センチを超えていただろう。彼は大きな笑顔でそれを一気に飲み干した。その後に、数時間をかけて、学生全員とのツーショットと集合写真に応じてくれた。

その日を通じて、私の学生の一人で、コミュニケーション学を専攻している者が、別の学生がバフェットにインタビューをしている間、訪問中の様子をこっそりビデオに収めていた。そんなことを試みたのは他にだれもいなかった。それは、典型的な起業家的な行動だった。起業家は、他人から何をすべきかを言われなくても自ら行動するものだ。バフェットが感銘を受けたことは明らかで、インタビュアーの履歴書を求めたほどだった。

2011年の招待

2年後に、私はゴンザガ大学に移り、バフェットに再び招待される方法を模索していた。バフェットは忍耐強さと謙虚さを称賛するが、私はすでに一度彼の目を引き付けていた。再び招待されるには、本当に創造的な何かを生み出す必要があることはわかっていた。バフェットとの面会は、自ら勝ち取らなければならないのだ。ちなみに、２０１１年６月には、バフェットとランチをするためだけに誰かが２６０万ドルを払っていた。私たちの学校は、丸一日を借り切ろうとしていた。私は学生の創造性と起業家としての能力を示せるような何かユニークなもの、プロジェクトを考え出す必要があると感じていた。「バフェットの目を引きそうな、何か新しい製品を考えてくれないか。それを提案として送ろうと思う」と私は学生たちに伝えた。

私は彼らがつくるものに何も制限を設けなかった。合法的で、倫理的で、ゴンザガ大学の価値観を反映するものであることだけを条件とした。彼らの作品は、映画やドキュメンタリー、あるいはコマーシャルなどのビデオでも、企業の分析や投資推奨といった論文でも、歌でも、芝居でもよかった。

この課題は、学生たちに何か新しいものを作り、それを売り込もうとすることを通じて、起業家のように考え、行動してほしいと促すことが本来の狙いだった。そして、もしかするとまたオマハに招待されるかもしれないという期待感もあった。

学期末までに、５チームの学生が考えた５つの作品が集まった。私はその中から、最も革新的で、彼らの顧客（つまりバフェット）の好みに合いそうな３つを選んだ。

ウォーレン・バフェットのピンボールマシン

ウォーレン・バフェット・ピンボールマシンはすぐに気に入った。バフェットは高校時代にピンボールマシン会社を所有していたので、これはとても素晴らしいアイデアだと思った。この新しいアイデアは、宗教学専攻の学生、電気技師を目指している学生、そして経営学の学生から成る3人のチームから生まれたものだ。このチームは中古のピンボールマシンを購入し、バフェットの人生を反映したいくつもの障害やボーナスを取り入れて再設計して再構築することを計画していた。そして、いつかこのアイデアを製品化し、市場に出すためのライセンスを獲得しようと考えていた。

私は彼らに、スタートアップ企業のように行動するよう助言した。つまり、販売促進資料を作成し、資金を調達し、試作品を製作するための材料を手配するよう促したのである。このプロジェクトは1学期の授業の一環だったため、チームには私が提案したことのすべてを行う時間も資源もなかった。自分たちの設計を詳細に示す図表を描くのが精一杯だった。しかし、製品を考えること自体が貴重な経験となった。

取締役室のバフェット、手にはバット

私がオマハに送った2番目の作品は、ゲーム「Clue（クルー）」のパロディだった。ゲームに登場するホワイト婦人やマスタード大佐の代わりにバフェットを容疑者に、そしてゴンザガ大学のキャンパスのさまざまな場所を犯罪現場に見立てたゲームである。学生たちは、大学キャンパスの写真を使った実際のゲーム用ボードの試作品をつくった。

ゴンザガ大学のミッションと価値観を紹介するビデオ

バフェットに送った最後の作品は、私たちの大学のさまざまな側面を強調したＤＶＤで、特にゴンザガの文化《カルチャー》と起業家精神《アントレプレナーシップ》プログラムに焦点を当てたものである。ビデオはキャンパス中の多種多様な学生たちによって製作された。というのも起業家精神プログラムはゴンザガ大の学生なら誰でも履修できるからだ。

私は、この作品が入った荷物を持ち、バフェットがそれを開封する様子を想像しながら、大学の地元ワシントン州スポケーンの郵便局に並んだ。私は直観的に、今回も招待される確率を60％ぐらいと読んでいた。それから1週間とたたないうちに、私はバフェットの秘書から連絡が来た。彼は3つの作品すべてを気に入り、オマハに招待したいと伝えてくれたとのこと。

今回も、私の学生たちはバークシャー・ハサウェイ本社訪問を楽しんだが、ハイライトはやはりバフェットとの質疑応答セッションだった。その中で、教育の価値に関するやり取りが印象的だった。

大学では、コストはどの程度重要な役割を果たすでしょうか？　大学にはコストに見合う価値があるでしょうか？　莫大な学生ローンについてコメントをいただけますか？

私は大学に行きたくありませんでした。本を読むだけで、学校に行くよりも良い教育を受けられると考えていました。父は私を学校に行かせました。私は自分がどんな学位を得たのか覚えていませんが、就職活動の際にはそれが大きな意味を持ちます。教育には大きな価値があります。企業の99％は教育に価値を置いていますが、バークシャー・ハサウェイでは教育の価値を50％とみなしています。

教育に対する需要が高まると、学校の授業料を上げることができます。私が学生の時には、いくつかのコースで多くのことを学びました。刺激を受けた友人も何人かはいましたし、さまざまな経験を通じて大いに知的興奮も覚えたものです。とりわけ、ベンジャミン・グレアムからは大きな影響を受けました。たとえ数人でも、影響を与える教師に出会えれば、あなたは幸運です。

2018年の招待

2018年の招待は、2009年の時と非常に似た経緯で実現した。バフェットとバークシャー・ハサウェイに関する2本のケーススタディを執筆・公刊し、彼に送ったのである。彼はそれに応えて私と20名の学生をオマハに招待してくれた。今回は、妻と二人の教授も同行した。

この頃になると、学生によるバフェット訪問は世界中の大学で人気になっていた。2018年には、ペルーの大学を含む9校が招待され、毎日およそ200名の学生と教授が参加していた。ゴンザガ大学に加え、ペンシルベニア大学、ノースウェスタン大学、アリゾナ大学、ミネソタ大学、ネブラスカ大学のリンカーン校とオマハ校、そしてテネシー大学も招かれていた。

質疑応答セッションの参加者があまりに多くなって収拾がつかなくなったため、バフェットは会場をオマハ中心部のヒルトンホテルの大広間で開催するようになった。彼は88歳で、学校を招待するのはその年が最後となった。とはいえ、彼がまだ教えるのを大好きなのは誰の目にも明らかだ。

その日は、ボージームズ宝石店への訪問（学生たちは全商品に対して20％の割引を受けられた）と、2012年にバークシャーが買収した玩具とギフトの企業、オリエンタル・トレーディング・カンパニーの見学で締めくくられた。

影響

これらの旅行はかなりの注目を集め、私の学者としてのキャリアの中でも大きなハイライトとなっている。ウォール・ストリート・ジャーナル紙の一面に記事と写真が掲載されたこともあった。私は、オハイオ州クリーブランドのWTAM1100というラジオ局からインタビューを受け、学生が何を学んだのか、そして私がどうやって3度もバフェットを訪問する機会を得たのかについて尋ねられた。それ以来、私はオマハ訪問に参加した元学生の名前をリンクトインに見つけると、彼らの「関連経験」の中に「ウォーレン・バフェットと過ごした一日」が必ず入っていることに気がついた。中には彼とのツーショット写真を掲載している元学生もいる。彼らは卒業後にさまざまな分野で成功を収めているが、ほとんど全員が振り返って言うには、バフェットからの最大の土産物は、充実した人生をどう生きるかについての助言だったという。

他の人々も同様に、成功の真の意味に関するバフェットの価値観を取り入れてほしいと心から願っている。つまり、自分の仕事に情熱を持ち続け、誠実に生き、出会うすべての人を尊重し、無条件にあなたを愛してくれる人々に囲まれて生きてほしいと願っている。

第13章

バークシャー・ハサウェイの将来

もし、あなたがある銘柄を10年間保有し続けるつもりがないのなら、10分間でも保有しようと考えるべきではない。[1]

——ウォーレン・バフェット

バークシャーと金融の将来像

ウォーレン・バフェットは、ハイテク企業に投資しないことで長年にわたって批判されてきた。コカ・コーラやデイリークイーンのように、歴史と伝統はあるものの、2000年代初めには、株価が高騰を続けたハイテク銘柄に比べるといかにも見劣りする企業にばかり目を向ける、と投資家に嘲笑されていたのだ。しかし、ドットコム・バブルがはじけると、最後に笑ったのはバフェットだった。しかし、バークシャー・ハサウェイの最近の動きを見ると、経済が変わりつつあることをバフェットも認めたのは明らかなようだ。すなわち、テクノロジーと将来の金融モデルが今後は重要性を増してくると考えられるため、バフェット自身がそれに加わるか、またはこうした急激な変化に対応できる他の者に任せることが必要な時代に入ったということだ。

この10年間、バークシャーの株式ポートフォリオは、ウェルス・ファーゴやIBM、コノコフィリップスといった伝統的な大手企業からアップル、ダヴィータ・ヘルスケア・パートナーズ、チャーター・コミュニケーションズ、ベリサインのような最先端のテクノロジー企業へと徐々に重点が移ってきた。アメリカン・エキスプレスやコカ・コーラ、クラフト・フーズなどの古参企業もポートフォリオには残っているものの、保有比率は大幅に下がっている。現在は、アップル1銘柄でバークシャーのポートフォリオの45%を占めている。[2] さらに、クラウド・コンピューティング会社のスノーフレーク、ブラジルを拠点とするデジタル銀行のヌーバンクの株式、そしてEコマースの巨人アマゾンも加えると、ハイテクおよびEコマース関連の割合はバークシャーの保有資産のおよそ50%を占める。要するに、ハイテク銘柄が、50年にわたるバークシャーの伝統に大きな方向転換をもたらしたのだ。

こうした投資は、間違いなくトッド・コームズとテッド・ウェシュラーの影響によるものだ。二人はそれぞれ2010年と2012年にポートフォリオ・マネジャーとしてバークシャーに迎えられた。1978年にチャーリー・マンガーが加わってバフェットの投資アプローチを広げたように、コームズとウェシュラーはそのバトンを受け継ぎ、バークシャーを未来に導いている。しかし、伝統は、現在も将来もバフェットにとって重要である。バークシャーの最近の投資のいかに多くが、長年にわたる金融サービス重視の姿勢を維持しながら、テクノロジーの影響力の拡大も反映していることに留意していただきたい。

フィンテック

2017年、学者たちは、金融サービスとテクノロジーの融合に「フィンテック」という名前を適用することにした。この分野は成長を続けており、今から振り返ると、それは時代の必然だった。フィンテック企業は、遅くとも2008年頃には存在していた。スマートフォンで銀行にログインすれば、それはフィンテックを利用していることになる。証券のオンライントレードをしても同じことだ。オンラインでの取引を処理したり人々が資金を管理するためのソフトウェアを開発したりする企業もフィンテック企業である。[3] これらの企業は、人工知能（AI）などの自動化技術を活用して取引やデータを正確かつ瞬時に処理する。[4] フィンテック企業への投資は世界中で拡大し、2008年から2020年の間に120倍以上に膨らんだ。2021年には、フィンテック企業の資金調達額は世界全体で1315億ドルだった。[5]

暗号資産とブロックチェーン

フィンテックには、従来の銀行業務や資金調達に対するさまざまな技術が応用されている。同時に、将来の金融業において最も論争を呼ぶ分野の一つも含まれている。それは暗号資産だ。「暗号資産（仮想通貨）」という用語は、暗号技術によって保護されたデジタル通貨を指す。偽造はほぼ不可能で、[6]デジタルトークン（電子的な形で存在する権利証）という電子形式の中でしか存在しない。これは、単なるオンライン決済（オンライン取引はフィンテックの一部だが、通常は暗号資産を用いることはない）と混同してはならない。インベストペディアのジェイク・フランケンフィールドによると、暗号資産はすべてデジタル通貨だが、デジタル通貨がすべて暗号資産というわけではない。[7]その最も大きな違いは、価値の源泉だ。不換通貨（米ドル、ユーロ、円など）はデジタル形式でも、物理的な形式（硬貨や紙幣）でも存在でき、特定の銀行（中央銀行）や政府機関によって維持・管理・配布・流通されている。[8]ビットコインやイーサリアムといった暗号資産は、非中央集権的なデジタル通貨システムの例である。[9]それらはネットワーク化された多数のコンピュータを通じて流通するため、ハッキングはもちろん、政府の介入が通貨の流れの阻害要因になる可能性も低い。[10]

暗号化と「ブロックチェーン」と呼ばれるテクノロジー[11]を用いた暗号資産を利用すれば、人々は中央銀行や政府を一切経由せずに自分の取引を確認できるネットワークに参加できる。[12]ブロックチェーンのデータは、永久に変更不可能な形で記録される。「つまり、ビットコインの取引が永久に記録され、誰にでも閲覧可能であることを意味する」と社会経済学者で、行動ファイナンスの専門家でもあるアダム・ヘイズは指摘する。[13]ブロックチェーン技術は、理論的には暗号資産以外の取引や、投票、[14]スマートコントラクト〔特定の条件が満たされた場合に、定められた処理が自動的に実行される契約〕にも応用できる。[15]スマートコントラクトは、契約で定められたワークフローの一部が遂行されることで、支払いや契約の次の部分が開始されるという自己完結型の契約のように機能できる。[16]

アメリカの代表的な実業家マーク・キューバンは、ビットコインと暗号資産をそれほど素晴らしいとは思っていなかったが、スマートコントラクトの価値を理解してから考えが変わったと述べている。

テクノロジーを探求し、新しい適用方法を見つけようとする私にとって、スマートコントラクトで何ができるかは非常に魅力的です。なぜならば、それはゲームのルールを変えるほどの大きな変革をもたらすからです。そしてその変革が実現すれば、ビジネスを動かす仕組み、つまり業界そのものに大変革が起きます。そして、業界がビジネスのやり方を大きく変えることになるでしょう。さらに、業界がスマートコントラクトやその他のブロックチェーンベースを取り入れてビジネスの方法を変えれば、世界そのものが変わってしまうのです。[17]

シリコンバレーの暗号資産起業家《クリプトアントレプレナー》であるエバン・コンラッドは、このセクターにはアメリカ開拓期的な雰囲気があると認め、暗号資産金融の世界でいつ何が起きているのかを本当に知っている人など誰もいないと語った。「暗号資産の動きはあまりにも速いため、暗号資産の情報が開発者や制作者から報道関係者や書き手に届くまでの間に、現場での状況が変わってしまいます。したがって、暗号資産に関するソースコード以外の情報は、ほとんどが古くなってしまうのです[18]」

フランケンフィールドによると、「ブロックチェーン関連技術は、金融や法律を含む多くの産業に破壊的影響を与えるでしょう。暗号資産の利点としては、より安価で、迅速な送金が可能であり、非集中的なシステムであるため、単一の障害が発生しても崩壊しない点が挙げられます。一方で、欠点としては、価格の変動が激しいことと、マイニングにかかる高エネルギー消費、そして犯罪活動への使用などがあります」と述べている。[19] 暗号資産における「マイニング」とは、天然資源を物理的に採掘することではなく、高価なコンピュータシステム（リグ）を使って個人が複雑なコンピュータの計算問題を解いて、その報酬として新たな暗号資産を得ることを意味する。

バフェット、マンガーと暗号資産

2018年、バフェットはビットコインをひどく嫌い、「ネズミの毒の2乗」と呼んで非難した。[20] マンガーも2022年に、彼特有の豊かな表現を用いて同じ気持ちを表現した。「私は絶対に暗号資産に投資をしませんでした。これを避けてきたことを誇りに思っています。まるで性病みたいなものです。全く眼中にありませんでした」。[21] そして、暗号資産はすぐにでも禁止すべきだと述べて、そのようにした中国政府を称賛した。[22] これまでに、中国以外で暗号資産を禁止した国にはカタール、ネパール、チュニジア、トルコ、バングラデシュ、エジプト、モロッコ、イラクがある。[23]

二人が暗号資産をこれだけ嫌っていたにもかかわらず、バークシャーはブラジルのヌーバンクへの投資を通じてこのセクターに関与している。同行は暗号資産の取引を認めているのである。[24][25] そして、マンガーはブロックチェーン技術の有用性を認めている。バークシャーの伝統的な銀行投資も、フィンテックという新たな世界に挑戦せざるを得なくなっている。

バークシャーとフィンテック

2018年10月、バークシャーはブラジルのEコマース企業ストーンコー（ティッカーシンボル：STNE）の新規株式公開（IPO）で11％の株式を1株当たり24ドルで購入した。[26] 当時の時価評価は3億4000万ドルだった。[27] 同じ年に、バークシャーは、インド最大の電子決済サービスを手掛けるペイティーエムの親会社、ワン97コミュニケーションズに3億5600万ドルを投資し、同社株の3％を取得した。[28] ペイティーエムは、2021年11月に株式を公開し、トッド・コームズによってバークシャーのポートフォリオに加えられたフィンテック企業であり、バークシャーにとってはインド企業への最初の投資でもあった。また、バークシャーは2020年に、データウェアハウジング（データをクラウド上に保存し、その安全性と利便性を提供する）企業のスノーフレーク（SNOW）に1株当たり120ドルのIPO価格で2億5000万ドルを投じた。[29] スノーフレークのフィナンシャル・サービス・データ・クラウドは、保険、銀行、投資、フィンテック自体など、さまざまな業界で利用されている。[30] さらにバークシャーは、別の株主から追加で404万株を購入した。[31] バークシャーの時価総額を考慮すると、これらの投資は金額ベースでは非常に小さい。

未来のファイナンスへの進出は続いた。2021年6月、バークシャーはヌーバンクに5億ドルを投資し、同年第4四半期にさらに10億ドルを追加した。ヌーバンク（NU）は2021年12月に1株当たり9ドルで株式を公開した。[32]

デジタル・バンキングが南米で成長しているのは偶然ではない。ヌーバンクの共同創業者、クリスティーナ・ジュンケイラによると、南米では従来の銀行システムから十分にサービスを受けられなかったという歴史が、必然的にデジタル・バンキングにとって肥沃な土壌を提供することになったという。「(南米には)非常に多くの機会があります」と言って、急膨張する人口、従来の銀行の高い手数料、そして「とてつもなくひどい」顧客経験を指摘した。「フィンテック企業に絶好の機会を提供するという点で、この地ほど適している場所は世界中探しても他にないと思います」[33]

中央銀行デジタル通貨(CBDC)

ビットコインのようなグローバルな暗号資産の人気が高まる中、各国政府は中央銀行デジタル通貨(CBDC)を通じて、従来の金融システムの維持方法を模索している。[34] CBDCは中央銀行によって発行される規制された通貨だが、デジタル形式でのみ存在し[35]、従来の不換通貨の補完または代替となり得る。[36]

CBDCを最初に採用した国はバハマで、その後、ナイジェリアと東カリブ同盟(アンティグア・バーブーダ、ドミニカ国、グレナダ、モントセラト、セントクリストファー・ネイビス、セントルシア、セントビンセント及びグレナディーン諸島)が導入した。[37]

CBDCは暗号資産よりも安定しており、従来の通貨のように世界中で受け入れられやすい。暗号資産は不安定で、規制がなく、不正行為に対して脆弱であり、また、デジタルトークンは幅広く受け入れられているわけではない。[38] しかし、暗号資産は非集中的な台帳に公開されているのに対し、

ＣＢＤＣの取引は送信者、受信者、銀行にしか知られていない。[39]

中国の中央銀行デジタル通貨

中国は、デジタル通貨を導入した最初の主要国だ。[40] ２０１４年からこのイノベーションに取り組んできた中国は、現在、通貨として人民元（ＲＭＢ）を使用しており、デジタル人民元（ｅ－ＣＮＹ）はそのサブユニット（下部単位）だ。人民元（不換通貨）とデジタル人民元は互換性をもって使用されており、将来的には流通するすべての紙幣および硬貨と置き換えられるかもしれない。[41] 金融テクノロジーの専門家、リチャード・ターリンは、国内外の双方で使えるデジタル通貨への動きは、今後10年間で、中国を米ドルに対抗できる地位に押し上げると考えている。他の国々も米ドルへの依存度を低下させることも可能になるかもしれない。[42] ２０２０年にターリンはウォール・ストリート・ジャーナル紙にこう語った。「中国は最大の貿易国であり、中国から物を購入する際にデジタル人民元が徐々にドルの地位を奪っていくのを目にすることになるでしょう。将来的には、各国がリスク管理の一環として、ドルへの依存度を１００％から85％、さらには80％へと徐々に低下させようとする動きが見られるでしょう[43]」

デジタル人民元の集中的な管理により、中国は人々の資金移動を監視しつつ、任意に人民元口座を凍結または閉鎖できる。また、中国政府はテンセントやアント・グループなどハイテク企業に対する支配力を強化することができるだろう。[44] そして、デジタル人民元がアリペイやウィーチャット・ペイなどの電子決済システムを凌駕すれば[45]、中国はこれらの巨大ハイテク企業が持つ経済力を抑制できるかもしれない[46]。この動きは、ハイテク企業の株主には深刻な影響を及ぼす。しかし、中国の究極的な目的は、デジタル人民元を「制裁バスター（回避手段）」と位置づけることだ、とターリンは指摘している[47]。

中国の経済規模はまだアメリカには及ばないものの、金融テクノロジーの活用においてすでにリードしている。アメリカ合衆国が、デジタル・ドルに向けた計画と試験段階から抜け出すには、少なくともあと5年は必要だろう、とターリンは指摘する[48]。

アメリカの中央銀行デジタル通貨

アメリカ連邦準備制度理事会（ＦＲＢ）は、ＣＢＤＣに対して何らかの態度表明をも頑なに拒否してきた。しかし、２０２２年3月9日、バイデン大統領は、アメリカ財務省、商務省、およびその他の主要省庁に対して、暗号資産をめぐるさまざまな問題の中でも、特に中央銀行デジタル・ドルの創設に関するリスクと利点を評価するよう命じる大統領令に署名した[49]。バイデン大統領は、従来の銀行口座を持たないアメリカ人にとって、デジタル・ドル制度が電子口座を通じた資金の出入りに直接アクセスできるという利便性をもたらす可能性があると述べた。

しかし、「プロジェクト・ハミルトン」として知られるこのコンセプトの主な動機は、ＣＢＤＣへの移行に必要なインフラストラクチャーを評価することにある[50]。その結果、マサチューセッツ工科大学（MIT）のデジタル通貨イニシアティブ[51]では、中央銀行デジタル・ドルのプライバシー（個人情報の秘匿性）、速度、安全性、監査可能性、プログラム可能性、相互運用性についての検証が進められている。[52] 大統領令が発令されて間もなく、バンク・オブ・アメリカは、アメリカ合衆国ではCBDCの誕生が「不可避だ」とするメモを発表した。[53]

もちろん、アメリカと中国では文化が異なるので、両国の市民がデジタル通貨を受け入れる方法にも違いが生じるだろう。中国政府はCBDCの使用を国民に強く要請し、政府による国民の統制をさらに強めると思われるが、アメリカの消費者にとっては、プライバシーに関する懸念が大きな障害になることは間違いない。

バークシャーにとっての機会とリスク

物理的な通貨からデジタル通貨への進化が世界的に進むとすると、バークシャー・ハサウェイはどのような機会とリスクに直面するのだろうか。私は、バークシャーが、確立されたプラットフォーム、支配的な市場ポジション、そして広い「堀《モート》」を持つ企業、特にアメリカ以外で、取引を主体とする企業を追求し続けると予想している。コームズとウェシュラーの影響下、バークシャーはブロックチェーン技術に関するスマートコントラクトを利用するだろう。マンガーですらブロックチェーンの将来の可能性を認めており、バークシャーのコアコンピタンスが保険商品にあることを考慮すると、同社がデジタル通貨の潮流に飛び乗る方法を模索し、この分野を検討する可能性は高いと考えられる。

その一方で、通貨のデジタル化は従来の銀行業務、ひいてはバークシャーに深刻な影響をもたらす可能性がある。たとえば、アメリカのＣＢＤＣは仲介業者としての商業銀行を排除するかもしれない。バフェットが最近バークシャーの保有する金融株（ゴールドマン・サックス、ＪＰモルガン、ウェルス・ファーゴ、ビザ、マスターカードなど）を多数売却したのも、そのせいかもしれない。バークシャーはバンク・オブ・アメリカとアメリカン・エキスプレス株をまだ大量に保有しており、同社の株式ポートフォリオの25％は現在も金融株だ。それでも、バフェットが伝統的な銀行業務に携わる主要行の株式を売却したことの重大性は無視できまい。

もし人々がＦＲＢとの直接取引を選んだ場合、ＦＲＢは消費者の借り入れを促進する（ただし、ＦＲＢにはその準備ができていないかもしれない）か、市場に流動性を供給する新たな方法を見つける必要があるかもしれない。こうした理由から、民間のデジタル通貨のほうがＣＢＤＣよりも望ましいと考える専門家もいる。[54]

バフェットへの批判

バークシャーの低パフォーマンス

過去12年間、バークシャーのリターンはＳ＆Ｐ５００種株価指数を必ずしも常に上回ってきたわけではない。圧倒的な成果を誇っていた投資会社としての名声を確立していた時代とは大きく様変

表13-1

バークシャーとS&P500指数のリターン比較（2010～2021年）

年	バークシャー	S&P500種指数（配当込み）
2010	21.4%	15.1%
2011	-4.7%	2.1%
2012	16.8%	16%
2013	32.7%	32.4%
2014	27%	13.7%
2015	-12.5%	1.4%
2016	23.4%	12%
2017	21.9%	21.8%
2018	2.8%	-4.4%
2019	11%	31.5%
2020	2.4%	18.4%
2021	29.6%	28.7%
平均	14.3%	15.7%

わりしたと言えるだろう。この不調によりバフェットに対する批判が浮上してきた。たとえば、2019年から2020年にかけて、バークシャーのリターンはS&P500種株価指数を15~20ポイント下回った。長期間で見ても、バークシャーは若干劣っている(表13－1を参照)。

こうした動きを解釈する方法はたくさんある。投資家は時にバフェットがあまりにも多額のキャッシュを保有している点に不平を述べる。しかし、バークシャーの規模が同社株式の価値の成長鈍化と密接に関係していることは事実だ。簡単に言えば、バークシャーが成長するにつれて、劇的なリターンを生み出すことが難しくなっている。マンガーは、自分なら今もなお、いつでもS&P500ファンドよりもバークシャーを買うと主張している。バフェットはそれほど楽天的ではなく、最近の株主総会では、手っ取り早く大きなリターンを得たい投資家は他のファンドを探してもよいのではないか、とほのめかしたことさえある。

とはいえ、バークシャーは近年すこぶる好調である。2022年6月時点で、バークシャーのA株は41万7202ドルだった。時価総額は6141億ドルと、世界で7番目に高い価値を誇る。バークシャー株は年初来で7・31%下げているが、これはS&P500株価指数のマイナス17・93%よりもはるかに良い。株価を押し上げるための自社株買いは見苦しいと発言してきたにもかかわらず、これこそがまさに、バフェットが近年行ってきたことにほかならない。そして実際にその効果はあった。2020年と2021年に、バークシャーはそれぞれ247億ドル、270億ドルの自社株買いを実施した。[55] 2022年第1四半期にもその勢いは止まらず、さらに12億ドル分を買い戻した。[56] 2021年3月から2022年3月までの間に、S&P500株価指数は13・99%上昇したのに対し、バークシャーが33・76％上昇したのも当然の結果だろう。

バフェットとマンガーがかなりの高齢であることを考えると、二人が去った後のバークシャーの行く末についてウォール街があれこれ憶測するのも不思議ではない。同社の株主たちが、保守的な姿勢を改めてもっと創造的になってほしいと新リーダーにせまるかもしれない。いやその可能性は高い。たとえば、１５００億ドルものキャッシュを手元に置いておくのではなく、どうしてうまく使おうとしないのか、といった具合である。バフェットはその疑問に対するいくつかの答えを提供し始めた。たとえば、２０２２年2月にロシアがウクライナへの侵攻を始めた時には、すぐにオキシデンタル・ペトロリアムの株を買い始めた。バークシャーは同社株を1億３６３７万３０００株、時価総額にして77億ドル分を購入した。[57] さらに6月にも９６０万株購入したので同社の持株比率は16・3％に上昇し、バークシャーにとって9番目に規模の大きい株式となった。[58]

２０２２年3月、バークシャーはニューヨークに拠点を置く保険会社アレゲニー・コーポレーションを、購入日の終値よりも25％高い１１６億ドルで購入していたと発表した。[59] これは、バークシャーの歴史の中で5本の指に入る規模の買収だった。

２０２２年第1四半期に、バークシャーは５１０億ドル分の株式を購入した。[60] 第１四半期中に新たにポートフォリオに追加されたのは、ヒューレット・パッカード（ＨＰ）が42億ドル、シティグループ（Ｃ）が29億５０００万ドル、パラマウント・グローバル（ＰＡＲＡ）が26億１０００万ドル、セラニーズ（ＣＥ）が11億３０００万ドル、マケッソン（ＭＣＫ）が8億９５００万ドル、マーケル（ＭＫＬ）が6億２０００万ドル、アライ・ファイナンシャル（ＡＬＬＹ）が3億９０００万ドルなどだ。さらに、アップル（AAPL）を5億5700万ドル、シェブロン（CVX）を2030億ドル、アクティビジョン・ブリザード（ATVI）を38億6000万ドル、ゼネラル・モーターズ（GM）を782億ドル、リバティー・メディア（FWONK）を4億7100万ドル、フロア・アンド・デコア・ホールディングス（FND）を2億8100万ドルなど、すでに保有していた株式のポジションも追加した。

バフェットとマンガーがバークシャーを離れた後に、同社の傘の下にいくつかの企業に枝分かれする可能性はあるのだろうか？　どんな可能性も排除できないが、バークシャーはこれまで非常にうまくやってきたので、その確率は低いと思われる。配当についてはどうだろうか？　*The Complete Financial History of Berkshire Hathaway*（バークシャー・ハサウェイの財務諸表完全版）の著者、アダム・ミードは、バークシャーが季節調整後の営業利益の最高25％までの配当を払うことを提案している。バフェットは、その資金から株主以上の利益率を返せると主張し、定期的な配当を払うことを頑なに拒否してきた。だが、もしバークシャーが自社株の中止を決断するか、取得したい他の企業を見つけ出せない場合には、配当を特別支払うことは選択肢の一つとして考えられる。[61]

個人としての姿勢

億万長者を非難して、ただ欲にかられた資本主義者だと決めつけることは簡単だ。しかし、バフェットは個人資産の99％以上を慈善事業に寄付すると公約し、実際、すでに数十億ドルを寄付してきた。さらに、自分の相続人たちが、彼から引き継いだバークシャー株を売却せず、徐々に寄付するように遺言している。「私が死んだ時点で持っていたバークシャー株の全体が市場に移動するまでは12年から15年かかると見積もっています」と2020年に予測している。[62]

バフェットの娘スーザンは、彼女の父親が社会正義に貢献していることの重要性を多くの人が見逃していると考えている。「私の父が社会的不公正、人権、女性の権利、公民権運動にどれだけ心を砕いているかを人々はわかっていないと思います」と彼女は私に語ってくれた。

こうした信念を最も明確に体現しているのが、バフェットが参加している「ギビング・プレッジ」だ。バフェットは、友人のビル・ゲイツとこのプロジェクトを考案し、世界の最も裕福な人々に、彼と同じようなことをするよう促す活動で、自分の資産の少なくとも半分を、生前または死後に慈善事業に寄付することを目指している。[63] バフェットはこの取り組みで大きな成果を上げている。具体的には億万長者のラリー・エリソン（オラクルの共同設立者）、サラ・ブレイクリー（アパレル企業スパンクス創設者）、マイケル・ブルームバーグ、ベス＆セス・クラーマン夫妻（夫のセス・クラーマンは投資家。夫妻でファミリー財団を運営し慈善活動に積極的）、ジョージ・ルーカス（映画製作者）、パトリック・スン・シオン（南アフリカ系アメリカ人の移植外科医であり、生物科学者でもある億万長者）といった仲間たちから公約を取り付けている。

そしてもちろん、第12章で詳しく紹介したように、バフェットが心から愛する大学生たちとのセッションもある。幸運にも、私はバフェットが教師として教える場面に3度立ち会う機会があった。この経験は私の人生に非常に大きな影響を与えた。難しい判断に直面すると、私はよく自問する。「ウォーレンならどうするだろう？」と。

バフェット後のバークシャー――後継者問題

2012年、バフェットは前立腺がんのステージ1と診断されたと発表した。[64] その後に開催された株主総会では、いつもと変わらず陽気な様子で、病状は生命を脅かすほど進行していなかったと述べた。2021年にオンラインで行われた総会では、長時間にわたる株主からの質問も受けた。バフェットが正式に引退を表明をすることはないだろう、と私は思う。

ただ、彼は明らかに活動のペースを落としている。そしてバークシャー・ハサウェイには後継者問題が浮上している。バフェットはおよそ50年にわたって同社の取締役会議長、最高経営責任者（CEO）、そして最高投資責任者（CIO）という3つの職務をこなしており、そのすべてに後継者が必要となる。2010年のトッド・コムズ、そして2012年にテッド・ウェシュラーの採用により、CIOの後継者問題は片付いた。

取締役会議長を誰が引き継ぐかについては、息子のハワード（現在はバフェット・ファームズとバイオイメージズの社長を務めている）が引き継ぐと明言している。その職に就いた後、ハワードは次のメンバーで構成される取締役会を率いることになる。

- ・チャーリー・マンガー（副会長）
- ・グレッグ・アベル（バークシャー・ハサウェイの非保険関連事業の副会長）

・アジート・ジャイン（バークシャー・ハサウェイの保険事業の副会長）
・スーザン〝スージー〟バフェット（ウォーレンの娘で、スーザン・トンプソン財団とシャーウッド財団の議長）
・ケネス・I・シェノルト（アメリカン・エキスプレスの元会長兼CEO）
・クリストファー・デイビス（投資会社デイビス・セレクト・アドバイザーズの会長）
・スーザン・リン・デッカー（ラフターのCEO、ヤフーの元社長）
・ロナルド・L・オルソン（マンガー・トールズ・アンド・オルソン法律事務所のパートナー）
・デイビット・ゴッテスマン（投資助言会社のファースト・マンハッタン社の創設者）
・スティーブン・B・バーク（NBCとコムキャストなど7社のトップを歴任）
・シャーロット・M・ガイマン（マイクロソフトの元役員、非営利団体ブロードレディーの共同設立者および複数の社会組織のリーダーを務める）
・メリル・B・ウィットマー（イーグル・キャピタル・パートナーのゼネラル・パートナー）

スーザン・バフェットは、クリストファー・デイビスとともに2021年にバークシャーの取締役会に加わった。スージーとクリスはバークシャーの文化を守る役割を果たすはずだ。二人とも企業オーナー志向であり、ビジネスにも精通している。私は、バークシャー・ハサウェイの将来の経営者や取締役、株主がバフェットの創業時の精神[65]から逸脱することを許すとは思えない（取締役会にはもう一人、ワリー・ワイツが加わるかもしれない。ワイツはトム・マーフィーの退任によって空いていた空席を埋める人物として推薦されている)[66]。

メリル・ウィットマー、ワリー・ワイツ、クリストファー・デイビスのバックグラウンドを調べると、3人の経歴は非常に似ているため、バークシャーの取締役会に目立った独自性を加えるとは思えない。これはガバナンス(企業統治)上の弱点だ。バークシャーには、伝統的なバリュー投資家の発想を駆使するのではなく、バフェットの後継者たちに挑み、彼らを刺激するような若くて、革新的で新鮮な頭脳が必要だ、というのが私の意見だ。

このパズルの最後のピースであり、長年にわたって人々が疑問に思ってきたのは、バークシャーの新しいCEOが誰になるかだ。2020年の年次株主総会で、バフェットは「同社の二人の副会長であるグレッグ・アベルとアジート・ジャインが株主からの質問に答えることになります」、と口を滑らせてしまった。これは初めての意思表明であり、この発言は注目を集めた。そして、新型コロナウイルスのパンデミックを受けて、バフェットは対面での株主総会をキャンセルし、代わりにYahoo!でのストリーミング配信にした。ところが、総会が始まってカメラが回り始めると、壇上にいて株主たちに話しかけたのはアベルだったのだ。

これは人々を驚かせた。長年にわたって、バフェットは元マッキンゼーのジャインの貢献を称賛しており、彼が後継者候補の一番手と目されていた。ジャインは、20代の時にインドからアメリカ合衆国に移住し、1978年にハーバード大で経営学修士号(MBA)取得。その後1986年にバークシャーに入社して着実にキャリアを積み重ねた。バフェットは、もし自分とマンガーとジェインが乗っているボートが沈みそうになったら、バークシャーの株主は、自分たちのために全力でジャインをまず助け出そうとするに違いない、と冗談を言ったことがある。[67]「アジート（ジャイン）は、バークシャーの株主のために数十億ドルの価値を生んでくれました」とバフェットは2016年の株主への手紙に書いた。「もしこの世の中にアジートがもう一人いたら、どうぞためらわずに私を彼と取り替えてください。トレードをするのです！」[68]

ところが、2021年のバークシャーの株主総会で、マンガーは後継者問題について、グレッグ・アベルが次のCEOになると事実上の公式発表をした。バフェットは、この発表に驚いたもののそれを否定せず、「もし今晩私の身に何か起きた場合、明朝から経営を引き継ぐのはグレッグになることで取締役会は一致しています」と述べた。[69]

グレッグ・アベル

カナダで生まれ育ったアベル（58歳）は、バークシャー・ハサウェイの非保険事業を統括する副会長だ。資本配分についての豊富な経験を持ち、バークシャーの最近の買収の多くを担当してきた。[70]だがアベルは、バフェットと同様、裕福な家庭に育ったわけではない。カナダのエドモントンの労働者階級の地域で育ち、起業家精神に満ち、独立心旺盛な性格を若いころから示してきた。そして、価値観はバフェットと似ていた。子どもの頃は、広告チラシの戸別配達と空きビン集めで現金を稼いだ。その後、林産物を取り扱う会社の労働者として働いた。[71]高校から大学を通じ、アベルは消火器製造工場でアルバイトをし、その収入でカナダのアルバータ大学を卒業した。[72]

会計学で学位を取得すると、プライスウォーターハウスクーパース（ＰｗＣ）で働くためにサンフランシスコに向かった。1992年に地元の電力会社カルエナジーに採用され、CEOまで上り詰めた。この期間中、バークシャーはカルエナジーを買収し、社名をミッドアメリカン・エナジー・ホールディングス・カンパニーに変更した。そして2014年、ミッドアメリカンはバークシャー・ハサウェイ・エナジーとなった。同社の資産は900億ドルを超え、アメリカ、イギリス、カナダ、フィリピンにエネルギー産業の子会社を所有している。[73]

2018年1月、当時ミッドアメリカン・エナジーの会長を務めていたアベルは、バークシャーで現在のポジションに指名され、取締役に就任した。[74]

最後に

バフェットに世界中の人が魅せられているのは、その莫大な経済的成功に加え、中西部特有の常識、質素なライフスタイル、そして自虐的なユーモアのセンスを持っているからだ。人々はバフェットを、自分の可能性に共鳴するようなお手本とみている。だが、彼の莫大な富を考えると、際立つのはバフェットの謙虚な姿勢、言い換えれば一つの道徳的な羅針盤に従って生きるという彼の姿勢である。私は、愛情が物質的成功よりも重要だと普段から主張する億万長者を他に多く思い浮かべることができない。[75]

それでも、バフェットは金融知識の源泉とみられている。その専門知識の価値が非常に高いため、CNBCは「ウォーレン・バフェット・アーカイブ」をつくった。これは122時間に及ぶ録画で、誰もがバークシャーの年次株主総会全体を、すべて字幕付きで視聴できる。[76] バークシャー・ハサウェイも年次株主総会をライブストリーミングで公開し、創業者たちの知識を共有し始めた。

「投資家は、他の人々が賛成したから正しい、賛成しなかったから間違っているということにはならない。彼の事実と分析が正しいから正しいのだ」と、バフェットの師、ベンジャミン・グレアムは述べている。[77] 基本を徹底的に重視してきたバフェットにとって、グレアムのこの言葉は、投資に関して書かれた中で最も重要な教えである。[78] そして、このアプローチを長年取り続けた結果、世界一の資産家になったのだ。最近はこの順位が若干下がってきたが、それはおそらくバフェットが資産を寄付することに忙しいためではないかと思われる。２００６年以降、バフェットは４１５億ドル相当のバークシャー株をさまざまな慈善活動に寄付してきたので、[79] 個人資産は他の人々よりも減っていることは確かだ。２０２２年６月24日現在でのブルームバーグの億万長者指数は次の通りである。[80]

1. イーロン・マスク（２２３０億ドル）
2. ジェフ・ベゾス（１４００億ドル）
3. ベルナール・アルノー（１３１０億ドル）
4. ビル・ゲイツ（１１６０億ドル）
5. ラリー・ペイジ（１０７０億ドル）
6. セルゲイ・ブリン（１０２０億ドル）

7. ウォーレン・バフェット（968億ドル）
8. ゴータム・アダニ（949億ドル）
9. スティーブ・バルマー（945億ドル）
10. ムケシュ・アンバニ（904億ドル）

アメリカ経済がこれまで耐えてきた市場の危機や、バークシャー自身が乗り越えてきた不振の時期にもかかわらず、バフェットは究極的な楽天家だ。株式市場に投資しておけば、最後には勝利する。なぜならばアメリカ合衆国は常に前進し続けるからだ。そしてこの国の起業家たちは、常に新たな価値を生み出す方法を見つけているからだ――バフェットはそう確信しているのである。

謝辞

私は友人たちに本など書くものではないとよく言っている。本の執筆は、読者の皆さんの想像以上にとてつもない量の作業を伴う。しかし、私は本書の主人公、ウォーレン・バフェットを愛した。本書の執筆によって私の人生は大きく変わったが、何人かの人々から受けた支援や指導がなければ本書が世に出ることはなかったろう。まずは、ウォーレン・バフェットに感謝したい。私に会う機会を与えてくれただけでなく、自身について研究することを許してくれたからだ。あなたは、本当の意味で着想の源泉なのだ。ウォーレンの娘、スージー・バフェットも、インタビューの機会を与えてくれ、私はバフェット家の家族内のやりとりや親子兄弟間の関係をよく理解できた。ブルックス・スポーツの最高経営責任者（CEO）のジム・ウェーバーとインディアナ大学のドナルド・F・クラトコ教授には本書のためにインタビューをさせていただいた。ありがとうございました。

オマハ出身の私のいとこ、スティーブ・ノッグなしでは、ウォーレンと会う機会が得られなかったことも申し添えたい。2007年に、ウォーレンが大学の学生をオマハに招いて一日を過ごす会があるという話を教えてくれた。私はすぐに申し込み、即座に断られたのだが、その後も忍耐強く会うための努力を重ね、ウォーレンとの人間関係を築くことができた。本書を執筆したことによって、私はスティーブとも親しくなった。心から感謝している。

また、ゴンザガ大学の学長を務めていたマーク・ピゴットと彼の家族は、私に同大学でのエンタープリナーシップ科の教授職を提供してくれた。マークの支援がなければ、本書は実現しなかった。さらに、ウォーレン・バフェットについて研究する機会を私に与えてくれた経済学部長のケニース・アンダーソン博士にも心から感謝する。

本書出版の労を取ってくれたコロンビア大学出版局のブライアン・スミスとマイルス・トンプソンについても一言添えたい。彼らがいたからこそ、私は幸運にもクライドヒル・パブリッシングのクラウディア・ロウとグレッグ・ショウという優秀な編集者と仕事をする機会に恵まれた。二人は卓越した文章家として、私を大いに助けてくれた。

本書の執筆および校閲作業では多くの人にお世話になった。筆頭に来るのがマット・カウフラー（米国公認証券アナリスト：ＣＦＡ）とチャールズ・フィシュキンだ。マットとチャールズは本書を出版するまでの長く厳しいプロセスを私が乗り越えられるよう自発的に支援を申し出てくれた。マットはまた、行動バイアスについてのセクションを加えるよう勧めてくれ、結局それはバフェットの誤りに関する章に発展した。二人とも一貫して私が深く物事を見つめるよう後押ししてくれた。チャールズは、私がハリソン小学校3年生の時からの友人であり、オマハ・セントラル・ハイスクールでの旧友であり、いつも手を差し伸べてくれる。彼は編集プロセスの中で原稿全体に2度目を通し、貴重なアドバイスをくれた。

本書を執筆し原稿を検討するまでのさまざまな段階で数人の同僚教授たちにもお手伝いいただいた。ここにお名前を挙げて感謝したい。ありがとう。キャスリーン・アレン、ラインホルド（・リニー）・ラム、リック・ズーバー、トム・オブライエン、ケント・ヒックマン、マーク・シュレイダー、ポール・ブラー、バド・バーンズ。アンドリュー・パース教授にも本当にお世話になった。教授は多くの本を執筆した経験があり、私にも常に前向きなフィードバックやご指導をくださった。

金融界の友人たちにも感謝したい。パット・タリオン（ファウンダーズ・キャピタル・マネジメント）は、バフェットに関するさまざまな記事の執筆時にいろいろと指導してくれた。アダム・ミード（ミード・キャピタル・マネジメント）は、原稿を読み込んだ上で貴重な助言をくれた。ジョン・シェーン（メリル・リンチ）はバフェットに起きている最新情報についての素材をいつも送ってくれる。最後に、ジョン・ヘミングソン（レイクサイド・カンパニーズ）は、毎年開かれるバークシャー・ハサウェイの年次株主総会に自費で学生3団体を引率することを申し出てくれた。本書の執筆から出版に至るまでにこれらの皆さんが示してくれた援助と協力に改めてお礼を申し上げる。

他にも、エヴァン・コンラッド、ケン・ウォルターズ、ブラッド・ピーターソン、マーク・ブルーメンサールにはお世話になった。本書の完成までには、私のティーチング・アシスタントを務めてくれた皆さんの長年にわたる協力も貴重だった。ヒュー・トラン、ホセ・ロペス、ジョセフ・シレン、グレッグ・シンクレア、ハンター・プリビル＝ヒューグレットは、本書のさまざまなパーツの執筆および調査において貴重な貢献をしてくれた。とりわけ、現在は博士課程で学ぶハンターは、本書の修正にあたって並々ならぬ努力を惜しまなかった。あなたのご尽力に心から感謝します。

さらに、私の兄のデビッド・フィンクル博士と高校時代の友人であるリチャード・クシレクは、いくつもの株主総会に私と同行してくれた。リチャードは、バフェット・ファミリーとの交流を通じて彼に関する貴重な意見を教えてくれた。デビッド、リチャードと私は一晩徹夜して、世界中からやってきて順番待ちをしている人々に話しかけ、会場の前方を目指して先を争って走り、ステージ際の前列を確保したものだ。

私の今日があるのは、多くの大学教授、先生、コーチ、チームメイト、上司、同僚、元生徒、友人たちなど、私を信じ、私の人生に良い影響を与えてくれたすべての人々のおかげである。彼らがいなければ今の私は存在しないといっても過言ではない。

そして誰よりも、本書の執筆中の私を支えてくれた家族に感謝したい。なかでも妻のパティ、90歳の母バーバラ、亡き父メイナード（父からは勤勉に働くことの価値を教わった）、私の3人の兄弟とその妻（スコットとカレン、デビッドとジュディ、テリーとスー）、そしてそれぞれの子どもたち、義理の息子であるジョー・リッツォと彼の妻エミリー、義理の孫であるベンジャミンとエリヤ、義理の弟と妹のキース＆ナンシー・リビングストーン、本当にありがとう。

私が事務所に何日も籠っていたのでこう尋ねられたことがあった。「いったいいつ終わるの？」。そう、これはこの14年間、何度も聞かされ続けた質問だった。そして、ついに今終わったよ。

付録1

バークシャー・ハサウェイ連結貸借対照表2016～2021年

決算期	2021/12/31	2020/12/31	2019/12/31	2018/12/31	2017/12/31	2016/12/31
負債及び株主資本						
保険及びその他事業						
未払損失及び損失調整費用	86,664	79,854	73,019	68,458	61,122	53,379
遡及的再保険契約に基づく未払損失及び損失調整費用	38,256	40,966	42,441	41,834	42,937	24,972
未収保険料	23,512	21,395	19,782	18,093	16,040	14,245
生命保険、年金保険、健康保険給付金	22,452	21,616	20,155	18,632	17,608	15,977
その他保険契約者に対する負債	9,330	8,670	7,723	7,675	7,654	6,714
買掛金、未払費用及びその他負債	30,376	30,344	27,611	25,776	24,569	23,608
デリバティブ契約負債	–	1,065	968	2,452	2,172	2,890
航空機買戻負債及び前受リース料	5,849	5,856	5,281	4,593	–	–
支払手形及びその他借入金	39,272	41,522	37,590	34,975	40,409	42,559
	255,711	250,223	234,570	222,488	212,511	184,344
鉄道・公益・エネルギー事業						
買掛金、未払費用及びその他負債	15,696	15,224	14,708	11,410	11,334	11,434
規制負債	7,214	7,475	7,311	7,506	7,511	3,121
支払手形及びその他借入金	74,990	75,373	65,778	62,515	62,178	59,085
	97,900	98,072	87,797	81,431	81,023	73,640
税金負債	90,243	74,098	66,799	51,375	56,607	77,442
負債合計	443,854	422,393	389,166	355,294	350,141	335,426
株主資本						
資本金	8	8	8	8	8	8
資本剰余金	35,592	35,626	35,658	35,707	35,694	35,681
その他の包括利益	(4,027)	(4,243)	(5,243)	(5,015)	58,571	37,298
利益剰余金	534,421	444,626	402,493	321,112	255,786	210,846
自己株式	(59,795)	(32,853)	(8,125)	(3,109)	(1,763)	(1,763)
バークシャー・ハサウェイの株主資本	506,199	443,164	424,791	348,703	348,296	282,070
非支配持分	8,731	8,172	3,772	3,797	3,658	3,358
株主資本合計	514,930	451,336	428,563	352,500	351,954	285,428
負債及び株主資本合計	958,784	873,729	817,729	707,794	702,095	620,854

単位：百万米ドル
出所：バークシャー・ハサウェイの年次報告書 https://www.berkshirehathaway.com/reports.html

連結貸借対照表

決算期	2021/12/31	2020/12/31	2019/12/31	2018/12/31	2017/12/31	2016/12/31
資産						
保険及びその他事業						
現金及び現金同等物	85,319	44,714	61,151	27,749	28,673	24,109
米国財務省証券への短期投資	58,535	90,300	63,822	81,506	84,371	58,322
固定満期証券への投資	16,434	20,410	18,685	19,898	21,353	23,432
株式への投資	350,719	281,170	248,027	172,757	170,540	134,835
持分法投資	17,375	17,303	17,505	17,325	21,024	15,345 （クラフト・ハインツへの投資）
貸付金及び金融債権	20,751	19,201	17,527	16,280	13,748	40,397 （金融債権総額）
その他受取債権	35,388	32,310	32,418	31,564	29,392	−
棚卸資産	20,954	19,208	19,852	19,069	17,366	15,727
有形固定資産	20,834	21,200	21,438	20,628	19,868	19,325
リース用設備	14,918	14,601	15,065	14,298	10,167	9,689 （リース用資産）
のれん	47,117	47,121	57,052	56,323	56,478	55,375
その他無形資産	28,486	29,462	31,051	31,499	32,518	33,481
繰延費用（遡及再保険）	10,639	12,441	13,747	14,104	15,278	8,047
その他	15,854	14,580	13,232	9,307	9,391	12,954
	743,323	664,021	630,572	532,307	530,167	451,038
鉄道・公益・エネルギー事業						
現金及び現金同等物	2,865	3,276	3,024	2,612	2,910	3,939
売掛金	4,177	3,542	3,417	3,666	3,531	−
有形固定資産	155,530	151,216	137,838	131,780	128,184	123,759
のれん	26,758	26,613	24,830	24,702	24,780	24,111
規制資産	3,963	3,440	2,881	3,067	2,950	4,457
その他	22,168	21,621	15,167	9,660	9,573	13,550
	215,461	209,708	187,157	175,487	171,928	169,816
資産合計	958,784	873,729	817,729	707,794	702,095	620,854

単位：百万米ドル
出所：バークシャー・ハサウェイの年次報告書 https://www.berkshirehathaway.com/reports.html

付録2

バークシャー・ハサウェイ
連結損益計算書及び連結包括利益計算書
2016～2021年

連結損益計算書

決算期	2021/12/31	2020/12/31	2019/12/31	2018/12/31	2017/12/31	2016/12/31
収益						
保険及びその他事業						
保険料収入	69,478	63,401	61,078	57,418	60,597	45,881
販売及びサービス収入	145,043	127,044	134,989	133,336	130,343	123,053
賃貸収入	5,988	5,209	5,856	5,732	2,452	2,553
受取利息配当金及びその他の投資収益	7,465	8,092	9,240	7,678	6,536	6,180
	227,974	203,746	211,163	204,164	199,928	177,667
鉄道・公益・エネルギー事業						
貨物鉄道輸送収入	23,177	20,750	23,357	23,703	21,080	19,683
エネルギー事業営業収入	18,891	15,540	15,353	15,555	15,155	14,621
サービス収入その他の収入	6,052	5,474	4,743	4,415	3,770	3,143
	48,120	41,764	43,453	43,673	40,005	37,447
収益合計	276,094	245,510	254,616	247,837	239,933	215,114
投資及びデリバティブ利益	78,542	40,746	72,607	(22,455)	2,128	8,304
原価及び費用						
保険及びその他事業						
保険損失及び損失調整費	49,964	43,951	44,456	39,906	48,891	30,906
生命保険、年金保険、健康保険給付金	6,007	5,812	4,986	5,699	5,618	5,131
保険引受費用	12,569	12,798	11,200	9,793	9,321	7,713
売上原価及びサービス原価	114,138	101,091	107,041	106,083	104,343	97,867
リース費用	4,201	3,520	4,003	4,061	1,455	1,335
一般管理費及び販売費	18,843	19,809	19,226	17,856	19,189	17,973
のれん及び無形資産の減損	–	10,671	96	382	–	–

支払利息	1,086	1,105	1,056	1,035	1,132	1,099
	206,808	198,757	192,064	184,815	189,949	162,024
鉄道・公益・エネルギー事業						
貨物鉄道輸送費用	14,477	13,120	15,436	16,045	14,031	13,134
公益事業及びエネルギーの売上原価その他の費用	13,959	11,638	11,296	11,641	10,772	10,471
その他費用	5,615	4,796	4,002	3,895	3,231	2,589
支払利息	3,086	2,978	2,905	2,818	3,254	2,642
	37,137	32,532	33,639	34,399	31,288	28,836
原価及び費用合計	243,945	231,289	225,703	219,214	221,237	190,860
税金及び持分法投資損益調整前当期純利益	110,691	54,967	101,520	6,168	20,824	32,558
持分法投資損益	995	726	1,176	(2,167)	3,014	1,109
税金等調整前当期純利益	111,686	55,693	102,696	4,001	23,838	33,667
法人所得税費用（還付）	20,879	12,440	20,904	(321)	(21,515)	9,240
当期純利益	90,807	43,253	81,792	4,322	45,353	24,427
非支配持分に帰属する当期純利益	1,012	732	375	301	413	353
バークシャー・ハサウェイの株主に帰属する当期純利益	89,795	42,521	81,417	4,021	44,940	24,074
クラスA株式 1株当たり純利益	59,460	26,668	49,828	2,446	27,326	14,645
クラスB株式 1株当たり純利益	39.64	17.78	33.22	1.63	18.22	9.76
クラスA株式 期中平均発行済株式数	1,510,180	1,594,469	1,633,946	1,643,795	1,644,615	1,643,826
クラスB株式 期中平均発行済株式数	2,265,269,867	2,391,703,454	2,450,919,020	2,465,692,368	2,466,923,163	2,465,739,654

単位：百万米ドル（ただし1株当たり情報は米ドル）
出所：バークシャー・ハサウェイの年次報告書 https://www.berkshirehathaway.com/reports.html

連結包括利益計算書

決算期	2021/12/31	2020/12/31	2019/12/31	2018/12/31	2017/12/31	2016/12/31
当期純利益	90,807	43,253	81,792	4,322	45,353	24,427
その他の包括利益						
固定満期証券の未実現評価益	(217)	74	142	(438)	29,051	7,038
税効果額	50	(19)	(31)	84	(10,076)	(2,459)
為替換算調整勘定	(1,011)	1,284	323	(1,531)	2,364	(1,541)
適用所得税	(6)	3	(28)	62	(95)	66
確定給付年金	1,775	(355)	(711)	(571)	225	354
適用所得税	(457)	74	155	143	(45)	(187)
その他、純額	100	(42)	(48)	(12)	(9)	(17)
その他の包括利益、純額	234	1,019	(198)	(2,263)	21,415	3,254
包括利益	91,041	44,272	81,594	2,059	66,768	27,681
非支配持分に帰属する包括利益	1,030	751	405	249	555	291
バークシャー・ハサウェイの株主に帰属する包括利益	90,011	43,521	81,189	1,810	66,213	27,390

単位：百万米ドル
出所：バークシャー・ハサウェイの年次報告書 https://www.berkshirehathaway.com/reports.html

付録3

バークシャー・ハサウェイ
連結キャッシュフロー計算書
2016～2021年

その他	297	(3,582)	(1,496)	(71)	(3,608)	(377)
投資活動による キャッシュフロー	29,392	(37,757)	(5,621)	(32,849)	(41,009)	(84,225)
財務活動によるキャッシュフロー						
保険及びその他事業の 借入	2,961	5,925	8,144	2,409	2,645	14,172
保険及びその他事業の 借入金の返済	(3,032)	(2,700)	(5,095)	(7,395)	(5,465)	(2,577)
鉄道・公益・エネルギー 事業の借入	3,959	8,445	5,400	7,019	3,013	3,077
鉄道・公益・エネルギー 事業の借入金の返済	(4,016)	(3,761)	(2,638)	(4,213)	(3,549)	(2,123)
短期借入金の純増(減)	(624)	(1,118)	266	(1,943)	2,079	130
自己株式の取得	(27,061)	(24,706)	(4,850)	(1,346)	–	–
その他	(695)	(429)	(497)	(343)	(121)	112
財務活動による キャッシュフロー	(28,508)	(18,344)	730	(5,812)	(1,398)	12,791
為替変動による影響	5	92	25	(140)	248	(172)
現金及び現金同等物ならびに制限付き現金の増加(減少)額	40,310	(16,236)	33,821	(1,401)	3,569	(38,959)
現金及び現金同等物ならびに制限付き現金期首残高	48,396	64,632	30,811	32,212	28,643	67,602
現金及び現金同等物ならびに制限付き現金期末残高＊	88,706	48,396	64,632	30,811	32,212	28,643
＊現金及び現金同等物ならびに制限付き現金期末残高						
保険及びその他事業	85,319	44,714	61,151	27,749	28,673	24,109
鉄道・公益・エネルギー 事業	2,865	3,276	3,024	2,612	2,910	3,939
その他資産に含まれている制限付き現金	522	406	457	450	629	595
	88,706	48,396	64,632	30,811	32,212	28,643

単位：百万米ドル
出所：バークシャー・ハサウェイの年次報告書 https://www.berkshirehathaway.com/reports.html

連結キャッシュフロー計算書

決算期	2021/12/31	2020/12/31	2019/12/31	2018/12/31	2017/12/31	2016/12/31
営業活動によるキャッシュフロー						
当期純利益	90,807	43,253	81,792	4,322	45,353	24,427
当期純利益を営業活動によるキャッシュフローに調整するための調整項目						
投資損益	(77,576)	(40,905)	(71,123)	22,155	(1,410)	(7,553)
減価償却費及び償却	10,718	10,596	10,064	9,779	9,188	8,901
その他、資産減損損失を含む	(3,397)	11,263	(1,254)	2,957	458	(161)
運転資産及び負債の変動						
未払損失及び損失調整費用	4,595	4,819	6,087	3,449	25,027	4,372
繰延費用(遡及再保険)	1,802	1,307	357	1,174	(7,231)	(360)
未払保険料	2,306	1,587	1,707	1,794	1,761	968
受取債権及び貸出金	(5,834)	(1,609)	(2,303)	(3,443)	(1,990)	(3,302)
その他資産	(1,686)	(1,109)	(2,011)	(1,832)	(1,665)	(373)
その他負債	2,389	3,376	190	2,002	1,194	1,684
所得税	15,297	7,195	15,181	(4,957)	(24,957)	4,044
営業活動によるキャッシュフロー	39,421	39,773	38,687	37,400	45,728	32,647
投資活動によるキャッシュフロー						
株式の購入	(8,448)	(30,161)	(18,642)	(43,210)	(20,326)	(16,508)
株式の売却	15,849	38,756	14,336	18,783	19,512	28,464
米国財務省証券及び固定満期証券の購入	(152,637)	(208,429)	(136,123)	(141,844)	(158,492)	(96,568)
米国財務省証券及び固定満期証券の売却	27,188	31,873	15,929	39,693	49,327	18,757
米国財務省証券及び固定満期証券の償還および満期	160,402	149,709	137,767	113,045	86,727	26,177
貸付金及び金融債権の購入	(88)	(772)	(75)	(1,771)	(1,435)	(307)
貸付金及び金融債権の回収	561	393	345	342	1,702	490
企業の買収、現金の純増分	(456)	(2,532)	(1,683)	(3,279)	(2,708)	(31,399)
有形固定資産及びリース用資産の購入	(13,276)	(13,012)	(15,979)	(14,537)	(11,708)	(12,954)

付録4

バフェットへの質疑応答
2009年、2011年

2009年

我々以外に参加した5つの学校は次の通りである。イリノイ大学、テキサス・クリスチャン大学、ボストン大学、トロント大学、サウスダコタ大学。学生と教授を合わせて162名が参加した。質疑応答セッションの間は、写真撮影も録音も許されなかったが、詳細にメモを取っている学生が何人かいた。

経済について

今後25年間で、アメリカは世界経済の中でどのような地位を占めるとお考えですか？　私たちの国は今後も世界経済を牽引できるでしょうか、それとも新興諸国が勃興してアメリカを抜き去るでしょうか？　もしそうなった場合、どの国が世界の超大国になるとお考えですか？　その理由もお聞かせください。

わが国は25年後も世界経済で主導的な役割を担っているでしょうが、以前ほどの支配的な立場は維持できないでしょう。他の新興諸国は私たちに追いついて来ると思われます。しかし世界はゼロサムゲームではないのですから何の問題もありません。他の国が豊かになれば、私たちもさらに良くなると思います。アメリカの生活水準は20世紀の間に7倍になりました。

アメリカは世界で最も重要な市場であり、今後も非常に速く成長すると思いますが、10年前と同じスピードでというわけにはいかないでしょう。中国はいよいよ効果的な経済システムへの転換を図りつつあります。この国の人口を考えれば、潜在的な成長率は非常に高いと見ています。中国とその他の新興諸国は、世界の(エネルギー問題や生物学上の問題など)諸問題を解決するために私たちを助けてくれるでしょう。

世界で豊かになる国が増えてくれば、安全保障問題上の懸念も軽減されるでしょう。裕福な国を羨む地域からの、アメリカへの核や生物兵器の脅威につながるため、この点は重要です。

アメリカは莫大な赤字を抱えています。米ドルは今後どうなるでしょうか? そして政府はこれにどう対処するでしょうか?

20年前にはこのような問題はありませんでした。今日、わが国は1兆4000億ドルの赤字を抱え、そのうち4000億ドルは経常赤字となっています。誰がこの赤字を埋めるのでしょうか。考えられるのは、①アメリカ国民に国債を売るか、②諸外国に国債を売るか、③国債を資金化、すなわち連邦準備制度(FRB)が国債を購入し、それによって新たな通貨を発行することです。この行為はインフレを引き起こします。

そうなると、ドルの購買力が低下するでしょう。私たちは、この規模の赤字に陥ったことがないので、ドルが今後どこまで下がるかはわかりません。

キャッシュの保有は愚かなことだと考えます。長期での保有には適さない資産です。皆さんは資産を欲しがります。アメリカ議会はドルの運命を握っています。議会のこれまでの対応は適切だったと思いますが、この方針を続けると、今後もドル安が一段と進むでしょう。

バフェットが、インフレを理由にキャッシュ（現金）は長期的には良い資産ではないと述べている点には留意すべきだ。今はそう考えているとしても、証券市場が過大評価される時代がやってくれば、割高な資産を購入するよりもキャッシュを選好するようになるかもしれない。

米国の中小企業の成長率が鈍化しています。中小企業を盛り上げるために政府がしなければならないことは何でしょうか？

この質問に対し、バフェットは、成功するにはまず自分のビジネスを心から好きにならなければならないと言った。優れた実績を挙げた人や企業があったら、中小企業を始めたり成長させたりするために教育や資金援助をできる体制が必要だというわけだ。政府でこうしたことを担当するのは中小企業庁で、当時、バークシャーとゴールドマン・サックスとの間で中小企業を支援する5億ドルの新しいプログラムが始まったところだった。おそらく、バフェットがこれまでに行った中で、最も力強いものの一つが次のメッセージだろう。

タイトルは覚えていないのですが、ＩＱと大学の成績、通った学校とビジネスでの成功との相関に関する論文がありました。そこでの結論の一つは、ビジネスの成功と最も相関が高かったのは、その人がいつビジネスを始めたか、だったのです。経験が成功における最も重要な決定要因でした。

私がビジネスで成功したのは、仲間たちとの情報交換と協力のおかげです。共通の目的を追求するために、信頼でき、一緒にいて安心できる人々との力強い協力体制をどうぞつくってください。

投資に関するバフェットの見解

あなたはどうしてコカ・コーラやジレットといった企業から、ＢＮＳＦ鉄道や公益企業などの金食い虫企業に乗り換えようとしているのですか？

私は、キャッシュフローを重視した企業から公益事業や規制企業へと関心を移してきました。ウォール街の好みそうな企業の経営からは距離を置きたい、というのもあります。なぜ公益企業で新たなパラダイムが起きているか、ですか？　なぜならば、必要なキャッシュが少なくて済み、利益に対して非常に貪欲になってきたからです。成長可能性と価格を自ら設定できるようになるかもしれないのです。

ソロモン・ブラザーズの一件があった後で、なぜゴールドマン・サックスに投資しようと思ったのですか？

ゴールドマン・サックスは、自分たちが生き残れるという確証を必要としていました。彼らは取り付け騒ぎを恐れていたのです。銀行に預金を預けている一般の人々には連邦預金保険公社（FDIC）がありましたが、投資銀行向けのFDICはありませんでした。

私の目には、バフェットがFDICのような役割を担って金融システムの信頼を回復することになったように映る（実際のところ、ゴールドマンは、キャッシュをそれほど必要としていたわけではなかったが）。これは、1929年に始まった大恐慌の最中にJPモルガンが市場に流動性をもたらすために行ったことに似ていた。

バフェットは、ウォール街で支払われている莫大な報酬にいかに腹を立てているか、をしきりに述べ立てた。プロ野球の4割打者に高給を払うのはわかるが、2割4分ではだめだ。この世には2割4分の打率しかないのに金をもらい過ぎている選手が多過ぎる、と。

個人投資家は、個別銘柄とミューチュアル・ファンドのどちらに投資したほうがよいでしょうか？

個別銘柄を選択するために時間を割く気があるのなら、それでよいと思います。そうでなければ、手数料の安いミューチュアル・ファンドにドルコスト平均法で投資してください。

バフェットによると、2008年9月にあるパーティーに出席すると、普段は彼を無視する女性の一団に取り囲まれたとのこと。その時に自分がいきなり人気者となっていて、女性たちが自分のお金が安全かどうかを心配していた。「いいえ、決して安全とは言えませんよ」と答えたのだが、それでも彼女たちは誰も彼から離れようとしなかったという。

私の投資経験で最もよい成績を挙げられたのは1954年です。当時は景気後退に陥っていました。春の到来を告げるコマドリを待っていたら、春は終わってしまうでしょう。

そもそもバフェットが言おうとしていたのは、「市場が下げている時にこそ買うべきだ」「相場が上昇して、誰もが皆買い始めるまで待っていてはいけない」ということだった。バフェットは次のように続けた。

皆が売っている時こそ、株式を買う最高のタイミングです。……特に金融危機の時が狙い目です。なぜ人生の喜びを老後までとっておくのですか？

世界中への慈善活動は、第三世界で活動している企業や国をどのように助けるでしょうか？

私は5つの財団を所有し、私よりも専門性の高い人たちに運営を委ねています。私は、「人はそれぞれ得意な分野に特化すべきだ」という労働の専門化の重要性を信じています。私がゲイツ財団を信じている理由は、①ビル・ゲイツがこの分野に多くの時間を費やしている、②私たちは、地球上のあらゆる人々の命を救いたいという同じ目標を持っている、③彼は自らの資金を投じて、つまり身をもってこの活動に取り組んでいるからです。だからこそ大金を彼に託したのです。

社会があなたの成功を支えてくれたのですから、その恩を返す必要があると思います。そして、この世の中には、誰かが誰かよりも重要だなんてことはあり得ないということを覚えておくべきです。

あなたが犯した最大の誤り、失敗は何ですか？　そしてあなたはそこから何を学びましたか？

人生における最大の決断は、配偶者の選択でしょう。

バフェットは、あまり期待をしないで探すべきだと冗談を言った。

人生には失敗はつきものですが、いちいち苦しまないことです。なぜなら人格はそうした経験によって形成されていくものですから。

バフェットは、人生における失敗は、人々が自らの挫折に動揺し、切迫した懸念を解消するかもしれない新たな可能性を拒絶することに一因があると指摘する。

たとえば、現在は無価値となった靴メーカーの買収に30億ドルを使った経験を紹介した。さらに、若い頃にはシンクレア・ガスステーション株式の50％を購入してゼロになったこともある、とも。当時、それは彼の保有資産の20％、今日の貨幣価値では80億ドルに相当する額だ。バフェットは強調する。

わざと失敗を楽しむのではなく、自分のできる範囲で失敗は避けるようにしてください。たくさんのことを間違えなければ、正しいことをするのは、人生に数えるほどだけでよいのです。よい機会が訪れたら利用できるように常に準備しておくべきです。他人の成功に振り回されず、むしろ自分の能力の範囲内で努力を続けましょう。

マイクロソフト創業者、ビル・ゲイツは、かつてバフェットに次のように言った。「バフェットさん、コンピュータへの投資を考えるべきです。あなたがしていることのすべてが変わりますよ」。

バフェットはこう答えた。

コンピュータはチューインガムの噛み方を変えるでしょうか？　スペアミントを噛むかジューシー・フルーツを噛むかの選択を変えるでしょうか？　コークを飲むかペプシを飲むか、その選択に判断に影響を及ぼしますか？　そうでなければ、私は私の投資方針を変えるつもりはありません。あなたはあなたの方針を守ってください。

さらにこう付け加えた。

睡眠を削って働くのもよくありません。間違った判断をして生産性が落ちることになるのでね。

生活に必要最低限の収入を得た後には、娯楽、家族、仕事のバランスをどう取るのがよいでしょうか？

満足はお金では得られません。何を持っているか、そして何をしているか、だけで十分なのです。自分がしていることを愛することです。そうすれば満足するでしょう。お金を稼いでも幸福を得られないと認識することは重要です。しかしお金を持っているのは素晴らしいことです。

自分が愛し、尊敬する人々や組織と働くことです。そうしたものを持っていなければ、前進することです。
将来予想できる日々においても、自分の野望のために家族や友人たちとの素晴らしい時間を犠牲にすることはありません。妻や子どもたちとの映画、食事、旅行やイベントは決して逃しません。これからも忙しい日々が続くと思いますが、私は自分の野心のために家族や友人たちとの素晴らしい時間を犠牲にしないと決めています。

バフェットは、現在も友人や家族のいるオマハに住んでいる。孫たちが自分と同じ学校に通っているという事実が好きなのだ。オマハの自宅にいる時の方が、ロサンゼルスやニューヨークに持ついくつかの家を持っていた時よりも幸せだと言ってきた。

ご自分の名前で慈善活動をすることについての見解をお聞かせください。

私は、学校に自分の名前を冠した建物を建てるための寄付は良いとは思いません。建物に自分の名前を掲げる人よりも、日曜日に慈善活動にお金を寄付する家政婦を尊敬します。この国には解決すべき多くの問題があります。全世帯の20％の年収が2万1000ドル以下なのです。
私は、すべての人が支援を上げる平等も、男女平等も支持しています。

2011年

起業家精神、イノベーション、雇用創出についてのバフェットの見解

今日の厳しい経済環境の中で、起業家精神とイノベーションを促進して新規事業を興し雇用を増やすには、アメリカ政府はどうすればよいでしょうか？　誰がその任務を監視すべきでしょうか？　わが国は、起業家精神にあふれてやって来るトップクラスの外国人学生を、その祖国にみすみす返しているように見えます。そうした学生たちをどうすればもっと有効活用できるでしょうか？

アメリカの移民政策は変更する必要があります。合理性がないからです。起業家精神とイノベーションは1790年以来この国で発揮されてきました。1790年当時のアメリカの人口は400万人で、世界の生産高の25％を占めていました。この仕組みは機能するのです。個人の可能性を引き出してくれるからです。

私は1930年に生まれました。私が生まれてから国民一人当たりGDPは6倍になりましたが、残念なことに、世界の他の国々に追いつかれてきました。中国は国民の可能性を引き出す方法を見つけ出しました。数千年にわたってしてこなかったことに今取り組んでいます。人々の可能性を引き出すことはどのような政府の措置や政策よりも重要です。

アメリカでは製造業のシェアが低下して今やGDPの10％になってしまいました。アメリカの未来はどうなるのでしょうか？

この指摘は１９８０年からなされてきました。しかし１９８０年以降の20年間で４０００万人分の雇用が新たに生まれています。グーグルやマイクロソフトの成功を予見できた人はどれだけいたでしょうか？　１００年前に私たちは３２００万人の農民を抱えていました。現在の農業従事者はわずか６～７００万人まで減っています。１９７０年に、わが国はＧＤＰの５％を輸出していました。今日は、その比率が12％になっています。

今後10～12年でどのような仕事が現れるかを私は予想できません。アメリカ人は平均して一人当たり７足の靴を所有しています。全米では、20億足を超えることになります。現在、アメリカで消費される靴のわずか２％が国内で製造されていますが、それを中国に任せてもアメリカには損害はありませんでした。

インフレについてのご見解をお聞かせ願えますか？

１９３０年の１ドルは、現在では６セントの価値しかありません。それにもかかわらず、この国はうまくやってきました。時がたつにつれて、ほとんどの通貨は、主にインフレのために価値が低下してきました。インフレに対処するには、優れた事業を所有することが得策と私は考えます。インフレ時には、自分の事業を持つか、(医者や弁護士のような）専門性を身につけることが最善です。その才能自体が、あなたにとって最も価値ある資産です。私なら、あなたの将来の利益の10％に対して10万ドルを払うでしょう。

今後10年間は、大幅なインフレになる可能性が高いと思います。ヨーロッパの国々は、ユーロの導入によって自国通貨を発行する能力を手放しました。この決定にはリスクが伴います。問題が生じたときに、自国通貨で資金を調達できなくなるからです。翻ってわが国は、大量の通貨を発行し続けています。これはインフレを引き起こすでしょうが、それで世界が終わるわけではありません。

単にドルという通貨を資産として保有することは、インフレ状況下では賢明な戦略ではありません。無意味です。短期金融市場は、インフレの影響で日々価値を失っています。投資として最も危険性が高いのは通貨そのものです。したがって、通貨が上昇している国の資産に投資することが、賢明な戦略になるでしょう。

地方債はデフォルト（債務不履行）に陥るでしょうか？

問題は、私たちが地方公務員にあまりにも多くの約束をしていることです。問題を解決する能力はありますが、約束は変更しなければならないかもしれません。地方政府の負債は、住民一人当たり4万8000ドル、1世帯当たり12万ドルに達しています。状況に応じた再調整は常に必要になるでしょう。大規模なデフォルトは起きないと思われますが、もしかすると私たちはその寸前にいるのかもしれません。問題の深刻さのゆえに、それは先延ばしされることになるでしょう。

政治について

わが国の政治プロセスの現状についてどう思いますか？　政府はどのような役割を担うべきでしょうか？　現在の誤ったシステムを変えるために何ができるでしょうか？

政治家たちは自分が再選されるためによかれと思うことをしますが、国のためによかれと思うことをしておりません。私は誰が議員であっても気にしません。民主党が政権にあろうが共和党が政権にあろうが私のすることは同じですから。そうです。優良企業を適切な価格で買うということです。私たちは、株式市場を見ていません。頭が悪くても経営できる会社の株を買うのです。なぜなら、いつかそういう、頭の悪い人がトップになるかもしれませんからね。

「ウォール街を占拠せよ」運動についてどうお感じですか？

過去10～20年の税法は金持ち優遇でした。1992年に、年間所得上位400人の平均は4000万ドルでした。2011年には、それが2億2000万ドルと5倍にもなったのです。

ところが、この期間に税率は7％低下しました。私の税率は40～50年前よりも低いのです。

教育について

大学で学ぶ私に何かアドバイスはありますか？

ワクワクすることに積極的に取り組んでください。興味のあることで弾けてください。尊敬する人や会社で働くことをお勧めします。

皆さんにはぜひ、話すことと書くことを通じたコミュニケーション能力を磨いてほしいと思います。そうすれば、収入は少なくとも50％増えるでしょう。こうした技術はビジネススクールでは教わらないはずです。よいアイデアをよく伝えられれば人生が大いに豊かになります。自分への投資が最もよい選択です。

バークシャー・ハサウェイの従業員数は、今年５０００名の純増となりました。社員の募集に苦労していません（バークシャー・ハサウェイは子会社を含んだ従業員数を公開している。２０２２年時点では37万２０００人）。私が出会う人々のうち80％は、口頭でも書面でも自分の考えを説明する能力を磨く必要があります。自分自身が採用したくなるような人になるよう努力してください。私たちが求めるのは、必ずしもＩＱが高い人とは限りません。健全な勤労意欲を持ち、仕事に対して誠実で、正直で、信頼できる人です。

アメリカの教育制度にはどうなることが望ましいと考えていますか？　アメリカの学校制度を改善

するには、まずどのような措置を講じる必要があるとお考えですか？　社会、コミュニティー、経済をよくするために、大学の卒業を控えた私たちができること、なすべきことは何でしょうか？

しっかりした公教育制度がなければ、平等の実現は絵に描いた餅になってしまいます。私の子どもたちは全員公立学校に通っていました。今日、ニューヨークに住む私の友人たちは、自分の子どもを私立高に通わせています。学校におけるテストの点数と無料給食の数は反比例しています。家計所得の水準は、生徒の学業成績の最もよい指標です。

我々は子どもたちに60億ドルを使っていますが、投資に見合った成果を得られていないのです。公教育に問題が生じたら、元に戻さなければなりません。

教育制度と医療制度は変革が難しいのです。わが国では教育にはGDPの4％が、そして医療には17％が使われているのですが。ちなみに、世界の他の国々では平均してGDPの10％が医療に使われています。その結果、アメリカは不利な立場に置かれています。

GDPの17％も医療に使っていながら、アメリカにおける人口一人当たりの医師や看護師の数が諸外国よりも少ないのですから。私たちの教育制度と医療制度は、現在はもちろん、将来もこの国で最悪の問題となるでしょう。アメリカ合衆国は世界で最も裕福な国で多くの資源を保有しています。20年後には今よりも豊かになっているでしょう。ただし、競争上の問題は医療問題から始まると思います。

価値体系について

物事を前向きに捉えられなくなったことはありますか？　あるいは、以前ほど前向きでなくなったり、諦めようと思ったりことはあるでしょうか？

私の基本的な姿勢は、常に幸せでいることです。父が下院議員に当選した時、私は父と一緒にオマハからワシントンＤＣに行きたいとは思いませんでした。成功は欲しいものを手に入れることで、幸福は手に入れたものを望むことです。

今日、世界の人口は70億人です。アメリカの人口は３億１１８０万人です。もしあなたが世界中の人々を対象とする抽選で一人を選ぶとしたら、その人がアメリカ人である確率は４・45％です。またあなたが、アメリカ人であなたと同じ性の人に当たる確率は２・２２５％です。人種と社会階級も考慮に入れると確率はもっと低くなります。

アメリカ合衆国は世界で最も裕福な国です。この国に生まれた皆さんは運がよいのです。楽観的な人々には良いことが起きやすいのです。

バークシャー・ハサウェイについて

バークシャー・ハサウェイの経営慣行で、改善または変更できることがあるとすれば、それは何でしょうか？

私は、自分自身の会社をつくるという贅沢を味わいました。それは、自分の絵を描くようなものです。会社がどうあるべきかを定義し、どのように運営するかを自分で決められるわけです。報酬と政策という観点では組織的な障害はありませんでした。バークシャー・ハサウェイにはストックオプション制度はありませんが、従業員のインセンティブとなる他の仕組みがあります。この会社には強い文化があります。たとえば、ノートルダム大学で働こうとするなら、その文化を受け入れる必要があります。ノートルダム大学が何を表しているのか。その核心に賛同するということです。同じことが私たちの会社にもあてはまります。

応募してきた数百人のポートフォリオ・マネジャーの中からなぜトッド・コムズを採用したのですか？

応募者は全員、IQの高い人たちでした。しかし、私は単にIQの高い人を採用しているのではなく、次のような人を探しているのです。①これまで物事をどのように進め、何を成し遂げてきたか。②バークシャー・ハサウェイに対する愛情があるか。当社の社員たちは、他の企業で働くことに関心がありません。

1965年以来、バークシャー・ハサウェイを辞めて他の仕事に就いた人は誰もいないはずです。私は、投資と業務運営の分野で自ら当社を選んでくる人々を望んでいます。バークシャーで働くことによって、彼らはもっとお金を稼ぐ機会を諦めていますが、バークシャーが雇う人たちは非凡な人間たちです。性格は非常に重要です。取締役会と私は彼らの採用について確信を持ってなければなりません。

投資について

株式の売却に関する規律で最も重要な側面は何ですか?

私は売却の規律を持っておりません。持っているのは購入の規律です。私の哲学は、適正な価格でビジネスを購入することです。私には出口戦略はありません。しなければならないのは、ただ一つの良い決断を下すことです。仮に株式市場が閉鎖しても、5年間保有する価値のある銘柄を買うのです。

ハイテク企業の登場によって、バリュー投資の原則はどう変わったでしょうか?

私は7歳の時に投資の世界に入り、オマハ公立図書館にある投資関連の本をすべて読みました。皆さんには、ぜひ『賢明なる投資家』の第8章と第20章をお読みいただきたいと思います。投資に関して書かれたものの中で、最も素晴らしいものです。私は19歳の時にこの本を初めて読んで以来、ずっと同じことを続けてきました。私は学べる限りのことをすべて学びました。安全余裕度を探し、割安な銘柄を見つけていただきたいと思います。

社会的企業《ソーシャル・ベンチャー》をどう評価していますか？

誰かがしばらくの間資金援助をする企業のことですね。バークシャーは、このような資金援助を行っておりません。当社の株主にとって経済合理性がないからです。市場システムでは社会問題を解決できません。これを解決するのは政府の仕事なのです。ただし、株主の得たリターンを用いた民間の慈善事業活動であれば成功するかもしれません。

市場のパフォーマンスを上回るためには、市場の情報を100％持つ必要があるでしょうか？

株式市場は、お金を稼ぐための素晴らしい場所であり、流動性も非常に高いものです。私は、1年の間に農場の価格が上下するのが好きです。こうした変動は、投資家に低価格で購入する機会を与えるからです。

1950年、私は学業を終えて『ムーディーズ・マニュアル』（上場企業情報本）を購入し、7000〜8000ページのこの本を2回読みました。1433ページに、ウエスタン・インシュアランス・セキュリティーズという会社を見つけ、この会社が1株当たり利益の0・5倍という超割安価格で売られていることを発見しました。

人々が恐れているときには、投資の機会が存在しているのです。どうか、周囲の人々とは異なる視点を持つようにしてください。大きな知性がなくても投資先の候補を見つけられるはずです。他人から足をすくわれないようなポジションを確保しなければなりません。

私のパートナーであるチャーリー・マンガーは、人は酒、女性、そして借金という3つのものに足をすくわれるものだと言います。

1998年、ロングターム・キャピタル・マネジメント（LTCM）は、IQが150クラスの従業員を約200人抱えていました。LTCMの従業員は当時、アメリカ合衆国でIQが最も高い集団に属しており、各人が15～20年の経験を持ち、自分個人の資金を運用し、人間的にも善良な人々でした。ところが、彼らが金融システム全体を崩壊の危機にさらしたのです。自分たちの置かれた状況に酔ってしまい、彼らのモデルは東アジアの通貨危機のような短期の混乱を予想できなかったのです。そして、レバレッジが彼らを困難に陥れました。皆さん、どうか感情、多数意見、そして借金からは距離を置いてください。

著者紹介

トッド・A・フィンクル　Todd A. Finkle

米ゴンザガ大学教授。ネブラスカ州オマハ育ち。ネブラスカ大学リンカーン校卒業、同大学院修了（Ph.D.）。専門は起業家精神で、ウォーレン・バフェットの研究で知られる。バフェットがオマハに大学生を招待するプログラムでは、これまでに3回教え子たちとともに招かれている。また、投資家として39年以上の経験を持ち、講演家、コンサルタントとしても活動中。

訳者紹介

鈴木立哉　Tatsuya Suzuki

フリーランス金融翻訳者。一橋大学社会学部卒業、米コロンビア大学ビジネス・スクール修了（MBA）。野村證券勤務などを経て現職。訳書に『フリーダム・インク』『ティール組織』（以上、英治出版）、『ベンチャーキャピタル全史』（新潮社）、『ビッグミステイク』（日経BP）、『Q思考』（ダイヤモンド社）など。著書に『金融英語の基礎と応用』（講談社）がある。

史上最強《しじょうさいきょう》の投資家《とうしか》
ウォーレン・バフェット
資産《しさん》1260億《おく》ドルへの軌跡《きせき》

2024年9月30日　初版第1刷発行

著　者　トッド・A・フィンクル
訳　者　鈴木立哉《すずきたつや》
発行人　淺井亨
発行所　株式会社実務教育出版
〒163-8671　東京都新宿区新宿1-1-12
電話　03-3355-1812（編集）
　　　03-3355-1951（販売）
振替　00160-0-78270
印刷・製本　TOPPANクロレ株式会社

ISBN978-4-7889-0835-2　C0030